はじめに

　2020年末から、いつでも受けられる『ネット試験』が導入され、簿記の受験環境も学習環境も一変しました。また、2021年6月の検定試験からは、ペーパー試験の問題構成、試験時間、そして出題傾向もネット試験と同様になりました。

　そんな中でネット試験には『過去問題の中から、評判の悪い問題を除いて（つまり良問を）出題していく』との方針が出され、事実、いま出題されている問題のほとんどが、過去問題の良問をアレンジした問題となっています。
　ですから、今の日商簿記検定試験に合格していくには、過去問題の良問をしっかりと解けるようにしておくことが重要です。また、試験時間が90分に短縮された（以前は120分）ことを考えると"早く解く"ためのテクニックも身に付けなければなりません。

　そこで本書は、過去問題から良問をえりすぐり、次のように編集しました。

第1部　ヨコ解き編：同じパターンの問題を繰り返し解けるよう、8回分としました。
　　　　　　　　　　"正確に早く解く"ためのテクニックを身に付けてください。

第2部　タテ解き編：3回分の過去問題を、時間（90分）を計って解くことで、本試験のシミュレーションができるようにしました。
　　　　　　　　　　"時間内に解く"実践力が身に付きます。

　ですから本書は、単なる過去問題集ではなく『未来に出題される問題集』とも言うべき問題集です。仕上げは本書で充分。
　さあ、自分の未来や、自分が将来幸せにすべき人たちのために、いま自分が頑張って、この日商簿記2級を手に入れましょう。

桑原　知之

日商簿記2級　だれでも解ける過去問題集　　目　次

はじめに …………………………（1）	ネット試験の概要 ………………（8）
目　次 …………………………（2）	過去の出題傾向と対策 ………（11）
本書の特徴 ……………………（4）	得点計画 ………………………（14）
日商2級のプロフィール…………（6）	

●第1部● ヨコ解き編

第1問 仕訳問題対策

		問題	解答	メ　モ
第1回	固定資産1	2	60	
第2回	固定資産2	3	62	
第3回	固定資産3	4	65	
第4回	ソフトウェア、研究開発費	5	67	
第5回	株式の発行	6	69	
第6回	資本の変動	7	71	
第7回	商品売買	8	74	
第8回	外貨建て取引	9	76	

第2問 個別論点対策

		問題	解答	メ　モ
第1回	連結精算表	10	78	
第2回	連結財務諸表	11	82	
第3回	株主資本等変動計算書	12	86	
第4回	有価証券1	13	88	
第5回	有価証券2	14	90	
第6回	固定資産1	15	92	
第7回	固定資産2	16	94	
第8回	商品売買	17	97	

第3問 財務諸表対策

		問題	解答	メ　モ
第1回	貸借対照表1	18	100	
第2回	損益計算書1	20	102	
第3回	精算表	22	104	
第4回	損益計算書2	24	107	
第5回	貸借対照表2	26	110	
第6回	損益計算書3	28	113	
第7回	本支店会計1	30	116	
第8回	本支店会計2	32	118	

第4問(1) 工業簿記 仕訳問題対策

		問題	解答	メ　モ
第1回	費目別計算1	34	121	
第2回	費目別計算2	35	122	
第3回	費目別計算3	36	124	
第4回	本社工場会計1	37	129	
第5回	本社工場会計2	38	130	
第6回	個別原価計算1	39	132	
第7回	個別原価計算2	40	133	
第8回	個別原価計算3	41	134	

第4問(2) 総合原価計算 部門別計算 対策

		問題	解答	メ　モ
第1回	単純総合原価計算1	42	136	
第2回	単純総合原価計算2	43	138	
第3回	等級別総合原価計算	44	140	
第4回	組別総合原価計算	45	142	
第5回	工程別総合原価計算	46	144	
第6回	部門別計算1	47	146	
第7回	部門別計算2	48	148	
第8回	部門別計算3	49	150	

第5問 標準原価計算 CVP分析 直接原価計算 対策

		問題	解答	メ　モ
第1回	標準原価計算1	50	152	
第2回	標準原価計算2	51	154	
第3回	標準原価計算3	52	156	
第4回	標準原価計算4	53	158	
第5回	CVP分析1	54	160	
第6回	CVP分析2	55	162	
第7回	直接原価計算1	56	164	
第8回	直接原価計算2	58	167	

● 第2部 ●　タテ解き編

		問題	解答	メ　モ
第1回	本試験問題	170	192	
第2回	本試験問題	176	206	
第3回	本試験問題	184	220	
緊急告知 2022年4月からはこんな問題が出題されます‼		234	–	
おまけ	製造業会計	238	240	

● 別　冊 ●

第1部　答案用紙 …………………………　1
第2部　答案用紙 …………………………　40

本書の特徴　～試験は過去の良問から出題される～

1　過去問に挑戦する受験生のみなさんへ

　これまで、はじめて過去問に挑戦したときの受験生には、想像以上に点が取れなかったことにショックを受け、ただテキストの最初からのインプット学習に戻り、やがて再挑戦しても結果はあまり変わらず…という方が多く見受けられました。

　本書は、**過去問をどのように活用すれば、得点力が飛躍的にアップするか**という問いに対するネットスクールの答えとして執筆されました。よって、すでに過去問に挑戦したことがある方にとっても、新しい過去問題集となっています。

2　得点力アップの秘訣は重要テーマのヨコ解き！

第1部　ヨコ解き編

　『ヨコ解き』とは、問題回数に関係なく、第1問なら第1問を通して解くことです。本書はさらに、本試験での重要度の高いものを中心に**易しい問題から徐々に難しくなるように問題を並び替え、ヨコ解きの問題を、第1問から第5問まで各8回分掲載**しています。

　また、**第1問の仕訳問題については、固定資産、資本会計などの論点別に集中的に解いた方が学習効果が上がり、さらに第2問対策としても有効なため、過去の本試験問題を論点別に並び替えています。**

ヨコ解きは問題回数に関係なく、問別に解くこと

メリット
- 同様の問題を繰り返し解くため、問別の解き方が身につき、得点力が養成される
- 解答時間が短くなる（早く解けるようになる）

デメリット
- 制限時間の90分を意識したシミュレーションは難しい

第2部　タテ解き編

　第1部のヨコ解き編で力を付けたら、次に本試験の90分の時間を意識して解くことで実力を試しましょう！本書では、過去問を回数別に掲載するのではなく、難問を外して各論点をまんべんなく学習できるように**厳選した良問**を**タテ解きの問題として3回分掲載**しています。

タテ解きは第1問から第5問まで通して解くこと

メリット
- 試験のシミュレーションができる
- 試験での時間配分がわかる
- 問題を解く順序などを考えながら解くため、実戦力が養われる

デメリット
- 制限時間が90分のため、時間の確保が難しい
- 机の前に90分拘束される（途中でやめられない）

3 問題を解くときの強い味方　Hint　Rule

Hintは問題を解くうえでの糸口となる内容です。
またRuleは習ったときには覚えていても直前には忘れている内容や、隠れた前提となっている用語などについて解説するものです。

難易度
A：基本問題（基本論点が入った問題）
B：応用問題（応用論点が入った問題）
C：発展問題（難しい論点が入った問題）

制限時間の目安
15分以内　：標準的な分量の問題
20分以上
30分未満　：やや分量が多い問題
30分以上　：非常に時間がかかる問題

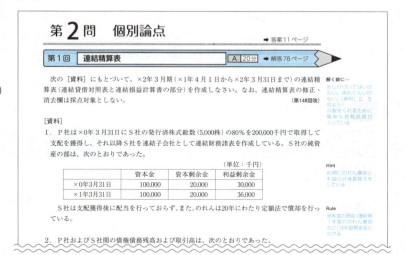

4 解答には、採点基準と「ここに注意！」を記載

各回の解答には採点基準を付けています。解いた後に採点を行い、復習に役立ててください。
また、解説には「ここに注意」を入れて、解答上の注意事項について触れています。

5 繰り返し解くときに、答案用紙をダウンロードできる

問題を繰り返し解く際には、答案用紙のPDFデータをネットスクールのホームページからダウンロードすることができます。

ネットスクールホームページのトップページ→画面上の「読者の方へ」をクリック
→日商簿記2級をクリック→「だれでも解ける過去問題集 日商簿記2級」の「答案用紙」をクリック
ネットスクールホームページ　https://www.net-school.co.jp/

日商簿記2級のプロフィール

日商簿記2級は、年3回実施される統一試験(ペーパー試験)のほかに、指定されたテストセンターにあるパソコンを使って随時受験が可能なネット試験(CBT試験)の2種類の方法で受験できます。

紙に印刷された問題を読んで答案用紙に答えを記入するのか、画面に表示された問題を読んでマウスやキーボードを使って答えを入力するのかの違いはありますが、どちらの試験も同じ試験範囲・難易度で、いずれの形式でも合格すれば「日商簿記2級合格」となります。

1 試験概要

	統一試験(ペーパー試験)	ネット試験(CBT試験*)
試験日	年3回(6月、11月、2月)実施	テストセンターが定める日時で随時実施
試験会場	各地の商工会議所が設けた試験会場	商工会議所が認定した全国約100か所(2020年9月現在)の「テストセンター」
申込み	各地の商工会議所によって異なります。(試験の概ね2か月前から1か月前まで受付)	インターネットを通じて申し込み。
試験時間	90分	
合格点	100点満点中70点以上で合格	
合格発表	各地の商工会議所によって異なります。(概ね2週間程度で発表)	試験終了後、**即時採点され結果発表。**
受験料	4,720円(税込)※別途手数料が発生する場合があります。	4,720円(税込)※この他、事務手数料550円が別途発生します。

＊：CBT とは、Computer Based Testing の略です。

詳しいスケジュールや、最新の情報については日本商工会議所の検定試験公式サイトや、各地商工会議所のホームページ(統一試験)、株式会社CBT-Solutionsのホームページ(ネット試験)をご覧ください。

【日本商工会議所 簿記検定公式ページ】
https://www.kentei.ne.jp/bookkeeping

【株式会社CBT-Solutionsのホームページ】
https://cbt-s.com/examinee/examination/jcci.html

2 **受験資格**

年齢、性別、学歴、国籍など一切制限はありません。どなたでも受験できます。

3 **2級の試験内容**

2級の試験では**商業簿記3問、工業簿記2問の合計5問**を90分で解答します。

試験科目	程　　　度
商業簿記 工業簿記	経営管理に役立つ知識として、企業から最も求められる資格の一つ。 高度な商業簿記・工業簿記(原価計算を含む)を修得し、財務諸表の数字から経営内容を把握できるなど、企業活動や会計実務を踏まえ適切な処理や分析を行うために求められるレベル。

注) 統一試験、ネット試験ともに、配布される計算用紙を持ち帰ることはできません。

　　また、統一試験では紙で配布される問題用紙も持ち帰ることはできません。

※ ネット試験では、問題は画面上に表示されるため、当然持ち帰りはできません。

4 **受験者データ**

年　　度	2017年度			2018年度			2019年度			2020年度	
回　　数	146	147	148	149	150	151	152	153	154	156	157
受験者数	43,767	47,917	48,533	38,352	49,516	49,776	41,995	48,744	46,939	39,830	集計中
合格者数	20,790	10,171	14,384	5,964	7,276	6,297	10,666	13,195	13,409	7,255	集計中
合格率	47.5%	21.2%	29.6%	15.6%	14.7%	12.7%	25.4%	27.1%	28.6%	18.2%	集計中
ネットスクール受講生合格率	78.5%	44.4%	60.6%	30.6%	20.0%	26.3%	25.0%	43.2%	41.5%	23.2%	集計中

※1　155回は、新型コロナウィルスの感染拡大に伴い、試験が中止となっています。

※2　ネットスクール受講生合格率は、ネットスクールのWEB講座の受講生に合否アンケートを行った結果、返信があった方の合否の内容をもとに計算しています。

ネット試験の概要

1 ネット試験について

　ネット試験では、パソコンの画面上に問題と解答欄が合わせて表示されます。また出題形式には主に、仕訳問題と計算・作表問題があります。

仕訳問題：第1問、第4問(1)のイメージ

日商簿記2級　試験問題

第1問

　下記の取引について仕訳しなさい。ただし、勘定科目は、プルダウンの中から最も適当と思われるものを選び、選択すること。

1. 全従業員に支給するため、事務用のパソコン一式（現金購入価格￥1,458,000）を割賦で購入した。代金は、来月末より月末ごとに支払期限が順次到来する額面￥125,000の約束手形12枚を振り出して相手先に交付した。
なお、利息相当額については、資産の勘定（前払利息）を用いて処理することとする。

借方科目	金額	貸方科目	金額

2. X年4月1日、商品陳列棚を分割払いで購入し、代金として毎月末に支払期日が順次到来する額面￥120,000の約束手形10枚を振り出して交付した。なお、商品陳列棚の現金購入価額は￥1,152,000である。
なお、利息相当額については、費用の勘定を用いて処理することとする。

借方科目	金額	貸方科目	金額

| 第1問 | 第2問 | 第3問 | 第4問 | 第5問 | 残り時間：55：55 | 試験終了 |

---

(1)　第1問と第4問小問(1)の仕訳問題における勘定科目については、Vの箇所を**マウスでクリックすると勘定科目の選択肢が現れます**（ドロップダウン形式）ので、その中の適切なものをクリックして選択します。

　　解答テクニック：Tab を使おう！
　　　　キーボードの Tab キーを押すと、マウスを使わなくても入力箇所の移動ができます。
　　　　ただし、左から右に移動する場合もあれば、上から下に移動する場合もあるので注意です。
　　豆知識：必ずしも上の1行目に入力しなくても、科目と金額をバラバラにしなければ採点され、
　　　　合っていれば加点されます。

(2)　金額欄については、キーボードで金額を入力し、**Enter** ボタンを押すと、3桁ごとに自動的にカンマが付きます。**カンマを入力する必要はありません**（文字や円マーク等を入力すると不正解となります）。

(3) 仕訳問題における各設問の解答にあたっては、各勘定科目の使用は、借方・貸方の中で**それぞれ1回ずつ**としてください（各設問につき、同じ勘定科目を借方・貸方それぞれの中で2回使用すると、不正解になります）。

例　¥100の商品を得意先に販売し、代金のうち¥20円は現金で受け取り、残額は掛けとした。

正解（○）

（現　　　　金）	20	（売　　　　上）	100
（売　掛　金）	80		

誤り（×）

1つの仕訳問題の中の貸方に同じ「売上」が2つ入っているため、不正解となります。

（現　　　　金）	20	（売　　　　上）	20
（売　掛　金）	80	（売　　　　上）	80

ただし、固定資産の買換えや手形の更改など、借方と貸方で同じ科目を用いる場合には、借方や貸方の中で2回使っているわけではないため、不正解とはなりません。

画面の下部分の各「第○問」ボタンを左クリックすると、その問題に移動できます。

また、試験の残り時間が画面下に表示されます。残り時間がゼロとなると試験が終了となりますが、90分より前に解き終わった場合には、画面右下の「試験終了」ボタンをクリックして、試験を終了することもできます。

計算・作表問題：第3問等のイメージ

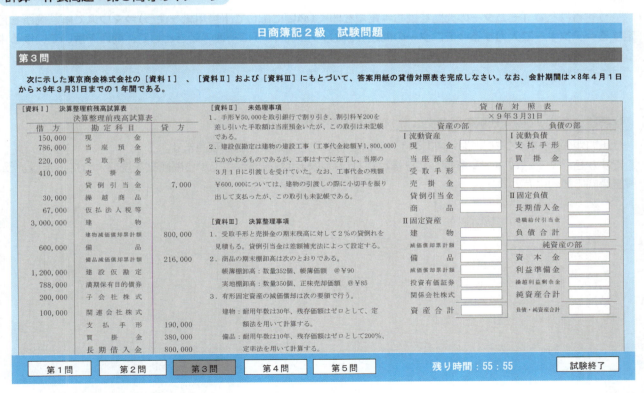

第3問の財務諸表作成問題では、主に ☐ に金額を入力するとともに、科目欄が空欄になっている場合には、自ら科目を入力する必要があります。

2 ネット試験の戦い方 ～スタートボタンを押す前に～

(1) 余裕をもって試験会場に向かう

ネット試験の試験会場は「看板が一枚出ているだけ」といったところも多く、見つけるのに時間がかかる可能性があります。焦らなくて済むように余裕をもって出かけましょう。

なお、会場に着いてしまえば、あとは職員さんの言う通りに動けば大丈夫です。

(2) ペンをチェックしよう

試験会場に持ち込めるのは、電卓だけです。下書用紙（通常、A4サイズの紙2枚）とボールペンは、受付で渡され、それを使用します。このとき、ボールペンのインクが出なかったり、ペン先が曲がっていたりすることに気づかずにスタートボタンを押してしまうと、交換の時間をロスします。

必ず、チェックするようにしてください。なお、下書用紙は試験後回収されるため、持ち帰ることはできません。

(3) レイアウトを自分用に整える

日商簿記のネット試験では、キーボード、マウス、電卓、下書用紙を使うことになります。まず席に着いたら、スタートボタンを押す前に、これらを自分用のレイアウトにして整えてください。

右利きで電卓も右でしか打てない私の場合、モニターの正面に座り、テンキーが正面に来るようにキーボードを左へずらし、その右に下書用紙を横にしておき、下書用紙の左半分の下あたりにマウスを、右半分の上に電卓を置いて、問題を解きました。

こうすることで「モニターの問題を読む⇒電卓を叩く（必要に応じて下書用紙を使う）⇒マウスで解答箇所を指定する⇒テンキーで入力する⇒モニターの問題を読む」と時計回りに一連の動きとして、問題を解いていけるようになります。

ここまで整えてから、スタートボタンを押すようにしましょう。

(4) 解答テクニック ：仕訳の問題文は V を押してから読もう！

仕訳問題の V ボタンをクリックすると、貸借ともに同じ勘定科目群が現れます。

ですから、まず、 V ボタンを押して、指定された勘定科目群を表示してから問題文を読むようにしましょう。解答時間の節約に有効です。

問題ごとに知っておこう！
過去の出題傾向と対策　（11回分）

第1問　仕訳問題が5題出題されます

傾向
・主に固定資産、有価証券、純資産、商品売買などが出題されています。

対策
・まずは第1部のヨコ解き編で重要な論点の仕訳を確実に得点できるようにするとともに、それ以外の論点についても第2部のタテ解き編でまんべんなく得点できるようにしましょう。
・試験では4題の正解は確保しましょう。

	出題テーマと内容	頻度	145回	146回	147回	148回	149回	150回	151回	152回	153回	154回	156回
商品売買	割引と割戻	3				○			○				○
	クレジット売掛金	3		○	○			○					
手形・電子記録債権	営業外手形	1	○										
	不渡手形	1											○
	電子記録債権	2					○				○		
有価証券	有価証券の購入・売却・評価替え	4	○				○	○					
	端数利息の処理	1					○						
固定資産	資本的支出・収益的支出	1						○					
	建設仮勘定	1			○								
	ソフトウェア	2			○							○	
	リース取引	3			○		○					○	
	固定資産の割賦購入	3	○					○		○			
	固定資産の売却・買換	1							○				
	固定資産の除却	1				○							
	固定資産の滅失	1											○
	固定資産の圧縮記帳	2		○							○		
純資産	株式の発行	4		○			○		○				○
	剰余金の処分・計数の変動	3				○	○	○					
税金等の処理	税金の処理	4		○	○			○	○				
その他	引当金の処理	5					○				○	○○	
	本支店の取引	2	○						○				
	研究開発費	2					○				○		
	合併・買収	2		○				○					
	役務収益・役務原価	2		○		○							
	外貨建て取引	4								○		○	
	税効果会計	2							○				○

▉▉ は2回以上出題されているものです。　過去の出題頻度が高いものに気をつけましょう！

第2問　個別論点と連結会計の問題が出題されます

傾向

- 個別論点としては、固定資産や有価証券のように取引から決算までの一連の処理が問われる問題が出題されています。
- 出題者側から連結会計を重視するという発表があったこともあり、連結精算表などの連結会計の問題が第2問で出題されています。

対策

- 個別論点では、効率的な下書用紙を書けるようにしておきましょう。本書の解説を参考にして下さい。
- 本書に載っているレベルの連結会計の問題を何度も解いて、本試験では必ず解けるようにしましょう！

出題テーマと内容	頻度	145回	146回	147回	148回	149回	150回	151回	152回	153回	154回	156回
固定資産の一連の処理	1						○					
銀行勘定調整表	2		○						○			
株主資本等変動計算書	2	○						○				
有価証券の一連の処理	2				○							○
商品売買の一連の処理	2					○					○	
合併・連結会計	2			○			○					
語群選択・記入	1									○		

第3問　精算表や財務諸表の作成等、決算の問題が出題されます

傾向

- 決算整理事項の項目数は多いのですが、毎回、似通った論点が出題されています。

対策

- 第2問の一連の処理を行った上で解答するのとは異なり、決算整理事項を1つ解ければ、基本的には解答が1つ埋まるので、慣れると第2問よりも得点しやすくなります。第1部のヨコ解き編で総合問題の解き方に慣れるようにしましょう！
- 連結会計は、第2問対策でしっかり解くようにしましょう！

出題テーマ		頻度	145回	146回	147回	148回	149回	150回	151回	152回	153回	154回	156回
精算表		1		○									
財務諸表の作成	損益計算書	2			○							○	
	貸借対照表	3	○					○		○			
連結会計		4				○			○		○		○
本支店会計		1					○						

第4問　工業簿記の仕訳や原価の計算に関する問題が出題されます

傾向

・第4問は小問が2問出題され、配点は28点となります。主な出題内容は以下のとおりです。

小問(1) (12点)	工業簿記の仕訳問題（費目別計算、本社工場会計など）
小問(2) (16点)	総合原価計算や部門別計算などの原価の計算に関する問題や、勘定記入、財務諸表の作成問題など

対策

・小問(1)については、費目別計算、本社工場会計の仕訳をしっかりマスターしましょう。
・小問(2)については、まずは総合原価計算の問題を満点とれるようにするとともに、部門別計算を苦手としないようにしましょう。

総合原価計算は第4問(2)での出題が想定されます

出題テーマ	頻度	145回	146回	147回	148回	149回	150回	151回	152回	153回	154回	156回
費目別計算	3					○	○					○
部門別計算	3	○						○	○			
個別原価計算	2				○						○	
標準原価計算	1		○									
本社工場会計	2			○						○		

第5問　原価や利益の管理に関する問題が出題されます

傾向

・第5問の配点は12点となり、標準原価計算などの原価の管理に関する問題や、CVP分析や直接原価計算など利益の管理に関する問題が出題されています。

対策

・標準原価計算は、原価の差異分析や勘定記入を中心に、CVP分析は損益分岐点などの比率、直接原価計算は損益計算書の作成と、全部原価計算との相違点についてマスターするようにしましょう。

出題テーマ	頻度	145回	146回	147回	148回	149回	150回	151回	152回	153回	154回	156回
総合原価計算	6		○タ		○ク	○コ		○ト		○ク	○タ	
標準原価計算	2			○					○			
直接原価計算・CVP分析	3	○					○					○

略字について　タ：単純　ト：等級別　ク：組別　コ：工程別

得点計画

　日商2級の試験は90分で商業簿記3問（60点満点）、工業簿記2問（40点満点）の合計5問を解答し、70点（満点100点）以上で合格です。

　この合格ライン70点をクリアするためには、各問題の出題傾向を知るとともに出題される5問それぞれのボリューム、配点、難易度をふまえた**効率的な得点計画をたてる**必要があります。やみくもに満点を狙ったり、第1問から順番に解いていくのは得点計画の視点からは良い解き方とはいえません。

　ネットスクールでは、これらを検討して下記の Step の順で問題を解いていく得点計画をおすすめします。

Step 1

第1問	出題の特徴	目標／配点	目標時間
<商業簿記>仕訳	全出題範囲から期中の取引を中心に仕訳問題が**5題出題**され、**配点は1題4点**と1箇所あたりの配点としては最も大きいです。まずはこの第1問で5題中4題の正解（16点）をがっちりもぎ取りましょう。	16点／20点	10分

Step 2

第4問	出題の特徴	目標／配点	目標時間
(1) 仕訳問題 (2) 総合原価計算など	小問(1)は、**費目別計算や本社工場会計など**の仕訳問題3題の出題が想定されます（12点）。 小問(2)は、**総合原価計算や部門別計算など**の製造原価の計算問題が中心に出題されています。 いずれも基本的な問題の出題が多いので、満点を狙いましょう（16点）。	28点／28点	20分

Step 3

第5問	出題の特徴	目標／配点	目標時間
<工業簿記>計算中心	標準原価計算、直接原価計算、CVP分析などの原価の管理に関する問題を中心に出題されています。 それぞれの計算方法をしっかりとマスターして高得点を狙いましょう。	8点／12点	10分

Step 4

第3問	出題の特徴	目標／配点	目標時間
<商業簿記>精算表、財務諸表の作成	損益計算書、貸借対照表といった、財務諸表の作成問題を中心に精算表、決算整理後残高試算表といった決算問題が出題されています。精算表と財務諸表の作成に対しては、3級で学習した解き方がそのまま使えます。	14点／20点	20分

Step 5

第2問	出題の特徴	目標／配点	目標時間
<商業簿記>個別論点	連結会計、資本会計（株主資本等変動計算書）、固定資産、有価証券、商品売買など、1つの学習内容から出題されています。連結会計の場合などでは完答は難しいかもしれませんが、部分点を狙っていきましょう。	10点／20点	20分

※配点は目安になります。
※財務諸表の作成問題が得意な方は、以下の順番も考えられます。
　　第1問→第3問→第4問→第5問→第2問　または　第3問→第1問→第4問→第5問→第2問
※80分を目標解答時間として、10分は見直しなどに充ててください。

第1部　ヨコ解き！編

日本商工会議所掲載許可済―禁無断転載

第1問　仕訳問題

➡ 答案3ページ

| 第1回 | 固定資産1 | B | 10分 | ➡ 解答60ページ |

下記の各取引について仕訳しなさい。ただし、勘定科目は、次の中から最も適当と思われるものを選び、正確に記入すること。

現　　　　　金	当 座 預 金	売　掛　金	受 取 手 形
未 収 入 金	営業外受取手形	備　　　品	土　　　地
前 払 利 息	買　掛　金	支 払 手 形	未　払　金
営業外支払手形	備品減価償却累計額	売　　　上	固定資産売却益
国庫補助金受贈益	減 価 償 却 費	支 払 利 息	固定資産圧縮損

1．全従業員に支給するため、事務用のパソコン一式（現金購入価格￥1,458,000）を割賦で購入した。代金は、来月末より月末ごとに支払期限が順次到来する額面￥125,000の約束手形12枚を振り出して相手先に交付した。なお、利息相当額については、資産の勘定（前払利息）を用いて処理することとする。　　　　　　　　　　　　　　　　　　　　　　　　　　　　（第145回改）

Hint
手形も営業上のものとそれ以外を区別して処理する

2．×年4月1日、商品陳列棚を分割払いで購入し、代金として毎月末に支払期日が順次到来する額面￥120,000の約束手形10枚を振り出して交付した。なお、商品陳列棚の現金購入価額は￥1,152,000である。なお、利息相当額については、費用の勘定を用いて処理することとする。　　　　　　　　　　　　　　　　　　　　　　　　　　　　　　（第152回改）

Hint
原則として、固定資産の取得原価に利息は含めない

3．帳簿価額￥2,500,000の土地を￥3,000,000で売却し、売買代金の60％は当座預金に入金され、残額は6か月後を支払期日とする手形で受け取った。

4．備品￥1,000,000の取得にあたり、国庫補助金￥200,000を受け取り、これにかかわる会計処理も適切に行われていたが、当該国庫補助金を返還しないことが本日確定したため、直接控除方式により圧縮記帳の処理を行った。　　　　　　　　　　　　　（第146回改）

Rule
圧縮記帳には、利益の圧縮と固定資産の簿価の圧縮の2つの面がある

5．(1)　最新式のレジスター25台（＠￥100,000）の導入にあたり、去る6月7日に国から￥1,250,000の補助金を得て、7月1日にレジスターを予定どおり購入したが適正に処理済みである。そのうえで、補助金に関する圧縮記帳を直接控除方式にて行った。
　　(2)　本日決算日（12月31日）につき、上記の備品について減価償却（200％定率法）を月割計算にて行う。耐用年数は5年、記帳方法は直接法によること。　　　　（第153回改）

Rule
200％定率法償却率：
1÷耐用年数×200％

Hint
記帳方法（間接法か直接法）を必ず確認する！

問題編

➡ 答案4ページ

第2回　固定資産2　　B　10分　➡ 解答62ページ

下記の各取引について仕訳しなさい。ただし、勘定科目は、次の中から最も適当と思われるものを選び、正確に記入すること。

現　　　　　金	当 座 預 金	普 通 預 金	建　　　　　物
リ ー ス 資 産	建 設 仮 勘 定	前 払 利 息	未　　払　　金
リ ー ス 債 務	未 払 利 息	修 繕 引 当 金	仕　　　　　入
減 価 償 却 費	修　　繕　　費	支 払 リ ー ス 料	支 払 利 息

ヨコ解き
問　題

第1問

第2問

第3問

第4問
(1)

第4問
(2)

第5問

1. ×年4月1日、リース会社からコピー機をリースする契約を結び、リース取引を開始した。リース期間は5年、リース料は年間¥50,000（毎年3月末払い）、リースするコピー機の見積現金購入価額は¥210,000である。なお、決算日は3月31日（1年決算）である。また、このリース取引はファイナンス・リース取引であり、利子抜き法で会計処理を行う。　　　　（第149回改）

Rule
利子抜き法では固定資産の取得原価に利息は含めない
→見積現金購入価額がリース資産の取得原価となる

2. リース会社とパソコン10台のリース契約を、リース期間5年、リース料月額¥50,000（毎月1日に前払い）の条件で結び、パソコンが納品されるとともに、第1回のリース料¥50,000を普通預金から支払った。このリース取引は、ファイナンス・リース取引であったため、利子込み法により処理することとした。リース契約時に生じる科目と、リース料支払時に生じる科目は相殺しないこと。　　　　（第147回改）

3. 建物の修繕工事を行い、代金¥700,000は小切手を振り出して支払った。なお、工事代金の20％は改良のための支出と判断された。また、この修繕工事に備えて、前期に¥400,000の引当金を設定している。　　　　（第149回改）

Rule
「改良のための支出」は資本的支出
固定資産の原価を構成する

4. 建設会社に依頼していた建物の建設工事が完了し、建物の引渡しを受けたので、建設工事代金¥6,000,000からすでに支払っていた手付金¥4,000,000を差し引いた残額と、建物の登記料¥120,000を小切手を振り出して支払った。登記料は固定資産の取得原価に含める。

5. 既存の工場の増設工事について、3回に分けて各¥5,000,000を分割支払いする建設工事契約を締結しそれぞれ建設仮勘定に計上している。

　これが完成して最終回の支払いを当座預金から行い、また、建設工事代金の総額¥15,000,000を建設仮勘定から、建物と既存の工場の修繕費¥1,000,000に振り替えた。

Hint
「総額を…振り替える」とあるため、最終払い分もいったん建仮に計上した上で振り替える

3

➡ 答案5ページ

第3回　固定資産3　　　　　　　　　　　C　10分　➡ 解答65ページ

　下記の各取引について仕訳しなさい。ただし、勘定科目は、次の中から最も適当と思われるものを選び、正確に記入すること。

当 座 預 金	普 通 預 金	受 取 手 形	営業外受取手形
未 収 入 金	建 物	車 両	備 品
貯 蔵 品	未 決 算	未 払 金	建物減価償却累計額
車両減価償却累計額	備品減価償却累計額	保 険 差 益	固定資産売却益
減 価 償 却 費	固定資産売却損	固定資産除却損	火 災 損 失

1．備品（取得原価：¥400,000、期首減価償却累計額：¥360,000、記帳方法：間接法）を期首に、除却した。なお、この備品の処分価値は¥25,000と見積もられた。

（第148回改）

Rule
期首除却の場合
処分価値－（取得原価
－累計額）＝除却損

2．当期首に、倉庫（取得原価¥3,000,000、減価償却累計額¥1,200,000、間接法で記帳）が火災により全焼した。この倉庫には総額¥3,000,000の火災保険を掛けていたので、保険会社に保険金の支払いを請求した。

Hint
火災時の帳簿価額が
未決算となる

3．4月1日に火災により焼失した建物（取得原価¥2,000,000、焼失時の減価償却累計額¥720,000、間接法で記帳）について、請求していた保険金¥1,400,000を支払う旨の連絡を、本日、保険会社より受けた。

　この建物については、焼失時に固定資産の帳簿価額の全額を未決算勘定に振り替えていた。当社の決算日は3月末日である。

4．×5年4月1日に¥900,000で取得した備品（耐用年数10年）を、×9年12月31日に¥178,500で売却し、代金は相手先振出の約束手形を受け取った。

　当社の決算日は3月末日であり、減価償却は200％定率法、期首減価償却累計額は¥531,360、記帳を間接法によっている。売却した年度の減価償却費は月割計算で算定すること。

（第151回改）

Rule
期中売却の場合
売却価額－（取得原価
－累計額－償却費）
＝売却損益

5．当期首に、営業用の乗用車を¥2,000,000で翌月末払いの条件で購入し、従来使用していた乗用車（取得原価¥1,600,000、減価償却累計額¥1,440,000、間接法で記帳）については、¥240,000で下取りされることとなった。この下取価格は新車代金の支払額から差し引くこととされた。

Hint
旧車両売却の処理と
新車両の購入の処理
を行って合計する

4

問題編

➡ 答案6ページ

第4回　ソフトウェア・研究開発費　Ｂ 10分　➡ 解答67ページ

下記の各取引について仕訳しなさい。ただし、勘定科目は、次の中から最も適当と思われるものを選び、正確に記入すること。

当 座 預 金	普 通 預 金	機 械 装 置	備　　品
長 期 前 払 費 用	ソ フ ト ウ ェ ア	ソフトウェア仮勘定	未 払 金
貯 蔵 品	支 払 手 形	給　　料	消 耗 品 費
外 注 費	減 価 償 却 費	研 究 開 発 費	固定資産除却損

1．社内利用目的のソフトウェアの開発を外部に依頼し、契約総額￥3,000,000の全額をすでに支払っていた。本日、このソフトウェアの製作が完成し使用を開始したため、ソフトウェアの勘定に振り替えた。

Hint
完成し使用開始するまで「ソフトウェア仮勘定」で処理している

2．外部に開発を依頼していた社内利用目的のソフトウェア（開発費用￥24,000,000は４回分割で銀行振込により全額支払済み）が完成し使用を開始したため、ソフトウェア勘定に振り替えた。なお、開発費用￥24,000,000の中には、今後の４年間のシステム関係の保守費用￥4,800,000が含まれていた。　　　　　　　　　　　　　　　　　　　　（第147回改）

Rule
長期の費用支払いは、割賦購入と同じく、支払時に費用で処理する方法と前払で処理する方法がある

3．外部に開発を依頼していた社内利用目的のソフトウェア（開発費用￥3,080,000は銀行振込により全額支払済み）が完成し使用を開始したため、ソフトウェア勘定に振り替えた。なお、この開発費用の内容を精査したところ￥3,080,000の中には、ソフトウェアの作り直し対象となった部分の費用￥580,000が含まれており、資産性がないものとして除却処理することとした。　　　　　　　　　　　　　　　　　　　　　　　　　　　　　　　（第154回改）

Rule
資産性がない費用については資産の勘定に振り替えずに、仮勘定から直接、除却処理を行う

4．研究開発に従事している従業員の給料￥400,000および特定の研究開発にのみ使用する目的で購入した機械装置の代金￥2,000,000を当座預金口座から振り込んで支払った。　　　　　　　　　　　　　　　　　　　　　　　　　　　　　　　　　　　（第146回改）

Hint
研究開発目的の機械装置はいきなり費用

5．特定の研究開発の目的で備品￥350,000と実験用の薬剤￥70,000を購入し、代金は小切手を振り出して支払うとともに、この研究プロジェクトにのみ従事している客員研究員Ａ氏に対する今月分の業務委託費￥450,000を当社の普通預金口座からＡ氏の指定する預金口座に振り込んだ。　　　　　　　　　　　　　　　　　　　　　　　　　　　　　　（第153回改）

Rule
研究開発費は複合費といわれ、その目的に関する支出はすべて研究開発費として処理する

ヨコ解き
問　題

第1問

第2問

第3問

第4問
(1)

第4問
(2)

第5問

5

➡ 答案7ページ

第5回　株式の発行

A　10分　➡ 解答69ページ

下記の各取引について仕訳しなさい。ただし、勘定科目は、次の中から最も適当と思われるものを選び、正確に記入すること。

現	金	当 座 預 金	普 通 預 金	別 段 預 金
商	品	建 物	備 品	の れ ん
諸 資 産		諸 負 債	資 本 金	資 本 準 備 金
その他資本剰余金		利 益 準 備 金	繰越利益剰余金	株式申込証拠金
負ののれん発生益		創 立 費	開 業 費	株 式 交 付 費

1．会社の設立にあたり、発行可能株式総数10,000株のうち2,500株を1株あたり¥2,000の価額で発行し、その全額の引受けと払込みを受け、払込金は普通預金とした。なお、払込金の8割に相当する金額を資本金とする。 (第146回改)

2．会社の設立にあたり、発行可能株式総数10,000株のうち2,500株を1株当たり¥400で発行し、その全額について引受けと払込みを受け、払込金は当座預金とした。なお、会社法が認める最低限度額を資本金として計上する。

また、会社の設立準備のために発起人が立て替えていた諸費用¥30,000を現金で支払った。 (第152回改)

> **Rule**
> 設立時の株式の発行費用と、設立後の新株の発行費用は、別の科目で処理する

3．新株800株(1株の払込金額は¥2,800)を発行して増資を行うことになり、払い込まれた800株分の申込証拠金は別段預金に預け入れていたが、株式の払込期日となったので、申込証拠金を資本金に充当し、別段預金を当座預金に預け替えた。なお、資本金には会社法が規定する最低額を組み入れることとする。 (第149回改)

> **Rule**
> 払込期日に払込人が株主に変わることから、同日に資本金となり、会社が自由に使える資金となる

4．A社を吸収合併し、新たに当社の株式1,000株(合併時点の時価@¥5,000)を発行し、これをA社の株主に交付した。そのときのA社の諸資産(時価)は¥8,700,000、諸負債(時価)は¥3,400,000であった。また、合併にあたっては、取得の対価のうち60%を資本金、残り40%をその他資本剰余金として計上することとした。 (第145回改)

> **Rule**
> 交付株式の時価
> －受入純資産
> ＝⊕超過収益力(資産)
> 　⊖安く購入できた(収益)

> **Rule**
> 合併の増加資本の科目と金額は、当事者間の契約で決められる
> 2分の1規定や資本金以外の部分を準備金とする規定は無い

5．B社の事業の一部を譲り受けることになり、譲渡代金¥1,800,000を普通預金口座から相手先口座に振り込んだ。この取引により譲り受けた資産の評価額は、商品¥400,000、建物¥900,000、備品¥300,000であり、引き受けた負債はなかった。 (第150回改)

> **Rule**
> 指定された勘定科目を用いて答える(仕入は指定されたものの中にない)

問題編

➡ 答案8ページ

第6回 資本の変動　　A｜10分　➡ 解答71ページ

　下記の各取引について仕訳しなさい。ただし、勘定科目は、次の中から最も適当と思われるものを選び、正確に記入すること。

現　　　　　金	当 座 預 金	普 通 預 金	買　　掛　　金
未 払 配 当 金	資　　本　　金	資 本 準 備 金	その他資本剰余金
利 益 準 備 金	別 途 積 立 金	繰越利益剰余金	受 取 配 当 金

1．定時株主総会を開催し、繰越利益剰余金￥3,500,000の処分を次のとおり決定した。なお、資本金は￥80,000,000、資本準備金は￥12,000,000、利益準備金は￥7,000,000であり、発行済株式数は3,000株である。

　　　株主配当金：1株につき￥900　　　利益準備金：会社法が定める金額
　　　別途積立金：￥500,000

Hint
シー（4）ホンキンの $\frac{1}{4}$ に達するまでハイトー（10）金の $\frac{1}{10}$ を積み立てる

2．株主総会が開催され、別途積立金￥1,800,000を全額取り崩して繰越利益剰余金に振り替えたうえで、繰越利益剰余金を財源に1株につき￥200の配当を実施することが可決された。株主総会開催直前の純資産は、資本金￥20,000,000、資本準備金￥4,000,000、利益準備金￥900,000、別途積立金￥1,800,000、および繰越利益剰余金￥700,000であった。会社法に定める金額の利益準備金を積み立てる。なお、発行済株式総数は10,000株である。　（第153回改）

3．定時株主総会を開催し、その他資本剰余金￥1,400,000の処分を次のとおり決定した。なお、資本金は￥32,000,000、資本準備金は￥4,800,000、利益準備金は￥3,120,000であり、発行済株式数は3,000株である。

　　　株主配当金：1株につき ￥360　　　準備金：会社法が定める金額

Rule
利益からの配当で積立てる準備金と、資本からの配当で積立てる準備金を区別する

4．株主総会の決議を経て、その他資本剰余金￥600,000および繰越利益剰余金￥900,000をそれぞれ準備金に組み入れることとした。　（第148回改）

Rule
資本と利益は区別する
その他資本剰余金
　→資本準備金
繰越利益剰余金
　→利益準備金

5．繰越利益剰余金が￥5,500,000の借方残高となっていたため、株主総会の決議によって、資本準備金￥3,000,000と、利益準備金￥2,500,000を取り崩すこととした。利益準備金の取崩額は、繰越利益剰余金とした。　（第150回改）

Rule
準備金を取り崩すときも、資本と利益を区別する

ヨコ解き
問　題

第 1 問

第 2 問

第 3 問

第 4 問
(1)

第 4 問
(2)

第 5 問

7

➡ 答案9ページ

第7回　商品売買

A　10分　➡ 解答74ページ

　下記の各取引について仕訳しなさい。ただし、勘定科目は、次の中から最も適当と思われるものを選び、正確に記入すること。

現　　　　　金	当 座 預 金	普 通 預 金	受 取 手 形
未 収 入 金	クレジット売掛金	電 子 記 録 債 権	仮 払 消 費 税
仮 受 消 費 税	未 払 消 費 税	支 払 手 形	買 　 掛 　 金
電 子 記 録 債 務	売 　 　 　 上	仕 入 割 戻	支 払 手 数 料
手 形 売 却 損	電子記録債権売却損	有 価 証 券 売 却 損	支 払 利 息

1．神田商事は、得意先品川物産より受取った約束手形￥1,000,000を取引銀行で割り引き、利息相当額を差し引かれ、残額は当座預金とした。年利率は3.65％、割引日数は80日であった。なお、1年を365日とする。

Rule
債権を早期に現金化することで引かれた利息は、支払利息と同じ営業外費用に計上する

2．電子記録債権￥500,000を割り引くために、取引銀行を通じて電子債権記録機関に当該債権の譲渡記録の請求を行い、取引銀行から割引料￥3,000を差し引いた手取金が当座預金の口座に振り込まれた。　　　　　　　　　　　　　　　　　　　　　　　　　　　（第149回改）

Rule
イメージ

電 債	手 形
安く譲渡	割 引
掛けと相殺	裏 書

3．B社に対する買掛金￥700,000の支払いにつき、取引銀行を通じて電子債権記録機関にA社に対する電子記録債権の譲渡記録を行った。　　　　　　　　　　　　　　　（第153回改）

4．商品を￥100,000（税抜き）でクレジット払いの条件で顧客に販売した。信販会社へのクレジット手数料（税抜きの販売代金の5％）も販売時に計上した。なお、消費税の税率は10％とし、税抜方式で処理するが、クレジット手数料には消費税は課税されない。　（第150回改）

Rule
まず貸方の売上と消費税を処理し、手数料を引いて売掛金は差額で計算する

5．A商事に対する買掛金￥2,500,000の支払時に、同社からの仕入割戻￥300,000が未収入金に含まれていることが判明したため、これを相殺した純額で支払うこととし、普通預金口座から支払った。

Hint
既に行った仕訳は
(借)未収入金 300,000
　(貸)仕入(割戻) 300,000
という誤った処理である

8

→ 答案10ページ

第8回 外貨建て取引   A 10分 → 解答76ページ

下記の各取引について仕訳しなさい。ただし、勘定科目は、次の中から最も適当と思われるものを選び、正確に記入すること。

現　　　金　当　座　預　金　普　通　預　金　売　掛　金
買　掛　金　売　　　上　仕　　　入　為　替　差　損　益

1．米国の取引先に対して、製品50,000ドルを3か月後に決済の条件で輸出していたが、本日、50,000ドルの送金があり当座預金口座に入金した。
　　輸出時の為替相場は1ドル￥115、本日の為替相場は1ドル￥105であった。

Rule
資産（売掛金）の場合
決済時レート
－取引時レート
＝⊕為替差益（回収額増加）
　⊖為替差損（回収額減少）

2．米国の取引先に対して、製品20,000ドルを3か月後に決済の条件で輸出した。輸出時の為替相場は1ドル￥115であったが、20,000ドルを3か月後に1ドル￥110で売却する為替予約が輸出の1週間前に結ばれていたため、この為替予約により振当処理を行う。
（第147回改）

Rule
取引前為替予約
→取引を予約レートで換算
取引後為替予約
→予約レート
　－取引時レート
　＝為替差損益

3．先日、商品を800,000ドルにて米国の顧客に掛けで売り渡し、適切に処理していたが（取引時の直物為替相場1ドル＝￥115）、今後円の為替相場が上昇するリスクに備えて、全額1ドル＝￥114にてドルを円に売却する為替予約を締結した。ただし、当該売掛金の円換算額と、為替予約による円換算額との差額はすべて当期の損益として振当処理を行う。
（第148回改）

Hint
1ドル115円の売掛金が114円になったので1円/ドル損した

4．×年8月1日、1か月前の7月1日の輸入取引によって生じた外貨建ての買掛金30,000ドル（決済日は×年9月30日）について、1ドル￥110で30,000ドルを購入する為替予約を取引銀行と契約し、振当処理を行うこととし、為替予約による円換算額との差額はすべて当期の損益として処理する。なお、輸入取引が行われた×年7月1日の為替相場（直物為替相場）は1ドル￥108であり、また本日（×年8月1日）の為替相場（直物為替相場）は1ドル￥109である。
（第152回改）

Hint
2級の処理では、為替予約をした日（8月1日）の直物為替相場（￥109）は解答作成上、関係ない

5．米国の取引先に対して、商品100,000ドルを3か月後に決済の条件で輸出していたが、本日、100,000ドルの送金があり当座預金口座に入金した。
　　商品の輸出後、円の為替相場が上昇するリスクに備えて、全額1ドル＝￥110にてドルを円に売却する為替予約を締結していた。
　　輸出時の為替相場は1ドル￥115、本日の為替相場は1ドル￥105であった。

Hint
為替予約を行っている場合、債権・債務と決済額はともに予約レートのため、為替差損益は生じない

第2問　個別論点

➡ 答案11ページ

| 第1回 | 連結精算表 | A 20分 | ➡ 解答78ページ |

次の［資料］にもとづいて、×2年3月期（×1年4月1日から×2年3月31日まで）の連結精算表（連結貸借対照表と連結損益計算書の部分）を作成しなさい。なお、連結精算表の修正・消去欄は採点対象としない。

（第148回改）

解く前に…
おじけづいてはいけない。諦めてもいけない。［資料］2. を見よう！
点数をくれるために簡単な相殺処理が入っている

［資料］

1. P社は×0年3月31日にS社の発行済株式総数（5,000株）の80%を200,000千円で取得して支配を獲得し、それ以降S社を連結子会社として連結財務諸表を作成している。S社の純資産の部は、次のとおりであった。

（単位：千円）

	資本金	資本剰余金	利益剰余金
×0年3月31日	100,000	20,000	30,000
×1年3月31日	100,000	20,000	36,000

S社は支配獲得後に配当を行っておらず、また、のれんは20年にわたり定額法で償却を行っている。

Hint
前期にのれん償却と利益の非株振替えをしている

Rule
過年度の損益（連結第1年度ののれん償却など）は利益剰余金に化ける

2. P社およびS社間の債権債務残高および取引高は、次のとおりであった。

P社からS社		S社からP社	
売　掛　金	180,000千円	買　掛　金	180,000千円
貸　付　金	60,000千円	借　入　金	60,000千円
売　上　高	860,000千円	仕　入　高	860,000千円
受　取　利　息	1,500千円	支　払　利　息	1,500千円

3. 当年度末にS社が保有する商品のうちP社から仕入れた商品は140,000千円であった。P社がS社に対して販売する商品の売上総利益率は30%であった。なお、S社の期首の商品残高には、P社から仕入れた商品が90,000千円含まれていた。

Hint
期末商品が減れば売上原価が増える

商品
売上原価
↓　↓
期末商品

4. P社は当年度中に土地（帳簿価額30,000千円）を、S社に対して36,000千円で売却し、代金は現金で受け取った。S社は当期末において、この土地を保有している。

Hint
アップストリームが無ければ、非株は純資産×非株割合で計算できる

第2回　連結財務諸表

次に示した［資料］にもとづいて、答案用紙の連結貸借対照表と連結損益計算書を作成しなさい。なお、当期は×6年4月1日から×7年3月31日までの1年間である。

［資料］

1. P社は×5年3月31日に、S社の発行済株式数の80%を160,000千円で取得し、支配を獲得した。S社の純資産の部は、次のとおりであった。

（単位：千円）

	資本金	資本剰余金	利益剰余金
×5年3月31日	100,000	20,000	30,000
×6年3月31日	100,000	20,000	各自計算

2. のれんは発生年度の翌年から10年にわたり定額法により償却する。

3. S社は、当期に繰越利益剰余金を財源に10,000千円の配当を行っており、P社はそのうち8,000千円を受け取っている。なお、前期は配当を行っていない。

4. 前期よりS社はP社に商品を掛けで販売している。S社のP社への売上高は860,000千円であり、S社はP社に商品を販売するにあたり仕入原価に10%の利益を付加している。

5. P社はS社から仕入れた商品のうち、110,000千円が期末商品棚卸高に含まれている。また、P社の期首商品棚卸高に99,000千円のS社から仕入れた商品が含まれている。

6. S社の売掛金のうち180,000千円はP社に対するものである。S社はP社に対する売掛金について貸倒引当金を設定していない。

7. 当期において、P社はS社に土地（帳簿価額30,000千円）を36,000千円で売却しており、代金は当期末現在、未回収である。S社は当期末において、この土地を保有している。

貸借対照表
×7年3月31日現在　　　　　　　　　　　　　（単位：千円）

資産	P社	S社	負債・純資産	P社	S社
現　金　預　金	368,000	65,000	買　　掛　　金	394,000	277,000
売　　掛　　金	480,000	220,000	未　　払　　金	120,000	42,000
商　　　　　品	370,000	165,000	資　　本　　金	226,000	100,000
未　収　入　金	80,000	13,000	資　本　剰　余　金	123,000	20,000
土　　　　　地	205,000	36,000	利　益　剰　余　金	800,000	60,000
S　社　株　式	160,000	—			
	1,663,000	499,000		1,663,000	499,000

損益計算書
自×6年4月1日　至×7年3月31日　　　　　　（単位：千円）

費用	P社	S社	収益	P社	S社
売　上　原　価	1,014,000	767,000	売　　上　　高	1,560,000	1,080,000
販売費及び一般管理費	477,800	289,000	受　取　配　当　金	12,000	—
当　期　純　利　益	88,200	24,000	固　定　資　産　売　却　益	8,000	—
	1,580,000	1,080,000		1,580,000	1,080,000

➡ 答案13ページ

第3回　株主資本等変動計算書　　A　15分　➡ 解答86ページ

次に示した大阪物産株式会社の［資料］にもとづいて、答案用紙の株主資本等変動計算書（単位：千円）について、（　　）に適切な金額を記入して完成しなさい。金額が負の値のときは、金額の前に△を付して示すこと。なお、会計期間は×8年4月1日から×9年3月31日までの1年間である。

(第151回改)

［資料］

1．×8年3月31日の決算にあたって作成した貸借対照表において、純資産の部の各科目の残高は次のとおりであった。なお、この時点における発行済株式総数は50,000株である。

　　　資　本　金　¥40,000,000　　資本準備金　¥3,200,000　　その他資本剰余金　¥1,000,000
　　　利益準備金　¥　800,000　　別途積立金　¥　440,000　　繰越利益剰余金　¥2,400,000

2．×8年6月28日、定時株主総会を開催し、剰余金の配当および処分を次のように決定した。

　①　株主への配当金について、その他資本剰余金を財源として1株につき¥10、繰越利益剰余金を財源として1株につき¥30の配当を行う。

　②　上記の配当に関連して、会社法が定める金額を資本準備金および利益準備金として積み立てる。

　③　繰越利益剰余金を処分し、別途積立金として¥160,000を積み立てる。

Rule
シー（4）本金の1/4に達するまで配トー（10）金の1/10を準備金として積立てる

3．×8年9月1日、新株1,000株を1株につき¥1,000で発行して増資を行い、全額の払込みを受け、払込金は当座預金とした。なお、会社法が定める最低限度額を資本金とした。

4．×9年2月1日、神戸商事株式会社を吸収合併し、同社の諸資産（時価総額¥18,000,000）と諸負債（時価総額¥10,000,000）を引き継ぐとともに、合併の対価として新株8,000株（1株当たりの時価は¥1,100）を発行し、同社の株主に交付した。なお、新株の発行にともなう純資産（株主資本）の増加額のうち、¥6,000,000は資本金とし、残額はその他資本剰余金として計上した。

5．×9年3月31日、決算を行い、当期純利益¥1,960,000を計上した。

➡ 答案14ページ

第4回　有価証券1　　A 15分　➡ 解答88ページ

有価証券の取引にかかわる次の［資料］にもとづいて、下記の［設問］に答えなさい。なお、利息は便宜上すべて月割で計算し、総勘定元帳は英米式決算法によって締め切るものとする。会計期間は×1年4月1日から×2年3月31日までの1年間である。　　（第148回改）

[資料]　×1年度における有価証券の取引

×1年
11月1日
売買目的で額面総額¥300,000の国債（利率は年0.4％、利払いは9月末と3月末の年2回、償還日は×6年3月31日）を額面@¥100につき@¥98.00で購入し、代金は1か月分の端数利息とともに小切手を振り出して支払った。

×2年
2月1日
満期保有目的で額面総額¥600,000のA社社債（利率は年0.6％、利払いは1月末の年1回、償還日は×7年1月31日）を発行と同時に額面@¥100につき@¥98.50で購入し、代金は小切手を振り出して支払った。なお、額面金額と取得価額の差額は金利の調整の性格を有すると認められる。

×2年
3月31日
売買目的で保有する国債の利払日となり、6か月分の利息が当座預金の口座に振り込まれた。また、決算にあたり、次の決算整理を行う。

(1)　売買目的で保有する国債の決算日における時価は、額面@¥100につき@¥98.80である。時価への評価替えを行う。

(2)　満期保有目的で保有するA社社債について、当期分の利息を未収計上するとともに、償却原価法（定額法）で評価する。

[設問]

問　答案用紙の売買目的有価証券勘定、満期保有目的債券勘定および有価証券利息勘定への記入を完成しなさい。

Hint

次のように下書き用紙に仕訳を分けるとよい

売目有証	満保債
：	：

ヨコ解き
問　題

第1問

第2問

第3問

第4問
(1)

第4問
(2)

第5問

Hint

売買目的の資料だけ抜き出して、利息の受け取り、期末評価を行う。満期保有も同じ

13

第5回　有価証券2

有価証券取引に関する［資料1］から［資料3］までにもとづいて、下記の設問に答えなさい。本問では、有価証券の売却原価の算定は移動平均法により、税効果会計は考慮しない。

（第156回改）

Hint
答案用紙の4/1のその他有価証券評価差額金が1行しかないため、期首の洗替えと期末評価は2銘柄をまとめて仕訳する

［資料1］　×1年3月31日現在の投資有価証券の明細

銘　柄	所有目的	株数または額面	取得原価	前期末時価
A株式（上場）	その他有価証券	2,000株	¥4,000,000	¥4,800,000
B債券（上場）	その他有価証券	¥5,000,000	¥5,000,000	¥5,030,000

（注1）　B債券は×0年4月1日に額面1口1,000円、5,000口を額面金額で取得したものであり、償還日は×8年3月31日、利率は年0.4％、利払いは3月末と9月末の年2回均等額の支払いである。

［資料2］　×1年4月1日から×2年3月31日までの投資有価証券の取引

4月1日　その他有価証券について、期首における洗替処理を行う。
5月10日　A株式500株を1株¥2,500で追加取得し、普通預金から支払った。
9月30日　B債券の利払いが普通預金に入金された。
12月31日　B債券の50％を¥2,600,000（経過利息¥2,500を含む）で売却し、代金は普通預金に入金された。
3月31日　B債券の利払いが普通預金に入金された。
3月31日　その他有価証券を時価評価する会計処理を行う。

［資料3］　×2年3月31日の有価証券の時価は、次の通りであった。

銘　柄	1株当たりまたは額面¥1,000当たりの時価
A株式	¥2,600
B債券	¥1,050

［設問］

問1　その他有価証券勘定と有価証券利息勘定の記入を完成しなさい。総勘定元帳は英米式によって締め切るものとする。

問2　当期の投資有価証券売却損益（答案用紙の（　　）に「損」または「益」を記入する）の金額を答えなさい。

第6回　固定資産1

→ 答案16ページ
B　20分　→ 解答92ページ

次の固定資産に関連する取引（×9年4月1日から×10年3月31日までの会計期間）の[資料]にもとづいて、問1、問2に答えなさい。ただし、減価償却に係る記帳は直接法によることとし、決算にあたっては英米式決算法にもとづき締め切ること。

(第150回改)

[資料]　固定資産関連取引

取引日	摘要	内容
4月1日	リース取引開始	自動車のリース契約を締結し、ただちに引渡しを受け、使用を開始した。 ・年間リース料：¥480,000（後払い） ・見積現金購入価額：¥2,000,000 ・リース期間：5年 ・減価償却：残存価額ゼロ　定額法 ・リース取引の会計処理：所有権移転外ファイナンス・リース取引に該当し、利子込み法を適用する
6月7日	国庫補助金受入	機械装置の購入に先立ち、国から補助金¥3,000,000が交付され、同額が当社の普通預金口座に振り込まれた。
9月1日	機械装置購入	機械装置（残存価額：ゼロ　200％定率法（償却率0.400））¥6,000,000を購入し、ただちに使用を開始した。代金のうち、¥1,200,000は現金で支払い、残額は小切手を振り出して支払った。
9月2日	圧縮記帳処理	上記機械装置に関し、6月7日に受け取った国庫補助金に係る圧縮記帳を直接控除方式にて行った。
3月31日	リース料支払	上記のリース取引につき、年間のリース料を普通預金から振り込んだ。
同上	決算整理手続	決算に際して、固定資産の減価償却を行う。ただし、期中に取得した機械装置については月割計算にて減価償却費を算定すること。

問1　総勘定元帳における機械装置勘定およびリース資産勘定への記入を行いなさい。

問2　上記機械装置の会計上の耐用年数は5年であるが、税法上は8年（償却率0.250）である。そのため、税効果会計を適用した場合に必要となる仕訳を示しなさい。法人税、住民税および事業税の実効税率は30％である。

Rule
直接法：固定資産を直接減らす方法
英米式：残高を次期繰越として締切る方法

Hint
利子込み法ではリース料の総支払額が取得原価となる

Hint
減価償却費の差額に課税されるため、その30％の金額を税金の前払いしたことになる

➡ 答案17ページ

第7回　固定資産2　　B　20分　➡ 解答94ページ

前期末（×8年3月31日）の固定資産管理台帳の内容（取得原価の部分まで）は、下記の(1)に示したとおりであった。当期（×8年4月1日から×9年3月31日までの1年間）の固定資産関係の取引は、(2)に記載されており、減価償却の方法は(3)に記載されている。

[設問]
1．答案用紙に示された当期の諸勘定（一部）に必要な記入を行い、締め切りなさい。
2．当期の固定資産除却損の金額を答えなさい。

(1)　固定資産管理台帳（前期末）

固定資産管理台帳　　×8年3月31日現在

取得年月日	用　　途	期末数量	耐用年数	取得原価
建物				
×0.4.1	事務所	1	25年	7,500,000
ソフトウェア				
×1.4.1	システムA	1	10年	2,000,000

Hint
建物、ソフトウェアA、ソフトウェアB、といった形で資産ごとに区別して1つ1つ当期の仕訳をしていくこと

(2)　当期の取引
①　×8年7月1日に、かねて建設を依頼していた商品倉庫が完成し、工事の代金￥1,200,000（翌月末払い）を建物勘定に追加計上し、耐用年数15年で減価償却を行うこととした。

②　×8年10月1日から、新たなシステムBが稼働しソフトウェアの代金（翌月末払い）は￥2,800,000であった。システムB（耐用年数10年）の稼働に伴い、システムAが不要となったため、9月末の帳簿価額にもとづき、除却処理を行った。

Hint
有形固定資産と同じく期中のソフトウェア償却の月割計上と除却の処理をまとめて行う

(3)　減価償却の方法
減価償却の方法は、以下のとおりである。
　　建物　定額法（残存価額ゼロ）期中取得分は年間の償却費を月割で計算（間接法による）

　　ソフトウェア　定額法　期中取得分は年間の償却費を月割で計算（直接法による）

第8回　商品売買　C　25分　→ 解答97ページ

→ 答案18ページ

次の商品関連取引（×1年1月1日から12月31日までの会計期間）の[資料]にもとづいて、(1)答案用紙に示された総勘定元帳の買掛金、商品の各勘定の記入を示し、(2)損益に関する勘定のうち、①当期の売上高、②当期の為替差損、および③当期の為替差益の金額を答えなさい。

(第149回改)

[注意事項]
1. 当社は、棚卸資産の払出単価の決定方法として移動平均法を採用している。
2. 当社は、商品売買の記帳に関して、「販売のつど売上原価に振り替える方法」を採用している。
3. 実地棚卸の結果生ずる棚卸減耗損は、独立の項目として表示している。
4. 決算にあたり、各勘定を英米式決算法にもとづき、締め切る。
5. 外貨建て取引に係る仕訳にあたっては為替差損、為替差益勘定を用いること。

Hint
販売時の処理
売掛金×××／売上×××
売上原価××／商品××
（売価×××、原価××）

[資料]　商品関連取引

取引日	摘要	内容
1月1日	前期繰越	輸入商品X　数量2,000個　@¥1,000 買掛金（ドル建て）¥3,150,000　前期末の為替相場1ドル¥105
2月28日	買掛金支払	期首の買掛金（ドル建て）を普通預金から全額支払い。 支払時の為替相場1ドル¥110
6月30日	販　売	商品X 1,000個をA商会に@¥1,800で販売し、代金は小切手で受取った。
11月1日	輸　入	商品X 3,000個を@10ドルで、3か月後払いの条件で輸入。 輸入時の為替相場1ドル¥108
12月1日	販　売	商品X 2,500個をB物産に@¥2,000で販売し、代金は掛けとした。
12月31日	決　算	決算日の為替相場が1ドル¥120となった。
12月31日	決　算	実地棚卸を行ったところ、商品Xの実地棚卸数量は、1,450個であった。

Hint
1ドル¥105の買掛金を¥110で支払ったので1ドルにつき¥5の損

Hint
移動平均法では決算時の平均単価で減耗損を計算する

第3問　財務諸表の作成

➡ 答案19ページ

| 第1回 | 貸借対照表作成1 | A 20分 | ➡ 解答100ページ |

　次に示した東京商会株式会社の［資料Ⅰ］、［資料Ⅱ］および［資料Ⅲ］にもとづいて、答案用紙の貸借対照表を完成しなさい。なお、会計期間は×8年4月1日から×9年3月31日までの1年間である。

（第150回改）

［資料Ⅰ］　決算整理前残高試算表

決算整理前残高試算表
×9年3月31日　　　（単位：円）

借　　方	勘 定 科 目	貸　　方
150,000	現　　　　　　金	
786,000	当 座 預 金	
220,000	受 取 手 形	
410,000	売 　 掛 　 金	
	貸 倒 引 当 金	7,000
30,000	繰 越 商 品	
67,000	仮 払 法 人 税 等	
3,000,000	建　　　　　　物	
	建物減価償却累計額	800,000
600,000	備　　　　　　品	
	備品減価償却累計額	216,000
1,200,000	建 設 仮 勘 定	
788,000	満 期 保 有 目 的 債 券	
200,000	子 会 社 株 式	
100,000	関 連 会 社 株 式	
	支 払 手 形	190,000
	買 　 掛 　 金	380,000
	長 期 借 入 金	800,000
	退 職 給 付 引 当 金	260,000
	資 　 本 　 金	3,800,000
	利 益 準 備 金	360,450
	繰 越 利 益 剰 余 金	100,000
	売　　　　　　上	8,806,000
	有 価 証 券 利 息	4,000
7,700,000	仕　　　　　　入	
468,000	給　　　　　　料	
4,450	支 払 利 息	
15,723,450		15,723,450

18

[資料Ⅱ] 未処理事項

1. 手形￥50,000を取引銀行で割り引き、割引料￥200を差し引いた手取額は当座預金としていたが、この取引は未記帳である。

2. 建設仮勘定は建物の建設工事（工事代金総額￥1,800,000）にかかわるものであるが、工事はすでに完了し、当期の3月1日に引渡しを受けていた。なお、工事代金の残額￥600,000については、建物の引渡しの際に小切手を振り出して支払ったが、この取引も未記帳である。

Hint
3月1日に引渡しを受けているので決算まで1か月使用しています

[資料Ⅲ] 決算整理事項

1. 受取手形と売掛金の期末残高に対して2%の貸倒れを見積もる。貸倒引当金は差額補充法によって設定する。

2. 商品の期末棚卸高は次のとおりである。
   　　帳簿棚卸高：数量352個、帳簿価額　@￥90
   　　実地棚卸高：数量350個、正味売却価額　@￥85

3. 有形固定資産の減価償却は次の要領で行う。
   　　建物：耐用年数は30年、残存価額はゼロとして、定額法を用いて計算する。
   　　備品：耐用年数は10年、残存価額はゼロとして、200%定率法を用いて計算する。
   　　なお、当期に新たに取得した建物についても、耐用年数は30年、残存価額はゼロとして、定額法を用いて月割で計算する。

4. 当期末に保有している有価証券は次のとおりである。

	帳簿価額	期末時価	保有目的
A社株式	￥200,000	￥210,000	支配目的
B社株式	￥100,000	￥80,000	影響力行使
C社社債	￥788,000	￥791,000	満期保有目的

　　C社社債は、当期の4月1日に他社が発行した社債（額面総額￥800,000、利率年0.5%、利払日は9月末と3月末の年2回、償還期間は5年）を発行と同時に取得したものである。額面総額と取得価額の差額は金利の調整を表しているので、償却原価法（定額法）により評価する。

Hint
満期保有目的債券は5年間で￥12,000加算していくことになる

5. 退職給付引当金の当期繰入額は￥92,500である。

6. 長期借入金は、当期の9月1日に借入期間4年、利率年1.2%、利払いは年1回（8月末）の条件で借り入れたものである。決算にあたって、借入利息の未払分を月割計算で計上する。

7. 法人税、住民税および事業税として￥125,000を計上する。なお、仮払法人税等￥67,000は中間納付にかかわるものである。税引前当期純利益は￥355,000である。

➡ 答案20ページ

第2回　損益計算書作成1　　A　20分　➡ 解答102ページ

次に示した名古屋商会株式会社の［資料Ⅰ］、［資料Ⅱ］および［資料Ⅲ］にもとづいて、答案用紙の損益計算書を完成しなさい。なお、会計期間は×8年4月1日から×9年3月31日までの1年間である。

(第147回改)

[資料Ⅰ] 決算整理前残高試算表

決算整理前残高試算表
×9年3月31日　　　　　　　　　　　（単位：円）

借　　方	勘　定　科　目	貸　　方
335,000	現　　　　　　金	
739,600	当　座　預　金	
400,000	受　取　手　形	
671,000	売　　掛　　金	
	貸　倒　引　当　金	15,000
300,000	売買目的有価証券	
330,000	繰　越　商　品	
55,000	仮　払　法　人　税　等	
800,000	未　　決　　算	
1,500,000	建　　　　　　物	
	建物減価償却累計額	350,000
600,000	備　　　　　　品	
	備品減価償却累計額	150,000
1,220,000	土　　　　　　地	
360,000	ソ　フ　ト　ウ　ェ　ア	
	支　払　手　形	399,000
	買　　掛　　金	555,000
	長　期　借　入　金	900,000
	資　　本　　金	3,500,000
	利　益　準　備　金	330,000
	繰　越　利　益　剰　余　金	499,000
	売　　　　　上	6,580,000
5,450,000	仕　　　　　入	
280,000	給　　　　　料	
60,000	広　告　宣　伝　費	
155,000	消　耗　品　費	
10,000	保　　険　　料	
9,000	貸　倒　損　失	
3,400	手　形　売　却　損	
13,278,000		13,278,000

20

［資料Ⅱ］　未処理事項

1．未決算¥800,000は火災保険金の請求にかかわるものであるが、保険会社より火災保険金¥700,000の支払いが決定した旨の通知があったので、適切な処理を行う。

2．土地の一部（帳簿価額¥120,000）を売却し、売却代金¥190,000は当座預金としていたが、この取引は未記帳である。

Hint
保険金収入＞未決算
→利益
保険金収入＜未決算
→損失

［資料Ⅲ］　決算整理事項

1．売上債権の期末残高に対して2％の貸倒れを見積もる。貸倒引当金は差額補充法によって設定する。

2．商品の期末棚卸高は次のとおりである。棚卸減耗損と商品評価損は売上原価の内訳科目として処理する。

　　帳簿棚卸高：数量 450個、帳簿価額 @¥800
　　実地棚卸高：数量 444個、正味売却価額 @¥795

3．有形固定資産の減価償却は次の要領で行う。
　　建物：耐用年数は30年、残存価額はゼロとして、定額法を用いる。
　　備品：償却率は25％として、定率法を用いる。

4．ソフトウェアは、当期の6月1日に自社利用目的で取得したものであり、5年間にわたり残存価額をゼロとして定額法により月割償却を行う。

5．売買目的有価証券の内訳は次のとおりである。

	帳簿価額	時　価
A社株式	¥100,000	¥80,000
B社株式	¥200,000	¥231,400

6．長期借入金は、当期の7月1日に借入期間5年、利率年1.2％、利払いは年1回（6月末）の条件で借り入れたものである。決算にあたって、借入利息を月割計算で未払計上する。

7．法人税、住民税および事業税について決算整理を行い、中間納付額控除後の金額¥78,000を未払法人税等として計上する。なお、仮払法人税等¥55,000は中間納付にかかわるものである。

Hint
（法 人 税 等）
　　（仮払法人税等）
　　（未払法人税等）
法人税等は、仮払と
未払の合計となる

ヨコ解き問題
第1問
第2問
第3問
第4問(1)
第4問(2)
第5問

➡ 答案21ページ

| 第3回 | 精算表作成 | A | 20分 | ➡ 解答104ページ |

次の京都商事株式会社の［資料Ⅰ］および［資料Ⅱ］にもとづいて、精算表を完成しなさい。ただし、会計期間は1年、決算日は×4年3月31日である。

(第146回改)

［資料Ⅰ］　未処理事項

(1)　建設仮勘定に含まれている¥160,000は、当期中に完了した建物の増改築工事にかかわるものである。この増改築工事による増加部分は、すでに決算日の6か月前から使用が開始されている。この増改築工事の代金のうち¥40,000は修繕費として処理すべきものであることが判明している。

Hint
¥120,000が建物となり、6か月分の償却が必要になる

(2)　仮払金は、当期中に退職した従業員に対する支払額¥30,000であり、対応する退職給付引当金の取崩し処理が行われていないことが判明した。

［資料Ⅱ］　決算整理事項

(1)　期末商品の棚卸高は次のとおりである。

	帳簿棚卸数量	実地棚卸数量	単価（原価）	正味売却価額
商　品　A	200個	190個	@¥500	@¥450
商　品　B	420個	400個	@¥410	@¥610

売上原価は「売上原価」の行で計算する。また、商品評価損と棚卸減耗損は、精算表上、独立の項目として示すこと。

(2)　受取手形および売掛金の期末残高の合計に対して、過去の貸倒実績率により1％の貸倒れを見積もる。なお、貸倒引当金の設定は差額補充法によること。

(3)　有形固定資産の減価償却

建物は、耐用年数は30年、残存価額はゼロとして定額法により計算する。この建物は、増改築工事の完了時に取得後ちょうど10年を経過しており、当期の増改築工事による増加部分はこの建物の残存耐用年数にわたり残存価額はゼロとして定額法により償却することとした。

Hint
既存の建物は普通に償却すればよい

備品は、償却率20％として、定率法により計算する。

(4)　満期保有目的債券は、C社社債（額面総額¥600,000、利率年0.5％、利払日　3月末日および9月末日の年2回、償還日×7年3月31日）を×2年4月1日に取得したものである。額面総額と取得価額との差額は金利の調整の性格を有していると判断されるため、償却原価法（定額法）により評価する。

Hint
前期首に取得し取得原価が分からないため、簿価を残存年数にわたり償却する

(5)　買掛金の中に、ドル建買掛金¥22,000（200ドル、仕入時の為替相場1ドル¥110）が含まれており、決算時の為替相場は、1ドル¥115であった。

Hint
買掛金が増えた
→為替差損

22

(6) 期末時点に計上すべき退職給付引当金の残高は¥200,000であった。

(7) 保険料の中には、当期中の12月1日に1年分の火災保険料を前払いした¥12,000が含まれている。

➡答案22ページ

第4回　損益計算書作成2　　　B　25分　➡ 解答107ページ

　次に示した株式会社大阪商会の［資料1］から［資料3］にもとづいて、答案用紙の損益計算書を完成しなさい。なお、会計期間は×7年4月1日より×8年3月31日までの1年間である。

［資料1］　決算整理前残高試算表

決算整理前残高試算表　　　　（単位：円）

借　　　方	勘　定　科　目	貸　　　方
2,799,000	現　金　預　金	
3,087,000	受　取　手　形	
5,163,000	売　　掛　　金	
1,800,000	クレジット売掛金	
	貸　倒　引　当　金	76,000
550,000	売買目的有価証券	
3,800,000	繰　越　商　品	
400,000	仮　払　法　人　税　等	
5,000,000	貸　　付　　金	
7,240,000	建　　　　　物	
	建物減価償却累計額	900,000
2,000,000	車　両　運　搬　具	
	車両運搬具減価償却累計額	500,000
4,010,000	土　　　　　地	
720,000	そ　の　他　有　価　証　券	
	支　払　手　形	2,953,000
	買　　掛　　金	3,872,300
	長　期　借　入　金	8,000,000
	資　　本　　金	10,000,000
	繰　越　利　益　剰　余　金	5,898,500
	売　　　　　上	48,947,000
	負ののれん発生益	100,000
32,651,000	仕　　　　　入	
9,608,300	給　　　　　料	
746,500	水　道　光　熱　費	
420,000	保　　険　　料	
288,000	支　払　利　息	
964,000	有　価　証　券　売　却　損	
81,246,800		81,246,800

24

[資料2] 決算にあたっての修正事項

1. 当社では、クレジット取引をのぞき、商品の売買はすべて掛けにて行っており、収益の認識は検収基準にもとづいている。決算作業に取り組んでいたところ、営業部門から売価 ¥70,000の商品を得意先京都商事に納入し、先方による検収が3月中に完了していたとの連絡が入った。

Rule
検収基準では得意先による検収完了分が売上となる

2. 得意先甲商店が倒産し、売掛金 ¥50,000が貸し倒れた。 そのうち ¥30,000は当期に販売した商品に係るものである。

[資料3] 決算整理事項

1. 期末商品帳簿棚卸高は¥4,200,000（[資料2] 1．の売上に係る原価を控除済み）である。ただし、商品Aには棚卸減耗損 ¥180,000、商品Bには商品評価損 ¥190,000が生じている。いずれも売上原価の内訳項目として表示する。

2. 期末残高に対し、クレジット売掛金については0.5%、受取手形および売掛金については1%を差額補充法により貸倒引当金を設定する。

3. 次の要領にて有形固定資産の減価償却を行う。
    建物のうち¥3,240,000は×8年1月10日に取得し、×8年2月1日より使用を開始している。

	減価償却方法	残存価額	耐用年数	備 考
建 物	定額法	取得原価の10%	40年	新規取得分は残存価額ゼロで月割計算にて減価償却を行う
車両運搬具	生産高比例法	同 上	－	総走行可能距離 200,000 km 当期の走行距離 40,000 km

4. 売買目的有価証券の期末における時価は ¥600,000、その他有価証券の期末における時価は ¥750,000であった。税効果会計は適用しない。

Rule
その他有価証券は全部純資産直入法。つまりP/Lには影響しない

5. 保険料はかねてより毎年同額を6月1日に向こう1年分をまとめて支払っている。未経過分について必要な処理を月割計算にて行う。

6. 貸付金は、×7年11月1日に取引先奈良商店に期間1年、利息は年利率4.8%にて返済時に元本とともに受け取る条件で貸し付けたものである。これに対し、3％の貸倒引当金を設定する。また、利息を月割計算にて計上する。

7. 税引前当期純利益の25％に当たる ¥1,000,000を「法人税、住民税及び事業税」に計上する。

Hint
1,000,000÷25%で税引前当期純利益を算定できる

➡ 答案23ページ

第5回　貸借対照表作成2　　B 25分　➡ 解答110ページ

次に示した商品売買業を営む株式会社神戸商会の［資料1］から［資料3］にもとづいて、答案用紙の貸借対照表を完成させなさい。会計期間は20×8年4月1日より20×9年3月31日までの1年間である。本問では減価償却およびその他有価証券の2項目に関してのみ税効果会計を適用する。法定実効税率は前期・当期とも25%であり、将来においても税率は変わらないと見込まれている。なお、繰延税金資産は全額回収可能性があるものとする。

(第152回改)

［資料1］　決算整理前残高試算表

決算整理前残高試算表 （単位：円）

借　　方	勘　定　科　目	貸　　方
6,598,000	現　金　預　金	
9,960,000	売　　掛　　金	
	貸　倒　引　当　金	12,000
8,400,000	繰　越　商　品	
6,064,000	仮　払　消　費　税	
720,000	仮　払　法　人　税　等	
15,000,000	建　　　　　物	
	建物減価償却累計額	5,000,000
7,200,000	備　　　　　品	
6,800,000	そ　の　他　有　価　証　券	
25,000	繰　延　税　金　資　産	
	買　　掛　　金	9,556,000
	仮　受　消　費　税	7,280,000
	資　　本　　金	27,000,000
	繰　越　利　益　剰　余　金	5,192,000
75,000	その他有価証券評価差額金	
	売　　　　　上	91,000,000
	受　取　配　当　金	300,000
67,500,000	仕　　　　　入	
11,748,000	給　　　　　料	
1,350,000	販　　売　　費	
300,000	減　価　償　却　費	
3,600,000	火　災　未　決　算	
145,340,000		145,340,000

26

[資料2]　決算にあたっての修正事項

1. 期中に火災に遭ったが保険を付していたため、焼失した資産の帳簿価額（減価償却費計上済）を火災未決算勘定に振り替える処理を行っていた。決算の直前に保険会社から20×9年4月末日に保険金￥1,540,000が当社の普通預金口座に入金されることが決定したとの連絡が入った。

> Hint
> 火災未決算を未収入金と火災損失に分ける

2. 売掛金￥740,000が決算日に回収され当社の当座預金口座に入金されていたが、その連絡が届いていなかったので未処理である。

[資料3]　決算整理事項等

1. 期末商品帳簿棚卸高は￥8,900,000である。A商品には商品評価損￥170,000、B商品には棚卸減耗損￥230,000が生じている。いずれも売上原価に算入する。

> Hint
> B/S作成なので、商品評価損などを売上原価に算入するか否かは関係ない

2. 売上債権の期末残高につき、「1,000分の10」を差額補充法により貸倒引当金として設定する。なお、当該引当金に係る税効果は生じていない。

3. 建物、備品とも残存価額ゼロ、定額法にて減価償却を行う。建物の耐用年数は30年、備品の耐用年数は6年である。ただし、備品は当期首に購入したものであり、税務上の法定耐用年数が8年であることから、減価償却費損金算入限度超過額に係る税効果会計を適用する。

> Hint
> 6年で減価償却費を計算し、8年との差額が一時差異となり税効果会計の対象となる

4. 消費税の処理（税抜方式）を行う。

5. その他有価証券の金額は、C社株式の前期末の時価である。前期末に当該株式を全部純資産直入法にもとづき時価評価した差額について、期首に戻し入れる洗替処理を行っていなかった。

　そのため、決算整理前残高試算表の繰延税金資産は、前期末に当該株式に対して税効果会計を適用した際に生じたものであり、これ以外に期首時点における税効果会計の適用対象はなかった。当期末のC社株式の時価は￥7,700,000である。

6. 法人税、住民税及び事業税に￥1,941,500を計上する。なお、仮払法人税等は中間納付によるものである。税引前当期純利益は￥6,661,800である。

7. 繰延税金資産と繰延税金負債を相殺し、その純額を固定資産または固定負債として貸借対照表に表示する。

→ 答案24ページ

第6回　損益計算書作成3　　C 25分　→ 解答113ページ

次に示した岡山商事株式会社の［資料Ⅰ］、［資料Ⅱ］、［資料Ⅲ］にもとづいて、答案用紙の損益計算書を作成しなさい。なお、会計期間は×6年4月1日から×7年3月31日までの1年間である。

［資料Ⅰ］

決算整理前残高試算表
×7年3月31日　　　　　（単位：円）

借　方	勘　定　科　目	貸　方
504,450	現　金　預　金	
188,000	受　取　手　形	
2,472,000	売　掛　金	
3,316,600	繰　越　商　品	
72,000	前　渡　金	
	貸　倒　引　当　金	2,400
1,440,000	建　物	
300,000	備　品	
	建物減価償却累計額	764,000
	備品減価償却累計額	128,500
673,000	土　地	
8,000	建　設　仮　勘　定	
14,000	の　れ　ん	
	借　入　金	2,000,000
	支　払　手　形	1,150,000
	買　掛　金	875,000
	未　払　金	150,000
	未　払　費　用	355,000
	資　本　金	1,243,000
	資　本　準　備　金	520,000
	利　益　準　備　金	100,000
	繰　越　利　益　剰　余　金	990,000
	売　上	16,997,450
	受　取　利　息	19,900
	固　定　資　産　売　却　益	25,000
	有　価　証　券　売　却　益	1,500
11,640,000	仕　入	
3,500,000	給　料	
368,400	旅　費　交　通　費	
320,000	水　道　光　熱　費	
260,000	通　信　費	
120,000	保　険　料	
82,500	減　価　償　却　費	
42,800	支　払　利　息	
25,321,750		25,321,750

Rule
「前渡金」は商品代金をあらかじめ支払ったもので、費用を支払った場合に用いる「前払金」とは区別することがある

Hint
残高試算表に「減価償却費」が計上されていることから、月次決算を行っていることが予想できる

[資料Ⅱ] 未処理事項

1．銀行に取立依頼している受取手形（当期受取分）は、満期日に預金口座に入金処理を行っていたが、3月31日満期の手形 ¥8,000が銀行未落（不渡り）となっていることが4月1日に判明した。

2．品違いを理由とする掛売り商品の返品受入れ（売価 ¥15,000、原価 ¥12,000）が未処理となっている。

[資料Ⅲ] 決算整理事項

1．[資料Ⅱ] 1．の不渡手形はその後の調査により全額回収不能と判断されたため、貸倒損失として処理することとした。また、受取手形および売掛金の残高について、1％の貸倒引当金を差額補充法により設定する。

2．未払費用の残高は前期末の決算整理により計上されたものであり、期首の再振替仕訳は行われていない。未払費用は従業員の給料 ¥355,000であった。また、当期の未払額は給料 ¥375,000であった。

3．商品の期末帳簿棚卸高は ¥3,185,000であり、実地棚卸高（原価）は ¥3,187,000であった。棚卸差異の原因を調査したところ、[資料Ⅱ] 2．の返品が実地棚卸高にのみ含まれており、帳簿棚卸高に含まれていないことが判明した。

4．固定資産の減価償却を次のとおり行う。
　　建物　定額法　耐用年数30年　残存価額ゼロ
　　備品　定率法　償却率20％
　　減価償却費については、固定資産の期首の残高を基礎として、建物については ¥4,000、備品については ¥3,500を、4月から2月までの11か月間に毎月見積り計上してきており、決算月も同様の処理を行う。

5．建設仮勘定の中に過年度に取得した中古建物 ¥4,000が含まれているが、使用できる見込みがなくなったため、決算に際し除却処理することとした。

6．のれんは×3年4月1日に取得したものであり、定額法により10年間で償却を行っている。

7．当期の税引前当期純利益の30％を、法人税、住民税及び事業税に計上する。

→ 答案25ページ

| 第7回 | 本支店会計1 | B 20分 | → 解答116ページ |

広島商事株式会社は、広島の本店のほかに、島根県に支店を有している。次の［資料］にもとづき、第7期（×29年4月1日～×30年3月31日）の**本店の損益勘定**を完成しなさい。ただし、本問では、「法人税、住民税及び事業税」と税効果会計を考慮しないこととする。　（第149回改）

［資料］
（A）　残高試算表（本店・支店）

Hint
本店にとって支店勘定は資産の勘定、支店にとって本店勘定は負債または資本の勘定

残 高 試 算 表
×30年3月31日

借　　　　方	本　店	支　店	貸　　　　方	本　店	支　店
現 金 預 金	2,867,000	1,252,800	買 掛 金	686,000	497,000
売 掛 金	1,098,000	865,000	未 払 金	2,000,000	—
繰 越 商 品	717,000	483,000	借 入 金	1,400,000	—
備 品	600,000	350,000	貸 倒 引 当 金	10,300	6,200
車 両	2,000,000	—	備品減価償却累計額	240,000	70,000
支 店	1,736,000	—	本 店	—	1,736,000
仕 入	3,850,000	1,441,000	資 本 金	2,600,000	—
支 払 家 賃	780,000	550,000	利 益 準 備 金	384,000	—
給 料	830,000	610,000	繰越利益剰余金	260,000	—
広 告 宣 伝 費	838,000	59,200	売 上	7,700,000	3,300,000
支 払 利 息	56,000	—	受 取 手 数 料	91,700	1,800
	15,372,000	5,611,000		15,372,000	5,611,000

（B）　未処理事項等

(1)　本店の売掛金¥60,000が回収され、本店で開設している当社名義の当座預金口座に入金されていたが、銀行からの連絡が本店に届いていなかった。

(2)　本店が支店へ商品¥110,000（仕入価額）を移送したにもかかわらず、本店・支店ともその会計処理が行われていなかった。

（C）　決算整理事項等

(1)　商品の期末棚卸高は次のとおりである。売上原価を仕入勘定で計算する。ただし、棚卸
　　減耗損および商品評価損は、外部報告用の損益計算書では売上原価に含めて表示するもの
　　の、総勘定元帳においては、棚卸減耗損および商品評価損を仕入勘定に振り替えず独立の
　　費用として処理する。

　　①　本　店（上記（B）(2)処理後）

　　　　　原　　　　　価：@¥770　　　　正味売却価額：@¥750

　　　　　帳簿棚卸数量：1,000個　　　　実地棚卸数量：970個

　　②　支　店（上記（B）(2)処理後）

　　　　　原　　　　　価：@¥550　　　　正味売却価額：@¥560

　　　　　帳簿棚卸数量：800個　　　　　実地棚卸数量：785個

(2)　本店・支店とも売上債権残高の1％にあたる貸倒引当金を差額補充法により設定する。

(3)　有形固定資産の減価償却

　　①　備　品：本店・支店とも、残存価額ゼロ、耐用年数5年の定額法

　　②　車　両：総利用可能距離150,000km　当期の利用距離3,000km、残存価額ゼロ

　　　　　　　　生産高比例法　×29年10月1日に取得したものである。

Hint
生産高比例法での減価償却費の計算では使用月数は関係しない

(4)　経過勘定項目（本店・支店）

　　①　本　店：給料の未払分¥70,000　　　支払家賃の前払分¥60,000

　　②　支　店：給料の未払分¥50,000　　　支払家賃の未払分¥50,000

(5)　本店が支払った広告宣伝費のうち、支店は¥60,000を負担することとなった。

Hint
本店で処理済みの指示が無いため、本店、支店ともに処理をする

(6)　支店で算出された損益（各自算定）が本店に報告された。

→ 答案26ページ

第8回　本支店会計2　　　　　　　　　　　Ａ　20分　→ 解答118ページ

次に示した［資料Ⅰ］〜［資料Ⅲ］にもとづいて、山口商事株式会社の第15期（会計期間：×6年4月1日〜×7年3月31日）の本支店合併損益計算書および本支店合併貸借対照表を作成するとともに、未処理事項および決算整理事項を考慮した後の長崎支店における税引前の利益の額を求めなさい。なお、解答にさいしては次の点に留意すること。

(1) 山口商事株式会社は山口に本店、長崎に支店を設けている。

(2) 本店は外部より仕入れた商品を外部に販売するとともに、当期より支店にも仕入原価で提供している。また、支店は前期末に在庫を一掃し、当期より本店からのみ仕入れており、利益を付加して外部に販売している。

Hint
支店の損益勘定を財務諸表と並行して作成するとよい

(3) ［資料Ⅰ］の残高試算表は、未処理事項および決算整理事項を考慮する前のものである。

［資料Ⅰ］残高試算表

残 高 試 算 表
×7年3月31日

勘 定 科 目	本　店	支　店	勘 定 科 目	本　店	支　店
現 金 預 金	268,640	268,080	買 掛 金	316,800	—
売 掛 金	360,000	256,000	貸 倒 引 当 金	5,760	800
繰 越 商 品	281,600	–	建物減価償却累計額	96,000	—
建 物	640,000	–	備品減価償却累計額	144,000	87,600
備 品	288,000	233,600	本 店	—	642,880
支 店	642,880	–	資 本 金	1,187,840	—
仕 入	833,600	688,800	資 本 準 備 金	288,000	—
営 業 費	276,000	112,800	繰越利益剰余金	184,320	—
			売 上	1,368,000	828,000
	3,590,720	1,559,280		3,590,720	1,559,280

Rule
本店における支店勘定と、支店における本店勘定の残高は一致している

［資料Ⅱ］未処理事項

1．本店から支店へ商品¥16,000を発送したが、本店および支店ともに未処理である。

Hint
商品を発送した側は仕入減少となる

2．本店の営業費のうち、¥36,000を支店に付け替えるが、本店および支店ともに未処理である。

32

［資料Ⅲ］　決算整理事項

1. 期末商品帳簿棚卸高

　　　　本　　店　　　￥140,000
　　　　支　　店　　　￥ 94,400

　　なお、上記金額は未処理事項考慮前の帳簿残高であり、未処理事項考慮後において減耗などは一切生じなかった。

2. 本店、支店ともに売掛金の期末残高に対して、差額補充法により2％の貸倒引当金を設定する。

3. 本店、支店ともに固定資産に対して減価償却を行う。

　　　　建物　　定額法　　耐用年数　　40年　　残存価額ゼロ
　　　　備品　　定額法　　耐用年数　　8年　　残存価額ゼロ

　　なお、本店の建物減価償却費のうち、20％を支店が負担する。

4. 本店の営業費の未払額が￥11,200ある。

5. 税引前当期純利益に対して、法人税、住民税及び事業税として￥50,000を計上する。

第4問 −(1) 工業簿記の仕訳問題

→ 答案27ページ

| 第1回 | 費目別計算1 | A | 10分 | → 解答121ページ |

下記の一連の取引について仕訳しなさい。ただし、勘定科目は、次の中から最も適当と思われるものを選ぶこと。

(第150回改)

材　　　　料　　材　料　副　費　　買　掛　金　　賃　金・給　料
賃　率　差　異　　仕　掛　品　　製　造　間　接　費

(1)① 当月、素材800kg（購入代価2,000円／kg）、買入部品3,000個（購入代価100円／個）、工場消耗品100,000円（購入代価）を掛けで購入した。なお、購入に際しては、購入代価の10％を材料副費として予定配賦している。

Rule
材料副費の実際発生額が判明するのに時間がかかるため、予定配賦を行う

② 当月、素材1,500,000円、買入部品120,000円、工場消耗品80,000円を消費した。

(2) 当月の賃金の消費額を計上する。直接工の作業時間報告書によれば、直接作業時間は740時間、間接作業時間は30時間、手待時間は10時間であった。当工場において適用される直接工の予定賃率は、1時間当たり1,400円である。

また、間接工については、前月賃金未払高100,000円、当月賃金支払高350,000円、当月賃金未払高80,000円であった。

Hint
手待とは待機している状態のため、通常、どの製品にかかったかを特定できない

(3) 当月の直接作業時間にもとづき予定配賦率を適用して、製造間接費を各製造指図書に配賦する。なお、当工場の年間の固定製造間接費予算は8,100,000円、年間の変動製造間接費予算は5,400,000円であり、年間の予定総直接作業時間は9,000時間である。

34

➡ 答案27ページ

第2回　費目別計算2　　A　10分　➡ 解答122ページ

下記の一連の取引について仕訳しなさい。ただし、勘定科目は次の中から最も適当と思われるものを選ぶこと。

材　　料　　　材　料　副　費　　　材　料　価　格　差　異　　　賃　金　・　給　料

材　料　副　費　差　異　　　仕　　掛　　品　　　製　造　間　接　費　　　製造間接費配賦差異

賃　率　差　異

(1)① 当工場では材料の消費額を予定価格@1,600円/kgを用いて計算している。当月に材料500kgを消費し、材料の実際価格は@1,500円/kgであったため、材料価格差異を計上した。

② 当工場では材料の購入から消費までに付随的にかかる材料副費について予定配賦を行っている。当月の材料副費の予定配賦額63,200円に対して、実際発生額は80,000円であったため、材料副費差異を計上した。

Hint
材料副費（材料の付随費用）は購入後も（検収や保管などで）発生するため予定配賦を行うことがある

(2) 当工場では直接工の賃金の消費額を予定賃率@1,000円/時間を用いて計算している。当月の直接工の直接作業時間は906時間、間接作業時間は14時間であり、実際賃率は@1,100円/時間であったため、賃率差異を計上した。

(3) 当工場では製造間接費について直接作業時間を基準として各製造指図書に予定配賦している。年間の製造間接費予算は40,608,000円、年間の予定総直接作業時間は11,280時間である。当月の直接作業時間は906時間、当月の製造間接費の実際発生額は3,328,000円であったため、製造間接費配賦差異勘定に振り替えた。

Rule
予定－実際
＝⊕→貸方差異
　予定より少なかった
　⊖→借方差異
　予定より多かった

ヨコ解き問題

第1問

第2問

第3問

第4問(1)

第4問(2)

第5問

35

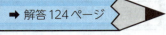

第3回　費目別計算3

当社では受注生産を行っており、実際個別原価計算を採用している。製造間接費は予定配賦額を各製造指図書に配賦している。次の［資料］にもとづいて、下記の問に答えなさい。

[資料]
1. 製造間接費予算
   公式法変動予算を採用している。
   年間製造間接費予算：120,000円
   （内訳：年間変動製造間接費84,000円、年間固定製造間接費36,000円）

2. 基準操業度
   製造間接費の配賦基準は直接作業時間を基準としており、年間予定直接作業時間（基準操業度）は1,200時間である。

問1 下記の(1)〜(3)の取引について仕訳しなさい。なお、勘定科目は次の中から最も適当と思われるものを選び、正確に記入すること。

　　材　　料　　賃金・給料　　水道光熱費　　製造間接費
　　仕　掛　品　　予算差異　　操業度差異

(1) 当月の製造間接費について以下の直接作業時間をもとに予定配賦を行った。

No.101	No.102	No.103	合　計
40時間	30時間	20時間	90時間

(2) 当月の製造間接費の実際発生額は次のとおりであった。
　　消耗品の消費額　　　：2,000円
　　間接工の賃金消費額　：5,000円
　　水道光熱費の発生額　：2,800円

(3) 製造間接費の予定配賦額と実際発生額との差額を、予算差異勘定と操業度差異勘定に振り替えた。

問2 製造間接費予算について、変動費と固定費を区別せず固定予算を採用している場合の製造間接費勘定、予算差異勘定、操業度差異勘定の記入を行いなさい。

問題編

➡ 答案29ページ

| 第4回 | 本社工場会計 1 | A | 10分 | ➡ 解答129ページ |

当社は本社と工場が離れていることから、工場会計を独立させている。材料と製品の倉庫は工場に置き、材料購入を含めて支払い関係はすべて本社が行っている。なお、工場元帳には、次の勘定が設定されている。

（第147回改）

材	料	賃	金	製 造 間 接 費
仕 掛 品	原 価 差 異	製	品
本	社

当月の次の取引について、工場での仕訳を示しなさい。

(1)① 当月、製品用の素材8,000kg（購入価額200円／kg）および工場で使用する消耗器具（購入価額15,000円）を掛けで購入し、倉庫に搬入した。

② 当月、製造のために6,000kgの素材を出庫した。なお、月初に素材2,000kg（購入価額190円／kg）があり、材料費は月次総平均法で計算している。

(2) 当月、工場での賃金の消費額を計上する。直接工の作業時間の記録によれば、直接工は直接作業のみ1,600時間行った。当工場で適用する予定総平均賃率は1,400円である。また、間接工については、前月賃金未払高60,000円、当月賃金支払高750,000円、当月賃金未払高50,000円であった。

(3) 本社の当座預金口座より支払った光熱費などの当月の間接経費250,000円を計上した。

Hint

(1)素材はモノを表す勘定
消耗器具もモノの1つ
(2)月単位の平均単価を算定すればよい
(3)時間記録は直接工のみ
間接工は要支払額で計上

| ヨコ解き 問 題 |
| 第 1 問 |
| 第 2 問 |
| 第 3 問 |
| 第 4 問 (1) |
| 第 4 問 (2) |
| 第 5 問 |

37

→ 答案29ページ

第5回　本社工場会計2　　　A　10分　→ 解答130ページ

　A社は本社会計から工場会計を独立させている。材料と製品の倉庫は工場に置き、材料購入を含めて支払い関係は本社が行っている。

　下記の(1)から(4)はA社の11月の取引の一部である。これらについて、工場および本社で行われる仕訳を示しなさい。勘定科目は次の中から最も適当と思われるものを選び、正確に記入すること。

（第153回改）

現　　　　金	材　　　　料	賃 金 ・ 給 料	製 造 間 接 費
仕 掛 品	製　　　品	売 上 原 価	本　　　社
工　　　場	買 掛 金	当 座 預 金	機械減価償却累計額

(1)　材料費900,000円を掛けにて購入し、工場の倉庫に搬入された。

(2)　直接工賃金1,400,000円と間接工賃金600,000円を現金で支払った。

(3)　工場の機械について、当月の減価償却費300,000円を計上した。機械減価償却累計額勘定は、本社元帳に設けている。

(4)　販売した製品の製造原価は2,000,000円であったため、売上原価を計上する。製品は工場から得意先に発送しているため、製品勘定は工場元帳に設けている。売上原価勘定は本社元帳に設けている。

→ 答案30ページ

第6回　個別原価計算1　　A　15分　→ 解答132ページ

A株式会社では、当月から製品の受注生産を行っており、製品原価の計算には実際個別原価計算を採用している。次の［資料］にもとづいて、下記の［一連の取引］(1)～(4)について仕訳を示しなさい。なお、勘定科目は次の中から最も適当と思われるものを選び、正確に記入すること。

(第148回改)

| 仕 掛 品 | 現 　 金 | 材 　 料 | 賃 金 ・ 給 料 |
| 原 価 差 異 | 製 　 品 | 買 掛 金 | 製 造 間 接 費 |

ヨコ解き問題

第1問

第2問

第3問

第4問 (1)

第4問 (2)

第5問

［資料］

1．当月の直接材料消費量・直接作業時間

製造指図書番号	#101	#102	#103
直接材料消費量	20kg	26kg	18kg
直接作業時間	46時間	61時間	28時間

(注)直接労務費は予定平均賃率を使用して計算しており、予定平均賃率は1,400円/時間であった。

2．年間製造間接費予算額　　　　504,000円

3．年間予定直接作業時間　　　　　1,680時間

4．当月の製造間接費実際発生額　　42,200円

Hint

配賦率 = $\dfrac{予算額}{予定時間}$

［一連の取引］

(1) 当月分の直接材料費を計上する。なお、直接材料費は予定消費単価を使用して計算しており、予定消費単価は2,400円/kgである。

(2) 当月分の製造間接費を予定配賦する。なお、製造間接費の配賦基準は直接作業時間である。

(3) 製造指図書#102については、製造作業の一部を協力会社のB社に依頼している。当月中に、必要材料をB社に無償で引き渡し、すべての作業が完了しA社に納品後、材料は消費された。B社の作業に対する加工賃18,600円は現金で支払った。

Hint

外注加工に係る科目が無い場合、直接、仕掛品に計上する

(4) 当月までに製造指図書#101のみが完成した。製造指図書#101の完成品原価を計上する。

➡ 答案30ページ

第7回 個別原価計算2　　　B 15分 ➡ 解答133ページ

東京製作所の埼玉工場では、当月から高級家具の受注生産を行っており、製品原価の計算には実際個別原価計算を採用している。次の [資料] にもとづいて、下記の**問**に答えなさい。

(第154回改)

[資料]

1．当月の直接材料購入量・在庫量

月初在庫量　　350 kg（実際購入単価　650円／kg）

当月購入量　1,300 kg（実際購入単価　620円／kg）

月末在庫量　　300 kg（棚卸減耗等はなかった）

Hint
月初＋当月－月末で、材料の実際消費額を算定する

2．当月の原価計算表

製造指図書番号	＃301	＃301-1	＃302	合　　計
直 接 材 料 費	330,000円	60,000円	420,000円	810,000円
直 接 労 務 費	170,000円	40,000円	200,000円	410,000円
製 造 間 接 費	272,000円	64,000円	320,000円	656,000円

（注）直接材料費は予定消費単価、製造間接費は予定配賦率を使用して計算している。

3．製造間接費月間予算（固定予算）　680,000円

4．当月の生産状況

(1) 製造指図書＃301および＃302は当月製造に着手し、当月末までに＃301は完成し、＃302は未完成であった。

(2) 製造指図書＃301-1は、一部仕損となった＃301を合格品とするために発行した補修指図書であり、仕損は正常なものであった。なお、補修は当月中に開始し、当月中に完了している。

Rule
補修指図書にかかった原価は仕損費となり、元の指図書に負担させる

問1 下記の(1)～(3)について仕訳を示しなさい。なお、勘定科目は次の中から最も適当と思われるものを選び、正確に記入すること。

材　　　料　　仕　掛　品　　消 費 価 格 差 異

製 造 間 接 費　　製　　　品　　買　　掛　　金

(1) 当月分の直接材料実際購入高を計上する。なお、材料はすべて掛けにて購入した。

(2) 当月分の直接材料費を計上する。

(3) 直接材料の消費価格差異を計上する。実際消費単価は先入先出法にもとづいて計算する。

問2 当月の完成品原価を計算しなさい。

40

→ 答案31ページ

第8回　個別原価計算3　　B　15分　→ 解答134ページ

当工場では、実際個別原価計算を採用している。次の［資料］にもとづいて、6月の仕掛品勘定と月次損益計算書を作成しなさい。

[資料]

(1)

製造指図書番号	直接材料費	直接労務費	製造間接費	備　考
#12	50,000円（5月分） 300,000円（6月分）	40,000円（5月分） 160,000円（6月分）	54,000円（5月分） 90,000円（6月分）	5/20 製造着手 6/ 3 完成 6/ 8 販売
#13	890,000円	450,000円	324,000円	6/ 4 製造着手 6/10 一部仕損 6/20 完成 6/22 販売
#14	840,000円	750,000円	？ 円	6/21 製造着手 6/27 完成 6/30 在庫
#15	80,000円	37,500円	27,000円	6/28 製造着手 6/30 仕掛

製造指図書#14の製造にかかった6月の直接作業時間は600時間であった。

(2) 製造間接費は、直接作業時間を配賦基準として各製造指図書に予定配賦している。年間の製造間接費予算額は 12,960,000円、年間の正常直接作業時間は 14,400時間である。6月の製造間接費実際発生額は、991,000円であり、月次損益計算書においては、製造間接費の配賦差異は原価差異として売上原価に賦課する。

Hint
各指図書の6月中の動きを一覧できるようにまとめるとよい。
（売：売上原価、品：製品、仕：仕掛品、×：未着手）

	月初	月中	月末
#12	仕	→	品→売
#13	×	→仕	品→売
#14	×	→仕	品
#15	×	→仕	

Hint
6月の原価差異の計算で、#12の5月分の製造間接費を含めないようにする

Hint
不利差異⇒売上原価⊕
有利差異⇒売上原価⊖

第**4**問 – (2) 総合原価計算, 部門別計算

→ 答案32ページ

| 第1回 | 単純総合原価計算1 | A | 15分 | → 解答136ページ |

当社は製品Aを製造・販売し、製品原価の計算は単純総合原価計算により行っている。次の[資料] にもとづいて、下記の各問に答えなさい。

（第146回改）

Rule
先入先出法では、月末分は当月発生分から構成されると考える

[資料]

[当月の生産データ]

月初仕掛品	400 個（50%）
当月投入量	2,600
合　計	3,000 個
差引：正常仕損	100
月末仕掛品	600 （50%）
完　成　品	2,300 個

[原価データ]

月初仕掛品原価	
直接材料費	203,800 円
加　工　費	170,000
小　計	373,800 円
当月製造費用	
直接材料費	1,248,000 円
加　工　費	1,950,000
小　計	3,198,000 円
合　計	3,571,800 円

Hint
正常仕損を月末仕掛品に負担させないように、仕損分の個数を分母に含めて計算する

[販売実績データ]

月　初　製　品	1,200 個
当 月 完 成 品	2,300
合　計	3,500 個
当 月 販 売 品	2,800 個
月　末　製　品	700
合　計	3,500 個

| 月初製品原価 | 1,488,000 円 |

⑴　直接材料は工程の始点で投入しており、（　）内は加工費の進捗度である。仕損品の処分価額はない。

⑵　原価投入額を完成品総合原価と月末仕掛品原価に配分する方法として先入先出法を用いること。

⑶　正常仕損は工程の終点で発生したため、その正常仕損費は完成品に負担させること。

問1　答案用紙の原価計算表を完成しなさい。

問2　完成品単位原価と当月の売上原価を計算しなさい。なお、製品の倉出単価の計算は先入先出法を用いること。

➡ 答案32ページ

第2回　単純総合原価計算2　　B 10分　➡ 解答138ページ

当社は製品Zを製造・販売し、製品原価の計算は単純総合原価計算により行っている。次の[資料]にもとづいて、月末仕掛品の原料費と加工費、完成品総合原価を計算しなさい。ただし、原価投入額合計を完成品総合原価と月末仕掛品原価に配分する方法として平均法を用いること。

[資料]

[生産データ]

月初仕掛品	400 kg（50％）
当月投入量	4,600
合　計	5,000 kg
正常仕損品	200
月末仕掛品	800　（50％）
完　成　品	4,000 kg

[原価データ]

月初仕掛品原価	
A原料費	28,000 円
B原料費	6,500
加　工　費	20,000
小　計	54,500 円
当月製造費用	
A原料費	322,000 円
B原料費	154,500
加　工　費	463,000
小　計	939,500 円
合　計	994,000 円

(注)　A原料は工程の始点、B原料は工程を通じて平均的に投入しており、（　　）内は加工費の進捗度である。

なお、正常仕損は工程の終点で発生し、その処分価額は1,000円である。正常仕損費はすべて完成品に負担させる。

Hint
B原料は工程を通じて平均的に投入しているので、加工費と同様に計算する

Rule
仕損品に処分価額があり、完成品負担の場合、完成品原価から処分価額を差し引く

ヨコ解き
問　題

第1問

第2問

第3問

第4問
(1)

第4問
(2)

第5問

43

➡ 答案33ページ

第3回　等級別総合原価計算　　A 15分　　➡ 解答140ページ

　Z社は、同一工程で等級製品A、B、Cを連続生産している。製品原価の計算方法は、1か月の完成品総合原価を製品1個当たりの重量によって定められた等価係数に完成量を乗じた積数の比で各等級製品に按分する方法を採用している。

　次の［資料］にもとづいて、当月の月末仕掛品原価、等級製品A、B、Cの完成品総合原価を計算しなさい。

［資料］

1．生産データ

月初仕掛品	400	個（25％）
当月投入	6,400	
合　計	6,800	個
正常仕損	600	
月末仕掛品	200	（50％）
完　成　品	6,000	個

(1)　完成品は、Aが4,000個、Bが1,500個、Cが500個である。また、材料は工程の始点で投入し、（　　）内は加工費の進捗度である。

(2)　原価投入額合計を完成品総合原価と月末仕掛品原価に配分する方法には先入先出法を用い、正常仕損は工程の終点で発生したので、正常仕損費はすべて完成品に負担させる。この仕損品の処分価額はゼロである。

2．原価データ

月初仕掛品原価		
	直接材料費	28,000 円
	加　工　費	9,000
	小計	37,000 円
当月製造費用		
	直接材料費	256,000 円
	加　工　費	396,000
	小計	652,000 円
	合計	689,000 円

Rule
完成品原価を各製品に配分する基準は積数（等価係数×完成量）

3．製品1個当たりの重量（単位：g）

A	B	C
300	600	1,200

Rule
等価係数は
A：B：C=1：2：4
Aを1とすると、
B：$\frac{600}{300}$=2
C：$\frac{1,200}{300}$=4

44

→ 答案33ページ

| 第4回 | 組別総合原価計算 | A | 15分 | → 解答142ページ |

当社は組製品AとBを製造しており、原価計算方法として組別総合原価計算を採用している。原料費は各組製品に直課し、加工費は直接作業時間により各組製品に予定配賦している。次の[資料]にもとづいて、下記の問に答えなさい。 (第148回改)

[資料]

1. 生産データ

	A製品	B製品
月初仕掛品	100 kg（50%）	300 kg（50%）
当月投入	2,000	3,150
合計	2,100 kg	3,450 kg
減損	–	200
月末仕掛品	200 （50%）	500 （40%）
完成品	1,900 kg	2,750 kg

(1) 原料は工程の始点で投入し、（　　）内は加工費の進捗度である。

(2) 原価投入額合計を完成品総合原価と月末仕掛品に配分するためには先入先出法を用いている。

(3) 減損は工程の途中で発生した正常なものであり、正常減損の処理は度外視法によること。

2. 原価データ
加 工 費 予 算 額（年間）　32,760,000円
予定直接作業時間（年間）　18,000時間

3. 当月の直接作業時間
A製品　450時間　　B製品　800時間

問1 加工費の予定配賦率を計算しなさい。

問2 答案用紙の組別総合原価計算表を完成しなさい。

ヨコ解き 問 題

第1問

第2問

第3問

第4問 (1)

第4問 (2)

第5問

Rule
減損発生点が不明の場合、完成品と月末仕掛品の両者負担となる

Hint
予定配賦率＝予算額／予定時間
予定配賦率を実際の作業時間に掛けて各製品の加工費を求める

45

→ 答案34ページ

第5回　工程別総合原価計算　　B　20分　→ 解答144ページ

当社は製品Aを製造し、製品原価の計算は累加法による工程別総合原価計算を採用している。次の［資料］にもとづいて、第1工程完成品総合原価、第2工程月末仕掛品の前工程費と加工費、第2工程完成品総合原価を計算しなさい。

（第149回改）

［資料］

	第1工程	第2工程
月初仕掛品	400 個（50％）	800 個（75％）
当月投入	8,000	7,600
合　計	8,400 個	8,400 個
正常仕損品	200	200
月末仕掛品	600　（50％）	1,000　（40％）
完成品	7,600 個	7,200 個

(1) 原料はすべて第1工程の始点で投入し、（　　）内は加工費の進捗度である。

(2) 原価投入額を完成品総合原価と月末仕掛品原価に配分する方法は、第1工程は平均法、第2工程は先入先出法を用いること。

(3) 第1工程の途中で発生する正常仕損品に処分価額はなく、この正常仕損の処理は度外視法による。

(4) 第2工程の終点で発生する正常仕損品は105,000円の処分価額があり、第2工程の正常仕損費は完成品に負担させること。

	第1工程	第2工程
月初仕掛品原価		
原 料 費（前工程費）	43,000 円	208,200 円
加 工 費	87,500	120,800
小 計	130,500 円	329,000 円
当月製造費用		
原 料 費（前工程費）	900,000 円	（　？　）円
加 工 費	1,690,000	2,304,000
小 計	2,590,000 円	（　？　）円
投入額合計	2,720,500 円	（　？　）円

＊上記資料の（？）は各自計算すること。

Hint

「途中で発生」した正常仕損品は両者負担となる
⇒分母から仕損分を引いて割り振ります

Hint

「完成品に負担させる」ということは「月末仕掛品には負担させない」ことを意味しています
⇒分母から仕損分を引いてはいけません

問題編

➡ 答案34ページ

| 第6回 | 部門別計算1 | A | 15分 | ➡ 解答146ページ |

Z社は実際個別原価計算を採用し、製造間接費の計算は部門別計算を行っている。製造間接費の製品別配賦は実際配賦を行い、配賦基準として、切削部門には切削作業時間、組立部門には組立作業時間を用いている。次の［資料］にもとづいて、下記の問に答えなさい。（第145回改）

[資料]

1．製造間接費の実際発生額（部門共通費配賦後）　　　　　　　（単位：円）

切　削　部	組　立　部	修　繕　部	動　力　部	工場事務部	合　　計
300,000	120,000	350,000	630,000	800,000	2,200,000

2．補助部門費の配賦
　　以下の各部門の用役提供にもとづき、補助部門費を直接配賦法により製造部門に配賦する。

	合　計	切　削　部	組　立　部	修　繕　部	動　力　部	工場事務部
動力消費量	1,100kwh	600kwh	300kwh	100kwh	×	100kwh
従業員数	60人	10人	30人	5人	10人	5人
修繕回数	50回	20回	15回	×	10回	5回

3．製造指図書ごとの当月の作業時間

	♯101	♯102	合　計
切削作業時間	1,500時間	500時間	2,000時間

	♯101	♯102	合　計
組立作業時間	4,000時間	3,500時間	7,500時間

問1　答案用紙の補助部門費配賦表を完成しなさい。

問2　各製造指図書への製造間接費の実際配賦額を答えなさい。

ヨコ解き
問　題

第1問

第2問

第3問

第4問
(1)

第4問
(2)

第5問

Hint
直接配賦法では、補助部門間の用役の授受を無視する

Hint
計算した製造部門費の金額を作業時間で割って配賦率を計算する

47

➡ 答案35ページ

第7回　部門別計算2　　　B　15分　➡ 解答148ページ

X社は実際個別原価計算を採用し、製造間接費の計算は部門別計算を行い、予定配賦を行っている。製造部門費の配賦基準は直接作業時間である。次の［資料］にもとづいて、下記の問に答えなさい。

(第152回改)

[資料]
1．月次予算データ

(1)　製造間接費の月次予算額（部門共通費配賦後）　　　　　　　　　　　　（単位：円）

組 立 部 門	切 削 部 門	修 繕 部 門	工場事務部門	材料倉庫部門	合 　 計
655,000	610,000	225,000	220,000	450,000	2,160,000

組立部門の月間予定直接作業時間は8,000時間、切削部門の月間予定直接作業時間は6,000時間である。

(2)　補助部門費の配賦

以下の各部門の用役提供にもとづき、補助部門費を直接配賦法により製造部門に配賦する。

配 賦 基 準	合 　 計	組立部門	切削部門	修繕部門	工場事務部門	材料倉庫部門
従 業 員 数	120 人	50 人	50 人	5 人	10 人	5 人
修 繕 時 間	150 時間	75 時間	50 時間	－	12 時間	13 時間
材料運搬回数	200 回	120 回	60 回	20 回	－	－

Hint
合計と組立部門、切削部門と修繕部門の間の線を二重にして見やすくしてから始めましょう
合計｜組立｜切削｜修繕

2．実際発生データ

(1)　補助部門費配賦後の製造部門費の実際発生額　　　（単位：円）

組立部	切削部
1,209,000	958,750

(2)　実際直接作業時間

	組立部門	切削部門
実際直接作業時間	7,800 時間	5,900 時間

問1　答案用紙の月次予算部門別配賦表を完成しなさい。

問2　問1の月次予算部門別配賦表にもとづいて、組立部門費と切削部門費の予定配賦額と実際配賦額の当月の差額を製造間接費配賦差異勘定に振り替える仕訳をしなさい。勘定科目は次の中から最も適当と思われるものを選び、正確に記入すること。

組立部門費　　切削部門費　　製　　品　　仕　掛　品　　製造間接費配賦差異

Hint
製造部門費の予算額を予定直接作業時間で割って予定配賦率を算定する

➡ 答案35ページ

第8回　部門別計算3　　B　15分　➡ 解答150ページ

実際個別原価計算制度を採用している当社の以下の［取引］について、下記の問に答えなさい。なお、当社は製造間接費については部門別計算を行い、各製造指図書には予定配賦を行っている。

[取引]

(1)　甲・乙製造部門費を、直接作業時間を基準として各製造指図書に予定配賦した。

	予定配賦率	当月実際直接作業時間
甲製造部門費	@170円	4,300時間
乙製造部門費	@150円	3,400時間

Hint
製造間接費をまとめて配賦するのではなく、部門別に配賦率を計算して配賦している

(2)①　製造間接費の実際発生額は、材料500,000円、賃金310,000円、経費440,000円であり、次のとおり各部門に配賦した。

	甲製造部	乙製造部	動力部	修繕部
材　料	250,000円	200,000円	30,000円	20,000円
賃　金	150,000円	90,000円	40,000円	30,000円
経　費	200,000円	150,000円	50,000円	40,000円
	600,000円	440,000円	120,000円	90,000円

②　上記補助部門費の実際発生額を次の配賦率により、甲・乙製造部門へ配賦した。

	甲製造部	乙製造部
動力部門費	55%	45%
修繕部門費	70%	30%

(3)　甲・乙製造部で把握された差異を、製造部門費配賦差異勘定へ振り替えた。なお、製造部門費配賦差異が借方と貸方で生じた場合には相殺せずに解答すること。

Hint
部門別計算を行うことで、配賦差異をまとめて把握するのではなく、部門別に把握できる

問1　上記取引(1)について仕訳を行いなさい。ただし、勘定科目は、次の勘定科目から最も適当と思われるものを選び、正確に記入すること。

　　　甲製造部門費　　　乙製造部門費　　　仕　掛　品　　製　　　品

問2　上記取引(2)について補助部門費配賦後の各製造部門費を答えなさい。

問3　上記取引(3)について答案用紙の製造部門費配賦差異勘定の記入を行いなさい。

ヨコ解き
問　題
第1問
第2問
第3問
第4問(1)
第4問(2)
第5問

49

第5問 標準原価計算、CVP分析等

→ 答案36ページ

| 第1回 | 標準原価計算1 | A | 15分 | → 解答152ページ |

当社は、食材を仕入れて製品Aに加工し、スーパーに販売している。原価計算方式としては、パーシャル・プランの標準原価計算を採用している。次の［資料］にもとづいて、当月の仕掛品勘定および月次損益計算書を完成しなさい。

（第147回改）

Rule
パーシャル・プランでは、仕掛品勘定（借方）に実際発生額
⇒仕掛品勘定で差異が出る

［資料］

1．製品A1個当たりの標準原価

直接材料費	1,500円／kg ×0.2 kg	300円
加 工 費	400円／時間 ×0.25 時間	100円
		400円

2．当月の生産・販売実績

月初仕掛品	750 個（60％）	月 初 製 品	300 個
当月着手	2,950	完 成 品	3,000
合 計	3,700 個	合 計	3,300 個
月末仕掛品	700 （50％）	月 末 製 品	200
完 成 品	3,000 個	販 売 品	3,100

材料はすべて工程の始点で投入している。

（ ）内は加工進捗度を示す。

Rule
不利差異：
売上原価に⊕
有利差異：
売上原価に⊖

3．当月の原価実績

製造費用

| 直接材料費 | 908,500円 |
| 加 工 費 | 297,000円 |

販売費及び一般管理費　1,879,500円

4．その他の条件

(1) 製品Aの販売単価は1,200円である。

(2) 標準原価差異は月ごとに損益計算に反映させており、その全額を売上原価に賦課する。

50

第2回 標準原価計算2

当社の埼玉工場では、工程の始点で投入した原料Aを加工して製品Xを生産している。標準原価計算制度を採用し、勘定記入の方法はシングル・プランによる。製品Xの標準原価カードは次のとおりである。

（第146回改）

原 料 費	標 準 単 価 70円／g	標 準 消 費 量 2g	140円
加 工 費	標 準 配 賦 率 30円／時間	標準直接作業時間 4時間	120円
製品X 1個当たり標準製造原価			260円

次の［資料］にもとづいて、答案用紙の各勘定に適切な金額を記入しなさい。なお、材料勘定には、原料Aに関する取引だけが記録されている。

［資料］

(1) 原料A 2,800gを1g当たり75円で掛けにて購入した。当工場では実際の購入単価をもって材料勘定への受入記録を行っている。

(2) 原料Aの実際消費量は2,600gであった。原料の消費額については、製品の生産実績にもとづき、月末に一括して仕掛品勘定に振り替え、原価差異を把握する。

(3) 原料Aの月末在庫は200gであった。月初在庫はなかった。

(4) 製品Xの生産実績は次のとおりである。

月 初 仕 掛 品	200 個（加工進捗度50％）
当 月 投 入	1,250
合 計	1,450 個
月 末 仕 掛 品	250 （加工進捗度40％）
当 月 完 成 品	1,200 個

Hint
材料の標準購入量
2g × 1,250個
　　　当月投入
＝2,500g

Rule
BOX図の形

➡ 答案37ページ

第3回　標準原価計算3　　A　15分　➡ 解答156ページ

当社はパーシャル・プランの標準原価計算を採用している。製品Zの1個当たりの標準原価は以下のように設定されている。

直接材料費	標 準 単 価	800円／kg	標 準 消 費 量	4kg／個	3,200円
直接労務費	標 準 賃 率	2,200円／時間	標準直接作業時間	0.5時間／個	1,100円
製造間接費	標 準 配 賦 率	3,000円／時間	標準直接作業時間	0.5時間／個	1,500円
					5,800円

製造間接費は直接作業時間を配賦基準として配賦されている。当月、製品Zを370個生産した。月初および月末に仕掛品は存在しなかった。

なお、製造間接費には公式法変動予算が設定されている。年間の正常直接作業時間は2,400時間であり、年間変動製造間接費予算は3,360,000円、年間固定製造間接費予算は3,840,000円である。

Hint
変動製造間接費予算額／正常直接作業時間
＝変動費配賦率
固定製造間接費予算額／正常直接作業時間
＝固定費配賦率

当月の実際製造費用が、次のとおりであったとする。

直接材料費　1,230,000円（実際価格 @ 820円）
直接労務費　425,600円（実際賃率 @2,240円）
製造間接費　590,000円

材料の実際消費量は、1,500kg、実際直接作業時間は、190時間であった。

問1　当月の完成品標準原価を計算しなさい。

問2　当月の原価差異の総額を計算しなさい。借方差異か貸方差異かを明示すること。

問3　直接労務費の作業時間差異を計算しなさい。借方差異か貸方差異かを明示すること。

問4　公式法変動予算にもとづく製造間接費予算差異を計算しなさい。借方差異か貸方差異かを明示すること。

Hint
借りているから不利（借方差異は不利差異）、貸しているから有利（貸方差異は有利差異）と覚えましょう

52

問題編

➡ 答案37ページ

| 第4回 | 標準原価計算4 | B | 20分 | ➡ 解答158ページ |

株式会社銀座製菓では、洋菓子（製品X）を製造している。原価計算方式としては標準原価計算を採用している。加工費の配賦基準は直接作業時間であり、予算直接作業時間を基準操業度としている。次の［資料］にもとづいて、下記の問に答えなさい。　　　　（第152回改）

[資料]

1．原価標準（製品1個当たりの標準原価）

製品X

原 料 費	8円／g ×150 g	1,200 円
加 工 費	1,500 円／時間 ×0.6 時間	900 円
	合計	2,100 円

2．当月予算

	製 品 X
変 動 加 工 費	400 円／時間
固 定 加 工 費	1,003,200 円

※加工費予算は公式法変動予算を
　用いている。
基準操業度は912時間である。

3．当月の生産データ

月初仕掛品	300 個（50％）
当 月 着 手	1,390
合　　　計	1,690 個
月末仕掛品	200　（80％）
完 成 品	1,490 個

※材料はすべて工程の始点で投入している。
（　　）内は加工進捗度を示す。

4．当月実績

	製 品 X
原 料 費	1,634,000 円
原 料 消 費 量	215,000 g
加 工 費	1,372,000 円
直 接 作 業 時 間	920 時間

問　製品Xの標準原価差異を分析し、

(1) 原料費差異を価格差異と数量差異に分けて答えなさい。

(2) 加工費差異を予算差異、能率差異、操業度差異に分けて答えなさい。なお、能率差異は変動費と固定費の両方からなる。

(3) 能率差異を変動費のみから計算した場合の、予算差異、能率差異、操業度差異を答えなさい。

ヨコ解き 問題

第1問

Hint
原価差異は当月投入量に対して標準と実際を比較する

第2問

第3問

第4問（1）

第4問（2）

第5問

Hint
まず生産データのBOX図を描いて、当月投入量を把握する

Hint
加工費の標準配賦率から変動加工費の配賦率を差し引くと固定費配賦率

53

→ 答案38ページ

| 第5回 | CVP分析1 | B 20分 | → 解答160ページ |

京橋産業は、全国に寿司チェーンを展開している。現在、東京駅前店の11月の利益計画を作成している。10月の利益計画では、売上高は7,000,000円であり、変動費と固定費は次の［資料］のとおりであった。11月の利益計画は、変動費率と固定費額について10月と同じ条件で作成する。下記の問に答えなさい。

(第150回改)

［資料］

変　動　費		固　定　費	
食　材　費	1,610,000円	正 社 員 給 料	1,300,000円
アルバイト給料	840,000円	水 道 光 熱 費	1,030,000円
そ　の　他	140,000円	支 払 家 賃	880,000円
		そ　の　他	570,000円

Hint
○○率＝ $\frac{○○}{全体}$ ×100（％）
したがって
変動費率＝ $\frac{変動費}{売上高}$ ×100（％）

問1 変動費率を計算しなさい。

問2 損益分岐点売上高を計算しなさい。

問3 目標営業利益1,260,000円を達成するために必要な売上高を計算しなさい。

問4 11月の売上高は7,500,000円と予想されている。11月の利益計画における貢献利益と営業利益を計算しなさい。

Rule
売上高が増えると、その変動費率分の変動費も増える

問5 これまで水道光熱費をすべて固定費としてきたが、精査してみると変動費部分もあることがわかった。過去6か月の売上高と水道光熱費の実績データは以下のとおりであった。高低点法により、売上高に対する水道光熱費の変動費率（％）を計算しなさい。

	4月	5月	6月	7月	8月	9月
売　上　高	7,050,000円	7,600,000円	6,600,000円	7,400,000円	7,800,000円	7,500,000円
水 道 光 熱 費	1,031,000円	1,050,000円	1,018,000円	1,041,000円	1,054,000円	1,045,000円

Hint
8月が高点、6月が低点
この間を直線と仮定するのが高低点法

54

➡ 答案38ページ

第6回 CVP分析2

B 15分　➡ 解答162ページ

当年度の直接原価計算方式の損益計算書は次のとおりであった。平均変動費率および年間固定費が次年度も当年度と同様であると予測されているとき、下記の問に答えなさい。

直接原価計算方式の損益計算書

（単位：万円）

売　上　高		10,000
変動売上原価		5,600
変動製造マージン		4,400
変動販売費		400
貢　献　利　益		4,000
製造固定費	2,000	
固定販売費および一般管理費	1,600	3,600
営　業　利　益		400

問1 損益分岐点の売上高はいくらか。

問2 800万円の営業利益を達成する売上高はいくらか。

問3 現在の売上高（10,000万円）が何%落ち込むと損益分岐点の売上高に達するか。

問4 売上高が1,000万円増加するとき営業利益はいくら増加するか。

Rule
販売単価・販売数量がわからない問題は販売単価を1（万）円と仮定して解くとよい

ヨコ解き問題

第1問

第2問

Hint
販売単価を1（万）円と仮定すると、変動費の単価は0.6（万）円となる（変動費率は0.6）

第3問

第4問 (1)

第4問 (2)

Hint
損益分岐点：
収益＝費用（変動費＋固定費）
∴ S ＝ 0.6 S ＋3,600
　収益　変動費　固定費

第5問

➡ 答案39ページ

第7回　直接原価計算1　　　B　15分　➡ 解答164ページ

　食品を製造、販売する北海道食品では、これまで全部原価計算による損益計算書のみを作成してきたが、製品Xの月間利益計画を作成するため、直接原価計算による損益計算書を作成することとした。

　製品Xの販売価格は1kg当たり500円を予定している。次の［資料］にもとづいて、その下の［会話文］の（　ア　）と（　イ　）に入るもっとも適切な語を選んで○で囲みなさい。また、（　①　）～（　⑥　）に入る金額を計算しなさい。　　　　　　　　　　　　　　　（第156回改）

［資料］

(1)　1kg当たり全部製造原価

　　直接材料費　200円／kg　　　　　　　　変動加工費　70円／kg

　　固定加工費月額　420,000円（全部原価計算では月間生産量をもとに配賦率を算定する）

(2)　販売費及び一般管理費

　　変動販売費　40円／kg

　　固定販売費及び一般管理費月額　226,000円

(3)　生産・販売計画（仕掛品は存在しない）

　　月初在庫量　　　　0kg　　　　　　月間販売量　4,000kg

　　月間生産量　4,000kg　　　　　　　月末在庫量　　　　0kg

［会話文］

社　　　長：全部原価計算と違って、直接原価計算では、売上高から変動費を差し引いて（　ア　）利益が出てくるわけですね。

経理部長：はい。月間生産・販売量を4,000kgとする現在の計画では、月間（　ア　）利益は（　①　）円になります。仮に、月間生産・販売量を5,000kgとすると、月間（　ア　）利益は（　②　）円になります。

社　　　長：なるほど。（　ア　）利益は売上高に（　イ　）変化するわけですね。

経理部長：そうです。次に、（　ア　）利益から固定費を差し引いて営業利益を出します。月間生産・販売量を4,000kgとする現在の計画では、月間営業利益は（　③　）円になります。

社　　　長：月間営業利益がマイナスにならないようにするためには、月間売上高はいくら必要になりますか。

経理部長：損益分岐点ですね。損益分岐点の月間売上高は（　④　）円です。

56

社　　　長：わかりました。この月間売上高は上回らないといけませんね。ところで、直接原価
　　　　　　計算の営業利益は全部原価計算の営業利益と同じ金額になるのですか。

経理部長：現在の計画ではそうですが、生産量と販売量が一致しないときは同じ金額にはなり
　　　　　　ません。仮に、月間生産量だけを5,000kgに増やし、月間販売量は4,000kgのまま変
　　　　　　わらないとします。直接原価計算では、月間営業利益は（　⑤　）円ですが、全部
　　　　　　原価計算では、月間営業利益は（　⑥　）円になります。

社　　　長：販売量が変わらないのに、生産量だけを増やして利益が増えるのはおかしいですね。

経理部長：そのとおりです。そのため、販売量の変化と利益の変化の関係を把握しやすい直接
　　　　　　原価計算のほうが利益計画に適しているといえます。

Hint
生産量＞販売量の場合、期末製品が生じる。固定製造原価は、直接では全額費用となるが、全部では期末製品に配賦される

ヨコ解き
問　題

第1問

第2問

第3問

第4問
(1)

第4問
(2)

第5問

→ 答案39ページ

第8回　直接原価計算2　　　B　15分　→ 解答167ページ

　当社は、製品Aを製造・販売している。次の［資料］にもとづいて、答案用紙に示されている全部原価計算による損益計算書と直接原価計算による損益計算書を完成しなさい。

［資料］

1．予定生産量（1,200個）における加工費予算

　　当社では加工費を生産量にもとづいて予定配賦し、すべての配賦差異を当期の売上原価に賦課している。

　　　　変動加工費　　　　　　750 円／個

　　　　固定加工費　　　　1,000 円／個（1,200,000 円）

Hint
変動加工費は、予定配賦率と実際の単価が750円／個で一致しているため、変動費のみを製品原価とする直接原価計算では配賦差異は生じない

2．実際製造原価

　　　　原料費（変動費）　　　500 円／個

　　　　変動加工費　　　　　　750 円／個（　837,000 円）

　　　　固定加工費　　　　1,200,000 円

3．実際販売費及び一般管理費

　　　　変動販売費　　　　　　250 円／個

　　　　固定販売費　　　　140,000 円

　　　　一般管理費（固定費）　360,000 円

Hint
予定生産量（1,200個）に対して実際は1,116個しか製造できなかったため、全部原価計算では固定加工費から84個分の差異（操業度差異）が生じる

4．実際生産量・販売量

　　　　当期製品生産量　　　1,116 個

　　　　当期製品販売量　　　1,116 個

　　　　（注）期首・期末に製品と仕掛品は存在しない。

5．実際販売価格　　　　　　3,200 円／個

第1部　ヨコ解き！編

解答・解説

解答は、ネットスクールで作成したものです。

第1問 仕訳問題【解答・解説】

| 解 答 | 第1回 固定資産1 | ➡ 問題2ページ |

仕　訳

		借方科目	金　額	貸方科目	金　額
1		備　　　品	1,458,000	営業外支払手形	1,500,000
		前 払 利 息	42,000		
2		備　　　品	1,152,000	営業外支払手形	1,200,000
		支 払 利 息	48,000		
3		当 座 預 金	1,800,000	土　　　地	2,500,000
		営業外受取手形	1,200,000	固定資産売却益	500,000
4		固定資産圧縮損	200,000	備　　　品	200,000
5	(1)	固定資産圧縮損	1,250,000	備　　　品	1,250,000
	(2)	減 価 償 却 費	250,000	備　　　品	250,000

ここに注意

1、2 利息相当額を前払利息とするか支払利息とするかは問題文の指示に従う。

3 営業外取引における手形の受取りは「営業外受取手形」で処理する。

4 国庫補助金の受取りと備品の取得の仕訳は処理済み。

5 償却方法が直接法であることに注意する。

予想配点　仕訳1組につき4点。5は(1)と(2)両方正解で4点　合計20点。

解説

　仕訳問題を解くとき、「問題文のキーワードとなる語句に着目して、勘定科目を考える」ようにすると、仕訳を考えやすくなります。

1. 固定資産の割賦購入(1)

　　全従業員に支給するため、<u>事務用のパソコン一式（現金購入価格¥1,458,000）</u>を割賦で購
❶
入した。代金は、来月末より月末ごとに支払期限が順次到来する<u>額面¥125,000の約束手形</u>
<u>12枚を振り出して相手先に交付した</u>。なお、利息相当額については、<u>資産の勘定（前払利息）</u>
❷
<u>を用いて処理する</u>こととする。
❸

補足
　固定資産の減価償却費は販売費及び一般管理費に表示し、支払利息は営業外費用に表示します。
　利息を固定資産に含めると、減価償却費に利息が含まれてしまいます。

❶現金購入価格が取得原価となる
❷営業外取引の手形の振出しは「営業外支払手形」で処理する
🖩¥125,000 × 12枚＝¥1,500,000
❸手形の額面総額と現金購入価格の差額が利息相当額となる
🖩¥1,500,000 － ¥1,458,000 ＝¥42,000

（備　　　品）❶　1,458,000　（営業外支払手形）❷　1,500,000

（前 払 利 息）❸　　42,000

60

２．固定資産の割賦購入⑵

×年４月１日、商品陳列棚を分割払いで購入し、代金として毎月末に支払期日が順次到来する額面￥120,000の約束手形10枚を振り出して交付した。なお、商品陳列棚の現金購入価額は￥1,152,000である。なお、利息相当額については、費用の勘定を用いて処理することとする。

❶ ￥120,000 × 10枚＝￥1,200,000
❸ ￥1,200,000 － ￥1,152,000
　＝￥48,000

（備　　　　品）❷	1,152,000	（営業外支払手形）❶	1,200,000
（支 払 利 息）❸	48,000		

３．営業外受取手形

帳簿価額￥2,500,000の土地を￥3,000,000で売却し、売買代金の60％は当座預金に入金され、残額は６か月後を支払期日とする手形で受け取った。

❷売却代金の60％
￥3,000,000 × 60％＝￥1,800,000
❸営業外取引における手形の受取りは、「営業外受取手形」で処理する
￥3,000,000 － ￥1,800,000 ＝ ￥1,200,000
❹勘定科目群より、「固定資産売却益」で処理することになる
売却価額－帳簿価額＝売却損益
￥3,000,000 － ￥2,500,000 ＝ ￥500,000
（益）

（当 座 預 金）❷	1,800,000	（土　　　　地）❶	2,500,000
（営業外受取手形）❸	1,200,000	（固定資産売却益）❹	500,000

４．圧縮記帳⑴

備品￥1,000,000の取得にあたり、国庫補助金￥200,000を受け取り、これにかかわる会計処理も適切に行われていたが、当該国庫補助金を返還しないことが本日確定したため、直接控除方式により圧縮記帳の処理を行った。

❶国庫補助金の受取時および備品の取得時の仕訳は処理済みである。
❷備品の取得原価から国庫補助金相当額を直接控除し、借方に固定資産圧縮損を計上する。

処理済：（現　金　等）	200,000	（国庫補助金受贈益）❶	200,000
処理済：（備　　　　品）❶	1,000,000	（現　金　等）	1,000,000
本　問：（固定資産圧縮損）❷	200,000	（備　　　　品）	200,000

ヨコ解き
解　答

第１問

第２問

第３問

第４問
⑴

第４問
⑵

第５問

5. 圧縮記帳(2)

(1) 最新式のレジスター 25台（@￥100,000）の導入にあたり、去る6月7日に国から￥1,250,000の補助金を得て、7月1日レジスターを予定どおり購入したが適正に処理済みである。そのうえで、補助金に関する圧縮記帳を直接控除方式にて行った。

(2) 本日決算日（12月31日）につき、上記の備品について減価償却（200％定率法）を月割計算にて行う。耐用年数は5年、記帳方法は直接法によること。

補足
圧縮損で利益を圧縮することで、補助金をもらった期にまとめて課税されません。また固定資産を圧縮し減価償却費が少なくなることで、利益が増加し、耐用年数にわたり課税されます。

❶ @￥100,000 × 25台＝￥2,500,000
　レジスターとはスーパーなどのレジのことです。
❹ 圧縮記帳後の取得原価
　￥2,500,000 － ￥1,250,000
　＝￥1,250,000
　減価償却（直接法）
　償却率：1÷5年×200％＝0.4
　￥1,250,000 × 0.4 × $\frac{6か月}{12か月}$
　＝￥250,000

	借方	金額	貸方	金額
	（備　　　品）❶	2,500,000	（当　座　預　金）❷	2,500,000
(1)	（固定資産圧縮損）	1,250,000	（備　　　品）❸	1,250,000
(2)	（減　価　償　却　費）	250,000	（備　　　品）❹	250,000

解答　第2回　固定資産2　→ 問題3ページ

	借方科目	金額	貸方科目	金額
1	リース資産	210,000	リース債務	210,000
2	リース資産 リース債務	3,000,000 50,000	リース債務 普通預金	3,000,000 50,000
3	建　物 修繕引当金 修繕費	140,000 400,000 160,000	当座預金	700,000
4	建　物	6,120,000	建設仮勘定 当座預金	4,000,000 2,120,000
5	建設仮勘定 建　物 修繕費	5,000,000 14,000,000 1,000,000	当座預金 建設仮勘定	5,000,000 15,000,000

ここに注意

1. 利子抜き法の場合、見積現金購入価額を取得原価とする。
2. 利子込み法の場合、リース料総額を取得原価とする。
3. 建物の改良のための支出は、資本的支出に該当する。
4. 不動産の登記料は固定資産の取得原価に含める。
5. 既存の工場の修繕代金は修繕費に振り替える。

予想配点 仕訳1組につき4点。合計20点。

> 解答・解説編

解説

仕訳問題を解くとき、「**問題文のキーワードとなる語句に着目して、勘定科目を考える**」ようにすると、仕訳を考えやすくなります。

1. リース取引（利子抜き法）

> ×年4月1日、リース会社からコピー機をリースする契約を結び、<u>リース取引を開始し</u>た。リース期間は5年、リース料は年間￥50,000（毎年3月末払い）、<u>リースするコピー機</u>❶<u>の見積現金購入価額は￥210,000</u>である。なお、決算日は3月31日（1年決算）である。また、このリース取引は<u>ファイナンス・リース取引</u>であり、<u>利子抜き法で会計処理を行う</u>。

補足
利子抜き法は、リース債務計上額も利息抜きとなります。
そして、リース料支払時に元本返済と利息を区別します。
(借)リース債務 ××
　　支払利息 ×
　　　(貸)現金等 ××

> ❶見積現金購入価額を取得原価とし、リース資産勘定を借方に計上する。また、同額を借り入れたと考え、リース債務勘定を貸方に計上する。

（リース資産）❶　210,000　（リース債務）　210,000

2. リース取引（利子込み法）

> リース会社とパソコン10台のリース契約を、リース期間5年、<u>リース料月額￥50,000（毎</u>❶<u>月1日に前払い）</u>の条件で結び、パソコンが納品されるとともに、<u>第1回のリース料￥50,000</u>❷<u>を普通預金から支払った</u>。このリース取引は、ファイナンス・リース取引であったため、<u>利子込み法により処理する</u>こととした。リース契約時に生じる科目と、リース料支払時に生じる科目は相殺しないこと。

補足
リース資産、リース債務の計上額は、原則的には、利子抜き法で処理します。
利子込み法は、簡便法として例外的に認めているにすぎません。

> ❶ ￥50,000×12か月×5年
> ＝￥3,000,000

（リース資産）❶　3,000,000　（リース債務）❶　3,000,000
（リース債務）❷　　 50,000　（普通預金）❸　　 50,000

3. 資本的支出・収益的支出

> 建物の修繕工事を行い、<u>代金￥700,000は小切手を振り出して支払った</u>。なお、<u>工事代金</u>❶<u>の20%は改良のための支出</u>と判断された。また、この修繕工事に備えて、<u>前期に￥400,000</u>❷<u>の引当金を設定している</u>。❸❹

補足
イメージとしては、資本的支出で固定資産の価値が上がるため資産計上し、収益的支出で価値が下がった箇所を元に戻すため費用計上します。

> ❷ ￥700,000×20%＝￥140,000
> ❹ ￥700,000－￥140,000
> 　　＝￥560,000（収益的支出）
> 　￥560,000－￥400,000＝￥160,000

（建　　　物）❷　 140,000　（当座預金）❶　700,000
（修繕引当金）❸　 400,000
（修　繕　費）❹　 160,000

ヨコ解き解答
第1問
第2問
第3問
第4問(1)
第4問(2)
第5問

63

4. 建設仮勘定の処理(1)

> 建設会社に依頼していた建物の建設工事が完了し、建物の引渡しを受けたので、建設工事代金¥6,000,000❶からすでに支払っていた手付金¥4,000,000を差し引いた残額と、建物の登記料¥120,000を小切手を振り出して支払った。登記料は固定資産の取得原価に含める。

補足
登記料とは、建物や土地について、所有権者、面積、場所などを法務局で記録するためにかかる費用です。

❶ 🖩 ¥6,000,000 ＋ ¥120,000
　 ＝ ¥6,120,000

（建 物）❶ 6,120,000 　（建設仮勘定）❷ 4,000,000
　　　　　　　　　　　　　（当 座 預 金）❸ 2,120,000

5. 建設仮勘定の処理(2)

> 既存の工場の増設工事について、3回に分けて各¥5,000,000を分割支払いする建設工事契約を締結し❶それぞれ建設仮勘定に計上している。これが完成して最終回の支払いを当座預金から行い❷、また、建設工事代金の総額¥15,000,000を建設仮勘定❸から、建物と既存の工場の修繕費¥1,000,000に振り替えた❹。

❹ 🖩 ¥15,000,000 － ¥1,000,000
　 ＝ ¥14,000,000

（建設仮勘定）❶ 5,000,000 　（当 座 預 金）❷ 5,000,000
（建 物）❹ 14,000,000 　（建設仮勘定）❸ 15,000,000
（修 繕 費）❹ 1,000,000

参考　リースと割賦購入の共通点

　リースも割賦購入も、ともに固定資産を使用できるとともに、支払いは分割払いという点が似ています。

> **（例）**　備品の現金購入価額¥90、利息相当額¥10、5回支払い、割賦購入の場合、約束手形を振り出し、前払利息を計上する。

　リースの場合、利子抜き法とする。便宜上、減価償却は無視する。

	割 賦 購 入		リ ー ス	
取得時	(借)備　　　品　90　(貸)営業外支払手形　100 　　　前 払 利 息　10		(借)リース資産　90　(貸)リース債務　90	
支払時	(借)営業外支払手形　20　(貸)当 座 預 金　20 (借)支 払 利 息　　2　(貸)前 払 利 息　　2		(借)リース債務　18　(貸)当 座 預 金　20 　　　支 払 利 息　　2	
財務諸表	貸借対照表	損益計算書	貸借対照表	損益計算書
	備　　　品 90　外 支 手 80 前払利息 8	支払利息 2	リース資産 90　リース債務 72	支払利息 2

　支払利息と固定資産は同額となり、割賦購入の営業外支払手形と前払利息を相殺すると、正味の負債はリース債務と同額となります。

解答　第3回　固定資産3

→ 問題4ページ

	仕　訳			
	借方科目	金額	貸方科目	金額
1	備品減価償却累計額 貯蔵品 固定資産除却損	360,000 25,000 15,000	備　　品	400,000
2	建物減価償却累計額 未　決　算	1,200,000 1,800,000	建　　物	3,000,000
3	未　収　入　金	1,400,000	未　決　算 保　険　差　益	1,280,000 120,000
4	備品減価償却累計額 減価償却費 営業外受取手形 固定資産売却損	531,360 55,296 178,500 134,844	備　　品	900,000
5	車　　両 車両減価償却累計額	2,000,000 1,440,000	車　　両 固定資産売却益 未　払　金	1,600,000 80,000 1,760,000

ここに注意

1 帳簿価額と処分価値との差額を固定資産除却損として処理する。
2 固定資産の帳簿価額を未決算勘定で処理する。
4 売却時の帳簿価額と売却額との差額は固定資産売却損（益）で処理する。
5 固定資産売却損益は下取価額と旧固定資産の帳簿価額との差額。

予想配点 仕訳1組につき4点。合計20点。

※ 仕訳問題における借方の中または貸方の中における科目の順序は、順不同です。

解説

仕訳問題を解くとき、「問題文のキーワードとなる語句に着目して、勘定科目を考える」ようにすると、仕訳を考えやすくなります。

1. 固定資産の除却

備品（取得原価：¥400,000、期首減価償却累計額：¥360,000、記帳方法：間接法）を期首に、除却した❶。なお、この備品の処分価値は¥25,000と見積もられた❷。

❶ 帳簿価額　¥400,000 − ¥360,000
　　　　　　＝ ¥40,000
　処分価値　¥25,000
　除却損　　¥25,000 − ¥40,000
　　　　　　＝ △¥15,000

（備品減価償却累計額）❶　360,000　（備　　品）❶　400,000
（貯　蔵　品）❷　25,000
（固定資産除却損）❸　15,000

2. 固定資産の滅失(1)

当期首に、倉庫❶（取得原価¥3,000,000❶、減価償却累計額¥1,200,000❷、間接法で記帳）が火災により全焼した。この倉庫には総額¥3,000,000の火災保険を掛けていたので、保険会社に保険金の支払いを請求した❸。

❸ 貸借差額が「未決算」

（建物減価償却累計額）❷　1,200,000　（建　　物）❶　3,000,000
（未　決　算）❸　1,800,000

3. 固定資産の滅失(2)

4月1日に火災により焼失した建物（取得原価¥2,000,000、焼失時の減価償却累計額¥720,000❷、間接法で記帳）について、請求していた保険金¥1,400,000を支払う旨の連絡を、本日、保険会社より受けた。

この建物については、焼失時に固定資産の帳簿価額の全額を未決算勘定に振り替えていた。当社の決算日は3月末日である。

❷ 🖩 ¥2,000,000 − ¥720,000	（未 収 入 金）❶	1,400,000	（未 決 算）❷	1,280,000
＝¥1,280,000			（保 険 差 益）❸	120,000
❸ 🖩 ¥1,400,000 − ¥1,280,000				
＝¥120,000				

4. 固定資産の売却

×5年4月1日に¥900,000で取得した備品（耐用年数10年）を、×9年12月31日に¥178,500❶で売却し、代金は相手先振出の約束手形を受け取った。当社の決算日は3月末日であり、減価償却は200％定率法、期首減価償却累計額は¥531,360❸、記帳を間接法によっている。売却した年度の減価償却費は月割計算で算定すること。

補足
固定資産がなくなった場合に発生する損益は、売却価額などの現在の価値と、取得原価から累計額と償却費を引いた正味の簿価との差額になります。

直接法による場合、貸方の備品は¥368,640となり、減価償却累計額を用いません。

❹ 🖩 償却率：$\frac{1}{10年} × 200\% = 0.2$	（備品減価償却累計額）❸	531,360	（備 品）❶	900,000
×9年度（9か月分の月割計算）	（減 価 償 却 費）❹	55,296		
償却額：（¥900,000 − ¥531,360）	（営業外受取手形）❷	178,500		
$× 0.2 × \frac{9か月}{12か月} = ¥55,296$	（固定資産売却損）❺	134,844		
❺ 貸借差額				

5. 固定資産の買い換え

当期首に、営業用の乗用車を¥2,000,000❶で翌月末払いの条件で購入し、従来使用していた乗用車（取得原価¥1,600,000❸、減価償却累計額¥1,440,000❹、間接法で記帳）については、¥240,000❺で下取りされることとなった。この下取価格は新車代金の支払額から差し引くこととされた。

❻ 🖩 ¥240,000 − （¥1,600,000	（車両減価償却累計額）❹	1,440,000	（車 両）❸	1,600,000
− ¥1,440,000）＝¥80,000	（未 収 入 金）❺	240,000	（固定資産売却益）❻	80,000
❷ 🖩 ¥2,000,000 − ¥240,000				
＝¥1,760,000		**＋**		
	（車 両）❶	2,000,000	（未 収 入 金）❺	240,000
			（未 払 金）❷	1,760,000

解答・解説編

| 解 答 | 第4回　ソフトウェア、研究開発費 | ➡ 問題5ページ |

仕　訳

	借　方　科　目	金　　額	貸　方　科　目	金　　額
1	ソフトウェア	3,000,000	ソフトウェア仮勘定	3,000,000
2	ソフトウェア	19,200,000	ソフトウェア仮勘定	24,000,000
	長 期 前 払 費 用	4,800,000		
3	ソフトウェア	2,500,000	ソフトウェア仮勘定	3,080,000
	固定資産除却損	580,000		
4	研 究 開 発 費	2,400,000	当 座 預 金	2,400,000
5	研 究 開 発 費	870,000	当 座 預 金	420,000
			普 通 預 金	450,000

ここに注意

1 完成し使用開始するまで「ソフトウェア仮勘定」で処理する。
2 勘定科目群に適切な費用科目が無いため、長期前払費用で処理する。
3 資産性が無いものはソフトウェア仮勘定から直接、固定資産除却損に振り替える。
4、5 研究開発目的の支出はすべて研究開発費で処理する。

予想配点 仕訳1組につき4点。合計20点。

ヨコ解き
解　答

第1問

第2問

第3問

第4問
(1)

第4問
(2)

第5問

解 説

　仕訳問題を解くとき、「問題文のキーワードとなる語句に着目して、勘定科目を考える」ようにすると、仕訳を考えやすくなります。

1. ソフトウェア仮勘定(1)

　社内利用目的のソフトウェアの開発を外部に依頼し、契約総額¥3,000,000の全額をすでに支払っていた。❶本日、このソフトウェアの製作が完成し使用を開始したため、ソフトウェアの勘定に振り替えた。❷

補足
　作っている途中（未完成）であるという事実を示すため、〇〇仮勘定で、B/S上、表示します。

❶完成し使用開始するまで「ソフトウェア仮勘定」で処理している。

支 払 時：(ソフトウェア仮勘定)❶　3,000,000　（当座預金など）❷　3,000,000
(本日)　（ソフトウェア）❷　3,000,000　（ソフトウェア仮勘定）　3,000,000

2. ソフトウェア仮勘定(2)

　外部に開発を依頼していた社内利用目的のソフトウェア（開発費用¥24,000,000は4回分割で銀行振込により全額支払済み）❶が完成し使用を開始したため、ソフトウェア勘定に振り替えた。❸なお、開発費用¥24,000,000の中には、今後の4年間のシステム関係の保守費用¥4,800,000が含まれていた。❷❸

❸ 🖩 ¥24,000,000 − ¥4,800,000
　 ＝¥19,200,000

（ソフトウェア）❸　19,200,000　（ソフトウェア仮勘定）❶　24,000,000
（長期前払費用）❷　4,800,000

67

3. ソフトウェア仮勘定(3)

外部に開発を依頼していた社内利用目的のソフトウェア（開発費用¥3,080,000は銀行振込により全額支払済み）が完成し使用を開始したため、ソフトウェア勘定に振り替えた。**❶** なお、この開発費用の内容を精査したところ¥3,080,000の中には、ソフトウェアの作り直し対象となった部分の費用¥580,000**❷**が含まれており、資産性がないものとして除却処理することとした。**❷**

❸ 🖩 ¥3,080,000 − ¥580,000
　　＝¥2,500,000

（ソフトウェア）**❸**	2,500,000	（ソフトウェア仮勘定）**❶**	3,080,000
（固定資産除却損）**❷**	580,000		

4. 研究開発費(1)

研究開発に従事している従業員の給料¥400,000**❶❷**および特定の研究開発にのみ使用する目的で購入した機械装置の代金¥2,000,000**❶❷**を当座預金口座から振り込んで支払った。**❷**

❶ 研究開発目的の支出は、すべて研究開発費で処理する。
🖩 ¥400,000 ＋ ¥2,000,000 ＝ ¥2,400,000

（研究開発費）**❶**	2,400,000	（当座預金）**❷**	2,400,000

> **補足**
> 研究開発が将来の売上の獲得に役立つかどうかを判定するルールを一律に決めることが難しいため、資産計上せずに、まとめて費用処理します。

5. 研究開発費(2)

特定の研究開発の目的で備品¥350,000と実験用の薬剤¥70,000を購入し、代金は小切手**❶**を振り出して支払う**❷**とともに、この研究プロジェクトにのみ従事している客員研究員A氏**❶**に対する今月分の業務委託費¥450,000を当社の普通預金口座からA氏の指定する預金口座**❸**に振り込んだ。**❸**

❶ 🖩 ¥350,000 ＋ ¥70,000 ＋ ¥450,000
　　＝¥870,000

（研究開発費）**❶**	870,000	（当座預金）**❷**	420,000
		（普通預金）**❸**	450,000

解答・解説編

解答　第5回　株式の発行　➡ 問題6ページ

	仕　　　訳				
	借　方　科　目	金　　額	貸　方　科　目	金　　額	
1	普　通　預　金	5,000,000	資　　本　　金	4,000,000	
			資　本　準　備　金	1,000,000	
2	当　座　預　金	1,000,000	資　　本　　金	500,000	
			資　本　準　備　金	500,000	
	創　　立　　費	30,000	現　　　　　金	30,000	
3	株式申込証拠金	2,240,000	資　　本　　金	1,120,000	
			資　本　準　備　金	1,120,000	
	当　座　預　金	2,240,000	別　段　預　金	2,240,000	
4	諸　　資　　産	8,700,000	諸　　負　　債	3,400,000	
			資　　本　　金	3,000,000	
			その他資本剰余金	2,000,000	
			負ののれん発生益	300,000	
5	商　　　　品	400,000	普　通　預　金	1,800,000	
	建　　　　物	900,000			
	備　　　　品	300,000			
	の　　れ　　ん	200,000			

ここに注意

1 資本金としなかった金額は、資本準備金で処理する。
2 設立時の費用は創立費で処理する。
3 会社法が規定する資本金の最低額は、払込金額の2分の1となる。
4 株式交付額よりも受入純資産の方が大きければ収益とする。
5 受入純資産よりも現金支払額の方が大きければのれんとする。

予想配点 仕訳1組につき4点。合計20点。

ヨコ解き
解　答

第1問

第2問

第3問

第4問
(1)

第4問
(2)

第5問

解説

　仕訳問題を解くとき、「問題文のキーワードとなる語句に着目して、勘定科目を考える」ようにすると、仕訳を考えやすくなります。

1. 株式の発行（設立時）

　会社の設立にあたり、発行可能株式総数10,000株のうち2,500株を1株あたり¥2,000の価額で発行し❶❷、その全額の引受けと払込みを受け、払込金は普通預金とした❷。なお、払込金の8割に相当する金額を資本金とする❶。

❶払込金の2割は、資本準備金で処理する。
🖩払込金：
　@¥2,000 × 2,500株＝¥5,000,000
資本金：
　¥5,000,000 × 80％＝¥4,000,000
資本準備金
　¥5,000,000 × 20％＝¥1,000,000

（普 通 預 金）❷ 5,000,000　　（資　　本　　金）❶ 4,000,000
　　　　　　　　　　　　　　　（資 本 準 備 金）❶ 1,000,000

69

2. 株式の発行（設立時）

> 　会社の設立にあたり、発行可能株式総数10,000株のうち2,500株を1株当たり￥400で発 **❶** 行し、その全額について引受けと払込みを受け、払込金は当座預金とした。なお、会社法 が認める最低限度額を資本金として計上する。
>
> 　また、会社の設立準備のために発起人が立て替えていた諸費用￥30,000を現金で支払った。 **❷**

補足
　資本準備金を増減させる手続きは、資本金を増減させる手続きよりも簡単です。そのため、将来の損失の発生などに備えるために、一部を資本準備金とすることが認められています。

❶ @￥400 × 2,500株 × $\frac{1}{2}$ = ￥500,000

（当座預金）	1,000,000	（資　本　金）❶	500,000
		（資本準備金）	500,000
（創　立　費）❷	30,000	（現　　　金）	30,000

3. 株式の発行（増資時）

> 　新株800株（1株の払込金額は￥2,800）を発行して増資を行うことになり、払い込まれた 800株分の申込証拠金は別段預金に預け入れていたが、株式の払込期日となったので、申 **❶** 込証拠金を資本金に充当し、別段預金を当座預金に預け替えた。なお、資本金には会社法 **❷**　　　　　　　　　　　　　　　　　　　　　　❸ が規定する最低額を組み入れることとする。 **❷**

❶ @￥2,800 × 800株 ＝￥2,240,000

❷ ￥2,240,000 × $\frac{1}{2}$ ＝￥1,120,000

処理済：	（別段預金）❶	2,240,000	（株式申込証拠金）❶	2,240,000
本　問：	（株式申込証拠金）	2,240,000	（資　本　金）❷	1,120,000
			（資本準備金）❷	1,120,000
	（当座預金）❸	2,240,000	（別段預金）	2,240,000

4. 吸収合併

> 　A社を吸収合併し、新たに当社の株式1,000株（合併時点の時価@￥5,000）を発行し、こ **❷** れをA社の株主に交付した。そのときのA社の諸資産（時価）は￥8,700,000、諸負債（時価） **❶** は￥3,400,000であった。また、合併にあたっては、取得の対価のうち60%を資本金、残り 40%をその他資本剰余金として計上することとした。

補足
　取得する資産、負債の価値よりも安く買えるのは、買われる企業が赤字であったり将来の成長が難しいなど、特殊な場合です。

❶ 受け入れた諸資産・諸負債は時価で計上する
❷ 取得の対価
　@￥5,000 × 1,000株＝￥5,000,000
　資本金
　￥5,000,000 × 60%＝￥3,000,000
　その他資本剰余金
　￥5,000,000 × 40%＝￥2,000,000
❸「諸資産と諸負債の差額」＞「取得の対価」となる場合、差額を「負ののれん発生益」で処理する
　諸資産と諸負債の差額
　￥8,700,000 － ￥3,400,000 ＝￥5,300,000
　負ののれん発生益
　￥5,300,000 － ￥5,000,000 ＝￥300,000

（諸　資　産）❶	8,700,000	（諸　負　債）❶	3,400,000
		（資　本　金）❷	3,000,000
		（その他資本剰余金）❷	2,000,000
		（負ののれん発生益）❸	300,000

5. 買収

> B社の事業の一部を譲り受けることになり、譲渡代金¥1,800,000を普通預金口座から相手先口座に振り込んだ。この取引により譲り受けた資産の評価額は、商品¥400,000、建物¥900,000、備品¥300,000であり、引き受けた負債はなかった。❷❸❹

補足
のれんはいわばその企業が持つブランド力や技術力などです。そののれんを使って獲得した売上と費用を対応させるために毎期償却を行います。

❺ 貸借差額

（商　　品）❷	400,000	（普通預金）❶	1,800,000
（建　　物）❸	900,000		
（備　　品）❹	300,000		
（の　れ　ん）❺	200,000		

解答 ▶ 第6回 資本の変動 　　➡ 問題7ページ

	仕　　　　　訳			
	借 方 科 目	金 額	貸 方 科 目	金 額
1	繰越利益剰余金	3,470,000	未 払 配 当 金	2,700,000
			利 益 準 備 金	270,000
			別 途 積 立 金	500,000
2	別 途 積 立 金	1,800,000	繰越利益剰余金	1,800,000
	繰越利益剰余金	2,100,000	未 払 配 当 金	2,000,000
			利 益 準 備 金	100,000
3	その他資本剰余金	1,160,000	未 払 配 当 金	1,080,000
			資 本 準 備 金	80,000
4	その他資本剰余金	600,000	資 本 準 備 金	600,000
	繰越利益剰余金	900,000	利 益 準 備 金	900,000
5	資 本 準 備 金	3,000,000	その他資本剰余金	3,000,000
	利 益 準 備 金	2,500,000	繰越利益剰余金	2,500,000

こに注意

1 配当金の10分の1を準備金として積み立てても、資本金の4分の1とならない。
2 繰越利益剰余金は相殺しない。
3 その他資本剰余金からの配当は、資本準備金を積み立てる。
4、5 資本と利益の変動は、積立ても取崩しも区別する。

予想配点 仕訳1組につき4点。合計20点。

解説

　仕訳問題を解くとき、「問題文のキーワードとなる語句に着目して、勘定科目を考える」ようにすると、仕訳を考えやすくなります。

ヨコ解き 解答

第1問
第2問
第3問
第4問（1）
第4問（2）
第5問

71

1. 剰余金の配当

　定時株主総会を開催し、繰越利益剰余金¥3,500,000の処分を次のとおり決定した。なお、資本金は¥80,000,000、資本準備金は¥12,000,000、利益準備金は¥7,000,000であり、発行済株式数は3,000株である。❶

　株主配当金：1株につき¥900　利益準備金：会社法が定める金額　別途積立金：¥500,000

補足
　準備金の積立ては、会社の業績が悪化して繰越利益剰余金がマイナスとなった場合のてん補をしやすくするなどの理由で、利益の全部が配当されないように定められています。

❶ @ 900 円× 3,000 株＝ 2,700,000 円
❷
　配当金の 10 分の 1
　　2,700,000 円× $\frac{1}{10}$ ＝ 270,000 円…①
　積立限度額
　　80,000,000 円× $\frac{1}{4}$ －（12,000,000 円
　　＋ 7,000,000 円）＝ 1,000,000 円…②
　利益準備金の積立額
　　①＜②→② 270,000 円
❸ 2,700,000 円＋ 270,000 円
　＋ 500,000 円＝ 3,470,000 円

（繰越利益剰余金）❸	3,470,000	（未 払 配 当 金）❶	2,700,000
		（利 益 準 備 金）❷	270,000
		（別 途 積 立 金）	500,000

2,700,000 × $\frac{1}{10}$ ＝ 270,000

残	1,000,000
利準	7,000,000
資準	12,000,000

80,000,000 × $\frac{1}{4}$ ＝ 20,000,000

2. 剰余金の配当

　株主総会が開催され、別途積立金¥1,800,000を全額取り崩して繰越利益剰余金に振り替❶えたうえで、繰越利益剰余金を財源に1株につき¥200の配当を実施する❷ことが可決された。株主総会開催直前の純資産は、資本金¥20,000,000、資本準備金¥4,000,000、利益準備❸金¥900,000、別途積立金¥1,800,000、および繰越利益剰余金¥700,000であった。会社法に定める金額の利益準備金を積み立てる。なお、発行済株式総数は10,000株である。❷

補足
　準備金の積立てを資本金の4分の1までとしているのは、無制限に積立てを認めると株主の配当を受ける権利を害するからです。

❷ @ ¥200×10,000株
　＝¥2,000,000（株主配当金）
❸ ¥20,000,000× $\frac{1}{4}$ ＝¥5,000,000
　　　　（資本金の額の4分の1）
　¥5,000,000－（¥4,000,000＋
　¥900,000）＝¥100,000
　　　　（積立上限額）…①
　¥2,000,000× $\frac{1}{10}$ ＝¥200,000
　　　　（株主配当金の10分の1）…②
　①＜②より、¥100,000
　　　　（利益準備金の積立額）

（別 途 積 立 金）	1,800,000	（繰越利益剰余金）❶	1,800,000
（繰越利益剰余金）	2,100,000	（未 払 配 当 金）❷	2,000,000
		（利 益 準 備 金）❸	100,000

72

3. その他資本剰余金からの配当

> 定時株主総会を開催し、その他資本剰余金¥1,400,000の処分を次のとおり決定した。なお、資本金は¥32,000,000、資本準備金は¥4,800,000、利益準備金は ¥3,120,000であり、発行済株式数は3,000株である。
>
> 　株主配当金：1株につき¥360　　準備金：会社法が定める金額

補足
その他資本剰余金は資本であり本来は配当できないはずですが、利益剰余金がない場合でも配当したいという実務上の要請から認められています。

```
❶ @¥360×3,000株＝¥1,080,000
❷ ¥32,000,000×1/4＝¥8,000,000
  ¥8,000,000－（¥4,800,000＋
  ¥3,120,000）＝¥80,000
           （積立上限額）…①
  ¥1,080,000×1/10＝¥108,000
    （株主配当金の10分の1）…②
  ①＜②より、¥80,000
     （資本準備金の積立額）
```

（その他資本剰余金）	1,160,000	（未 払 配 当 金）❶	1,080,000
		（資 本 準 備 金）❷	80,000

ヨコ解き 解答

第1問

第2問

第3問

第4問(1)

第4問(2)

第5問

4. 準備金の積立て

> 株主総会の決議を経て、その他資本剰余金¥600,000および繰越利益剰余金¥900,000をそれぞれ準備金に組み入れることとした。

```
❷組み入れる準備金
 その他資本剰余金 → 資本準備金
 繰越利益剰余金  → 利益準備金
```

（その他資本剰余金）❶	600,000	（資 本 準 備 金）❷	600,000
（繰越利益剰余金）❶	900,000	（利 益 準 備 金）❷	900,000

5. 準備金の取崩し

> 繰越利益剰余金が¥5,500,000の借方残高となっていたため、株主総会の決議によって、資本準備金¥3,000,000と、利益準備金¥2,500,000を取り崩すこととした。利益準備金の取崩額は、繰越利益剰余金とした。

補足
資本と利益は区別しなければならないため、資本準備金と繰越利益剰余金を直接相殺することはできません。そのため、いったんその他資本剰余金にした後に相殺します。
（借）その他資本剰余金
　（貸）繰越利益剰余金

（資 本 準 備 金）❶	3,000,000	（その他資本剰余金）❷	3,000,000
（利 益 準 備 金）❶	2,500,000	（繰越利益剰余金）❸	2,500,000

73

| 解答 | 第7回　商品売買 | → 問題8ページ |

仕　訳

	借　方　科　目	金　　額	貸　方　科　目	金　　額
1	当　座　預　金	992,000	受　取　手　形	1,000,000
	手　形　売　却　損	8,000		
2	当　座　預　金	497,000	電子記録債権	500,000
	電子記録債権売却損	3,000		
3	買　　掛　　金	700,000	電子記録債権	700,000
4	クレジット売掛金	105,000	売　　　　上	100,000
	支　払　手　数　料	5,000	仮　受　消　費　税	10,000
5	買　　掛　　金	2,500,000	未　収　入　金	300,000
			普　通　預　金	2,200,000

！ここに注意

1　手形の割引の利息は手形売却損として処理する。
2　手形の割引に準じて処理する。
3　他社の債権を譲渡して支払いに充てている。
4　クレジット手数料は、試験では税抜きの販売代金をもとに計算する問題が出題されている。
5　「買掛金」と「未収入金」を相殺した後の買掛金の残高を支払う。

予想配点 仕訳1組につき4点。
合計20点。

解　説

　仕訳問題を解くとき、「問題文のキーワードとなる語句に着目して、勘定科目を考える」ようにすると、仕訳を考えやすくなります。

1．手形の割引き

　神田商事は、得意先品川物産より受取った**約束手形￥1,000,000を取引銀行で割り引き**❶、**利息相当額を差し引かれ**❷、**残額は当座預金とした**❸。年利率は3.65％、割引日数は80日であった。なお、1年を365日とする。

補足
　利息は、企業の本業の収益・費用と区別するために、P/L上、営業外の区分に表示します。

❷ @￥1,000,000×3.65%×$\frac{80日}{365日}$
　＝￥8,000
❸ ￥1,000,000－￥8,000＝￥992,000

（当　座　預　金）❸　992,000　（受　取　手　形）❶　1,000,000
（手　形　売　却　損）❷　　8,000

2．電子記録債権の割引き

　電子記録債権￥500,000を割り引く❶ために、取引銀行を通じて電子債権記録機関に当該債権の譲渡記録の請求を行い、**取引銀行から割引料￥3,000を差し引いた手取金が当座預金の口座に振り込まれた**❷❸。

❸ ￥500,000－￥3,000＝￥497,000

（当　座　預　金）❸　497,000　（電子記録債権）❶　500,000
（電子記録債権売却損）❷　　3,000

74

3. 電子記録債権の譲渡

B社に対する買掛金¥700,000の支払い❶につき、取引銀行を通じて電子債権記録機関にA社に対する電子記録債権の譲渡記録を行った。❷

（買　掛　金）❶　700,000　（電子記録債権）❷　700,000

4. クレジット売掛金・消費税（税抜方式）

商品を¥100,000（税抜き）でクレジット払いの条件で顧客に販売した。❶ 信販会社へのクレジット手数料（税抜きの販売代金の5％）も販売時に計上した。❸❹ なお、消費税の税率は10%とし、税抜方式で処理する❷が、クレジット手数料には消費税は課税されない。

❷ ¥100,000 × 10% ＝ ¥10,000
❸ ¥100,000 × 5% ＝ ¥5,000
❹ ¥100,000 ＋ ¥10,000 － ¥5,000
　 ＝ ¥105,000

（クレジット売掛金）❹　105,000　（売　　　上）❶　100,000
（支 払 手 数 料）❸　　5,000　（仮 受 消 費 税）❷　　10,000

5. 買掛金（仕入割戻控除後）の支払い時の処理

A商事に対する買掛金¥2,500,000の支払時❶に、同社からの仕入割戻¥300,000が未収入金に含まれていることが判明した❷ため、これを相殺した純額で支払うこととし、普通預金口座から支払った。❸

❸ 2,500,000円－300,000円

仕入割戻時：（未 収 入 金）　300,000　（仕　　　入）　300,000
（処理済）
買掛金支払時：（買　掛　金）❶　2,500,000　（未 収 入 金）❷　300,000
　　　　　　　　　　　　　　　　　（普 通 預 金）❸　2,200,000

75

| 解答 | 第8回 外貨建て取引 | → 問題9ページ |

仕訳

	借方科目	金額	貸方科目	金額
1	当座預金	5,250,000	売掛金	5,750,000
	為替差損益	500,000		
2	売掛金	2,200,000	売上	2,200,000
3	為替差損益	800,000	売掛金	800,000
4	為替差損益	60,000	買掛金	60,000
5	当座預金	11,000,000	売掛金	11,000,000

ここに注意

1 入金時のレートの方が小さいため、為替差損となる。
2 販売前に為替予約を行っているため、予約レートで換算する。
3 予約レートと販売時のレートとの差額が為替差損益となる。
4 予約レートの方が大きく負債が増加するため為替差損となる。
5 予約レートで決済するため、為替差損益は生じない。

予想配点 仕訳1組につき4点。合計20点。

解説

仕訳問題を解くとき、「問題文のキーワードとなる語句に着目して、勘定科目を考える」ようにすると、仕訳を考えやすくなります。

1．外貨建て売掛金の決済

> 米国の取引先に対して、製品50,000ドルを**3か月後に決済の条件で輸出**していたが、本日、50,000ドルの送金があり**当座預金口座に入金**した。
> 輸出時の**為替相場は1ドル¥115**、本日の**為替相場は1ドル¥105**であった。

補足 為替差損益は為替相場の変動による収支の増減により生じたもので、企業の本業の収益・費用と区別するために、P/L上、営業外の区分に表示します。

❶ 50,000ドル×@¥115 ＝¥5,750,000
❷ 50,000ドル×@¥105 ＝¥5,250,000
❸ (@¥105−@¥115)×50,000ドル ＝¥△500,00

（当座預金）❷ 5,250,000 （売掛金）❶ 5,750,000
（為替差損益）❸ 500,000

2．為替予約（事前予約）

> 米国の取引先に対して、製品20,000ドルを3か月後に決済の条件で輸出した。輸出時の為替相場は1ドル¥115であったが、20,000ドルを3か月後に**1ドル¥110で売却する為替予約**が輸出の1週間前に結ばれていたため、この**為替予約により振当処理**を行う。

❶ @¥110×20,000ドル ＝¥2,200,000

（売掛金）❶ 2,200,000 （売上）❶ 2,200,000

76

3．為替予約（事後予約）⑴

先日、商品を800,000ドルにて米国の顧客に掛けで売り渡し、適切に処理していたが（取引時の直物為替相場1ドル＝￥115）、今後円の為替相場が上昇するリスクに備えて、全額1ドル＝￥114にてドルを円に売却する為替予約を締結した。ただし、当該売掛金の円換算額と、為替予約による円換算額との差額はすべて当期の損益として振当処理を行う。

❶ 🖩（@￥114－@￥115）×800,000ドル
　＝△￥800,000（損）

| （為替差損益）❶ | 800,000 | （売　掛　金） | 800,000 |

4．為替予約（事後予約）⑵

×年8月1日、1か月前の7月1日の輸入取引によって生じた外貨建ての買掛金30,000ドル（決済日は×年9月30日）について、1ドル￥110で30,000ドルを購入する為替予約を取引銀行と契約し、振当処理を行うこととし、為替予約による円換算額との差額はすべて当期の損益として処理する。なお、輸入取引が行われた×年7月1日の為替相場（直物為替相場）は1ドル￥108であり、また本日（×年8月1日）の為替相場（直物為替相場）は1ドル￥109である。

❶ 🖩（@￥110－@￥108）×30,000ドル
　＝￥60,000

| （為替差損益）❶ | 60,000 | （買　掛　金） | 60,000 |

5．為替予約の決済

米国の取引先に対して、商品100,000ドルを3か月後に決済の条件で輸出していたが、本日、100,000ドルの送金があり当座預金口座に入金した。

商品の輸出後、円の為替相場が上昇するリスクに備えて、全額1ドル＝￥110にてドルを円に売却する為替予約を締結していた。輸出時の為替相場は1ドル￥115、本日の為替相場は1ドル￥105であった。

❶ 🖩100,000ドル×@￥110
　＝￥11,000,000

| （当座預金）❶ 11,000,000 | （売　掛　金）❷ 11,000,000 |

第2問 個別論点

解答　第1回　連結精算表

（単位：千円）

科目	個別財務諸表 P社	個別財務諸表 S社	修正・消去 借方	修正・消去 貸方	連結財務諸表
貸借対照表					
現金預金	180,000	65,000			245,000
売掛金	480,000	220,000		180,000	520,000
商品	370,000	165,000		42,000	493,000
未収入金	80,000	13,000			93,000
貸付金	150,000			60,000	90,000
未収収益	12,000				12,000
土地	165,000	36,000		6,000	195,000
建物	50,000				50,000
建物減価償却累計額	△24,000				△24,000
（のれん）			80,000	4,000	72,000
				4,000	
S社株式	200,000			200,000	0
資産合計	1,663,000	499,000	80,000	496,000	1,746,000
買掛金	181,000	205,000	180,000		206,000
借入金	125,000	70,000	60,000		135,000
未払金	120,000	42,000			162,000
未払費用	88,000	2,000			90,000
資本金	226,000	100,000	100,000		226,000
資本剰余金	123,000	20,000	20,000		123,000
利益剰余金	800,000	60,000	30,000		768,000
			4,000		
			1,200		
			27,000		
			918,300	888,500	
非支配株主持分				30,000	36,000
				1,200	
				4,800	
負債純資産合計	1,663,000	499,000	1,340,500	924,500	1,746,000
損益計算書					
売上高	1,560,000	1,080,000	860,000		1,780,000
売上原価	1,041,000	767,000	42,000	860,000	963,000
			27,000		
販売費及び一般管理費	465,000	288,000			753,000
（のれん）償却			4,000		4,000
受取利息	5,200	800	1,500		4,500
支払利息	4,000	1,800		1,500	4,300
土地売却益	6,000		6,000		0
当期純利益	61,200	24,000	913,500	888,500	60,200
非支配株主に帰属する当期純利益			4,800		4,800
親会社株主に帰属する当期純利益	61,200	24,000	918,300	888,500	55,400

連結財務諸表の金額がゼロとなる場合には、「0」と記入すること。

予想配点　1つにつき2点。合計20点。

解説

連結第2年度(×1年4月1日から×2年3月31日まで)の連結精算表(連結貸借対照表と連結損益計算書の部分)の作成が問われています。

連結第1年度(×0年4月1日から×1年3月31日まで)の連結修正仕訳は、帳簿に記録されていないので、連結第2年度において連結開始仕訳を行う必要があります。連結第1年度に行った連結修正仕訳を考え、連結開始仕訳を行った後、当期の連結修正仕訳を行います。

単位が千円単位となっているため、以下の金額は**(単位：千円)**として解説します。

連結開始仕訳
投資と資本の相殺消去 ❶

P社持分(持分割合：80％)
 (100,000＋20,000＋30,000)×80％＝120,000

非支配株主持分(持分割合：100％－80％＝20％)
 (100,000＋20,000＋30,000)×20％＝30,000

のれん：200,000－120,000＝80,000
　　　　S社株式　P社持分

(資　本　金)	100,000	(S 社 株 式)	200,000
(資本剰余金)	20,000	(非支配株主持分)	30,000
(利益剰余金)	30,000		
(の れ ん)	80,000		

資本金：226,000＋100,000－100,000＝**226,000**
資本剰余金：123,000＋20,000－20,000＝**123,000**

のれんの償却 ❷

のれんは20年にわたり定額法で償却します。連結第1年度の連結修正仕訳となるので、「のれん償却」ではなく、「利益剰余金」の減少として処理します。

　80,000÷20年＝4,000

(利益剰余金)	4,000	(の れ ん)	4,000

S社の当期純利益の非支配株主持分への振替え ❸

非支配株主の持分割合に応じて、S社の当期純利益を非支配株主持分へと振り替えます。

連結第1年度の連結修正仕訳となるので、「非支配株主に帰属する当期純利益」ではなく、「利益剰余金」の減少として処理します。

　6,000×20％＝1,200

(利益剰余金)	1,200	(非支配株主持分)	1,200

連結第1年度

連結第2年度

*1　S社は支配獲得後に配当を行っていないので、答案用紙のS社の個別財務諸表より、貸借差額で算定することもできます。

*2　S社は支配獲得後に配当を行っておらず、支配獲得時のS社の利益剰余金30,000が与えられているので、貸借差額で算定します。

当期の連結修正仕訳
のれんの償却

(のれん償却)	4,000	(の れ ん)	4,000

(のれん)：80,000－4,000－4,000＝**72,000**

S社の当期純利益の非支配株主持分への振替え

24,000(精算表の当期純利益)×20％＝4,800

(非支配株主に帰属する当期純利益)	4,800	(非支配株主持分)	4,800

非支配株主持分：30,000＋1,200＋4,800＝**36,000**

売掛金と買掛金の相殺消去

親子会社間の売掛金と買掛金は連結グループ内部の債権債務にすぎないため、相殺消去します。貸付金と借入金などについても同様です。

（買　掛　金）180,000　（売　掛　金）180,000

売掛金：480,000 + 220,000 − 180,000 = **520,000**
買掛金：181,000 + 205,000 − 180,000 = **206,000**

貸付金と借入金の相殺消去

（借　入　金）60,000　（貸　付　金）60,000

貸付金：150,000 − 60,000 = **90,000**
借入金：125,000 + 70,000 − 60,000 = **135,000**

売上高と仕入高の相殺消去

親子会社間の商品売買は連結ベースでみると、内部取引（単なるグループ内部での商品の移動）になるため、相殺消去を行います。

（売　上　高）860,000　（売 上 原 価）860,000
当期商品仕入高

売上高：1,560,000 + 1,080,000 − 860,000
　　　　= **1,780,000**

受取利息と支払利息の相殺消去

貸付金と借入金の相殺に伴い、そこから発生する利息も相殺消去します。

（受 取 利 息）　1,500　（支 払 利 息）　1,500

受取利息：5,200 + 800 − 1,500 = **4,500**
支払利息：4,000 + 1,800 − 1,500 = **4,300**

商品の未実現利益の消去

(1) 期末商品

連結グループの外部へ販売していない状況での利益の計上は認められないため、未実現利益（未販売の商品の利益）を消去します。

140,000 × 30%（売上総利益率）= 42,000

（売 上 原 価）42,000　（商　　　品）42,000

(2) 期首商品

期首商品の未実現利益は、当期にすべて実現したと考えます。

90,000 × 30%（売上総利益率）= 27,000

①前期の引継ぎの仕訳

前期に行った連結修正仕訳を再び行います。当期の連結修正仕訳となるので、前期の「売上原価」は「利益剰余金」として処理します。

（利益剰余金）27,000　（商―――品）27,000
　　　　売上原価

②当期の実現の仕訳

期首商品に含まれる未実現利益は、当期にすべて実現したと考えます。

（商―――品）27,000　（売 上 原 価）27,000

上記①と②の仕訳を合算・相殺したものが、連結修正仕訳となります。

（利益剰余金）27,000　（売 上 原 価）27,000

商品：370,000 + 165,000 − 42,000 = **493,000**
売上原価：1,041,000 + 767,000 − 860,000
　　　　　　+ 42,000 − 27,000 = **963,000**

土地の売却

（土地売却益）　6,000　（土　　　地）　6,000

土地：165,000 + 36,000 − 6,000 = **195,000**

非支配株主持分の計算

アップストリームの取引が無ければ以下の式で計算できます。

子会社当期末純資産 × 非株割合
（100,000 + 20,000 + 60,000）× 20% = 36,000

利益剰余金の修正・消去欄の記入

連結損益計算書の親会社株主に帰属する当期純利益までの合計（918,300、888,500）を計算し、連結貸借対照表の利益剰余金の行に移します。

なお、本試験では利益剰余金を時間をかけて解くよりも他の問題を確実に得点した方が効率的です。

連結財務諸表の資本金と資本剰余金

子会社の資本金と資本剰余金は支配獲得時の資本連結の仕訳でゼロとなるため、**連結財務諸表の資本金と資本剰余金は、親会社の金額**となります。

なお、子会社の資本金や資本剰余金の増加は2級では出題されていないため気にする必要はありません。

開始仕訳が1発でできるタイムテーブル

以下のタイムテーブルを描くことで、利益剰余金や非支配株主持分などの当期首残高を計算でき、開始仕訳を行うことができます。

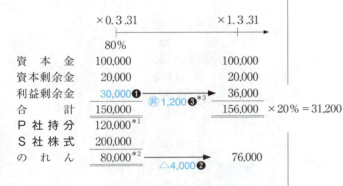

* 1　150,000×80%＝120,000
* 2　200,000−120,000＝80,000
* 3　(36,000−30,000)×20%＝1,200
　　×0年度の利益剰余金の増加に伴う非支配株主持分への影響を計算します。

開始仕訳（p.79の❶～❸合計）

（資　本　金）	100,000	（S 社 株 式）	200,000
（資本剰余金）	20,000	（非支配株主持分）	31,200
（利益剰余金）	35,200[*4]		
（の れ ん）	76,000		

* 4　30,000＋1,200＋4,000＝35,200
　　支配獲得時の利益剰余金、利益剰余金増加額の振替え、のれんの償却額の合計（色字の部分）となります。

解答　第2回　連結財務諸表　　　→問題11ページ

連 結 貸 借 対 照 表
×7年3月31日　　　（単位：千円）

資　産	金　額	負債・純資産	金　額
現　金　預　金	433,000	買　掛　金	491,000
売　掛　金	520,000	未　払　金	126,000
商　品	525,000	資　本　金	226,000
未　収　入　金	57,000	資　本　剰　余　金	123,000
土　地	235,000	利　益　剰　余　金	802,000
の　れ　ん	32,000	非　支　配　株　主　持　分	34,000
	1,802,000		1,802,000

連 結 損 益 計 算 書
自×6年4月1日　至×7年3月31日　　　（単位：千円）

費　用	金　額	収　益	金　額
売　上　原　価	922,000	売　上　高	1,780,000
販売費及び一般管理費	766,800	受　取　配　当　金	4,000
の　れ　ん　償　却	4,000	固　定　資　産　売　却　益	2,000
非支配株主に帰属する当期純利益	4,600		
親会社株主に帰属する当期純利益	88,600		
	1,786,000		1,786,000

予想配点　　　1つにつき2点。
合計20点。

解説

　連結第2年度（×6年4月1日から×7年3月31日まで）の連結財務諸表（連結貸借対照表と連結損益計算書）の作成が問われています。
　連結第1年度（×5年4月1日から×6年3月31日まで）の連結修正仕訳は、帳簿に記録されていないので、連結第2年度において連結開始仕訳を行う必要があります。連結第1年度に行った連結修正仕訳を考え、連結開始仕訳を行った後、当期の連結修正仕訳を行います。
　単位が千円単位となっているため、以下の金額は（**単位：千円**）として解説します。

連結開始仕訳
投資と資本の相殺消去❶
　P社持分（持分割合：80％）
　　（100,000＋20,000＋30,000）×80％＝120,000
　非支配株主持分（持分割合：100％－80％＝20％）
　　（100,000＋20,000＋30,000）×20％＝30,000
　のれん：160,000－120,000＝40,000
　　　　　　S社株式　　P社持分

（資　本　金）	100,000	（S 社 株 式）	160,000
（資本剰余金）	20,000	（非支配株主持分）	30,000
（利益剰余金）	30,000		
（の　れ　ん）	40,000		

資本金：226,000＋100,000－100,000＝**226,000**
資本剰余金：123,000＋20,000－20,000＝**123,000**

のれんの償却❷
　のれんは10年にわたり定額法で償却します。連結第1年度の連結修正仕訳となるので、「のれん償却」ではなく、「利益剰余金」の減少として処理します。
　40,000÷10年＝4,000

| （利益剰余金） | 4,000 | （の　れ　ん） | 4,000 |

S社の当期純利益の非支配株主持分への振替え ❸

非支配株主の持分割合に応じて、S社の当期純利益を非支配株主持分へと振り替えます。

連結第1年度の連結修正仕訳となるので、「非支配株主に帰属する当期純利益」ではなく、「利益剰余金」の減少として処理します。

16,000×20％＝3,200

| （利益剰余金） | 3,200 | （非支配株主持分） | 3,200 |

*1 貸借差額で算定する。
*2 S社は前期に配当を行っておらず、支配獲得時のS社の利益剰余金30,000が与えられているので、貸借差額で算定する。

当期の連結修正仕訳
のれんの償却 ❹

| （のれん償却） | 4,000 | （の れ ん） | 4,000 |

のれん：40,000－4,000－4,000＝**32,000**

S社の当期純利益の非支配株主持分への振替え ❺

24,000×20％＝4,800

| （非支配株主に帰属する当期純利益） | 4,800 | （非支配株主持分） | 4,800 |

剰余金の配当 ❻

受取配当金と非支配株主持分を減らすとともに、利益剰余金の減少を取り消します。

| （受取配当金） | 8,000 | （利益剰余金） | 10,000 |
| （非支配株主持分） | 2,000 | | |

売掛金と買掛金の相殺消去

親子会社間の売掛金と買掛金は連結グループ内部の債権債務にすぎないため、相殺消去します。

| （買　掛　金） | 180,000 | （売　掛　金） | 180,000 |

売掛金：480,000＋220,000－180,000＝**520,000**
買掛金：394,000＋277,000－180,000＝**491,000**

売上高と仕入高の相殺消去

親子会社間の商品売買は連結ベースでみると、内部取引（単なるグループ内部での商品の移動）になるため、相殺消去を行います。

| （売　上　高） | 860,000 | （売 上 原 価） | 860,000 |
| | | 当期商品仕入高 | |

売上高：1,560,000＋1,080,000－860,000
　　　　＝**1,780,000**

商品の未実現利益の消去
(1) 期末商品

連結グループの外部へ販売していない状況での利益の計上は認められないため、未実現利益（未販売の商品の利益）を消去します。

未実現利益：$110,000 \times \dfrac{0.1}{1.1} = 10,000$

非支配株主持分への影響額：
　10,000×20％＝2,000

| （売 上 原 価） | 10,000 | （商　　　品） | 10,000 |
| （非支配株主持分） | 2,000 | （非支配株主に帰属する当期純利益） | 2,000 |

(2) 期首商品

未実現利益：$99,000 \times \dfrac{0.1}{1.1} = 9,000$

①前期の引継ぎの仕訳

前期に行った連結修正仕訳を再び行います。当期の連結修正仕訳となるので、前期の「売上原価」は「利益剰余金」として処理します。

（利益剰余金）	9,000	（商　　　品）	9,000
売上原価			
（非支配株主持分）	1,800	（利益剰余金）	1,800*
		非支配株主に帰属する当期純利益	

* 9,000×20％＝1,800

②当期の実現の仕訳

期首商品に含まれる未実現利益は、当期にすべて実現したと考えます。

(商 品)	~~9,000~~	(売 上 原 価)	9,000
(非支配株主に帰属する当期純利益)	1,800	(非支配株主持分)	1,800

上記①と②の仕訳を合算・相殺したものが、連結修正仕訳となります。

(利益剰余金)	9,000	(売 上 原 価)	9,000
(非支配株主に帰属する当期純利益)	1,800	(利益剰余金)	1,800

(考え方)

企業グループ内にあった期首商品は当期に売れて利益が実現したと考えます。

(利益剰余金)	9,000	(売 上 原 価)	9,000

前期の利益を減らしたけど ───→ 当期の利益になったよ

(非支配株主に帰属する当期純利益)	1,800	(利益剰余金)	1,800

当期の非株損益になったよ ◄─── 前期の非株損益を減らしたけど

売上原価は英語でCOSTと呼ぶこともあります。

1文字をとって、語呂合わせで

「り・C」「損・り」→「利子、sorry」

期末商品は

「C・商」「非・損」→「師匠、ひっそり」

と覚えましょう！

商　　品：370,000 + 165,000 − 10,000 = **525,000**
売上原価：1,014,000 + 767,000 − 860,000
　　　　　　+ 10,000 − 9,000 = **922,000**

土地の売却

(固定資産売却益)	6,000	(土　　　地)	6,000

土地：205,000 + 36,000 − 6,000 = **235,000**

未収入金と未払金の相殺消去

(未　払　金)	36,000	(未 収 入 金)	36,000

未収入金：80,000 + 13,000 − 36,000 = **57,000**
未払金：120,000 + 42,000 − 36,000 = **126,000**

非支配株主持分の計算

以下の式で計算できます。

子会社当期末純資産×非株割合
　　−アップストリームの非株影響額

$(100,000 + 20,000 + 60,000) \times 20\% - 2,000$
$= 34,000$

利益剰余金

連結貸借対照表の貸借差額より802,000

利益剰余金は次のように計算することもできますが、貸借差額で計算した方が圧倒的に時間を節約できます。

また、本試験では利益剰余金を時間をかけて解くよりも他の問題を確実に得点した方が効率的です。

当期首残高：

$\underset{\text{P社期首残}}{(800,000 - 88,200)} + \underset{\text{S社期首残}}{46,000} - \underset{\text{資本連結}}{30,000}$

$\underset{\text{前期のれん}}{-4,000} - \underset{\text{前期利益}}{3,200} - \underset{\text{期首商品}}{9,000} + 1,800 = 713,400$

剰余金の配当：△10,000 + 10,000 = 0
親会社株主に帰属する当期純利益：88,600
当期末残高：713,400 + 88,600 = 802,000

利益率と付加率

利益率(売上総利益率)は、売価を100%とした場合の利益の割合をいいます。

$$利益率 = \frac{利益}{売価} \times 100(\%)$$

例　売価100、利益率10%の場合

売価 100	利益　　10	売価×利益率
	原価	= 利益
	90	

付加率は原価を100%とした場合の利益の割合をいいます。

$$付加率 = \frac{利益}{原価} \times 100(\%)$$

例　売価110、付加率10%の場合

売価 110	利益　　10	売価× $\dfrac{付加率}{100\% + 付加率}$
	原価	= 利益
	100	

連結財務諸表作成の考え方

連結財務諸表は企業グループ全体の財務諸表であるため、個別財務諸表を合算することがまず基本的な考え方としてあります。しかし、合算した財務諸表をそのまま公表すると問題がある場合には、連結「修正仕訳」を行います。

例えば、親子会社間で商品売買を行っている場合には、売上が過大に計上されていたり、期末商品に未実現利益が含まれていたりします。また、親子会社間の土地の売却で利益がかさ上げされていることもあります。

もし、本試験で迷った場合には「合算した財務諸表をそのまま公表して問題はないのか」、「どの科目に問題があるのか」といった観点から考えるようにしましょう。

開始仕訳が1発でできるタイムテーブル（参考）

本問の翌期（×8年3月期）の連結財務諸表を作成する場合の開始仕訳（×5年3月から×7年3月まで）を行う場合でも、タイムテーブルの基本的な描き方は同じです。なお、のれんを2年償却することに注意してください。

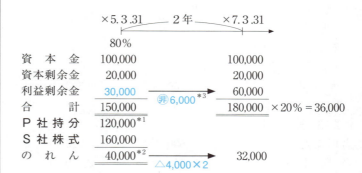

* 1　150,000 × 80％ ＝ 120,000
* 2　160,000 － 120,000 ＝ 40,000
* 3　(60,000 － 30,000) × 20％ ＝ 6,000

開始仕訳（p.82、83の❶〜❻合計）

（資　本　金）100,000	（S 社 株 式）160,000
（資本剰余金）20,000	（非支配株主持分）36,000
（利益剰余金）44,000*4	
（の れ ん）32,000	

* 4　30,000 ＋ 6,000 ＋ 4,000 × 2 ＝ 44,000
　　支配獲得時の利益剰余金、利益剰余金増加額（利益－配当）の振替え、のれんの償却額の合計（色字の部分）となります。

解答　第3回　株主資本等変動計算書　→ 問題12ページ

株主資本等変動計算書
自×8年4月1日　至×9年3月31日　（単位：千円）

	株主資本 資本金	資本剰余金 資本準備金	その他資本剰余金	資本剰余金合計
当期首残高	40,000	(3,200)	(1,000)	(4,200)
当期変動額				
剰余金の配当		(50)	(△550)	(△500)
別途積立金の積立て				
新株の発行	(500)	(500)		(500)
吸収合併	(6,000)		(2,800)	(2,800)
当期純利益				
当期変動額合計	(6,500)	(550)	2,250	2,800
当期末残高	(46,500)	(3,750)	3,250	7,000

（下段へ続く）

（上段から続く）

	株主資本 利益剰余金 利益準備金	その他利益剰余金 別途積立金	繰越利益剰余金	利益剰余金合計	株主資本合計
当期首残高	800	(440)	(2,400)	(3,640)	(47,840)
当期変動額					
剰余金の配当	(150)		(△1,650)	(△1,500)	(△2,000)
別途積立金の積立て		(160)	(△160)	—	—
新株の発行					(1,000)
吸収合併					(8,800)
当期純利益			(1,960)	(1,960)	1,960
当期変動額合計	(150)	(160)	150	(460)	9,760
当期末残高	(950)	(600)	(2,550)	(4,100)	(57,600)

ここに注意
- 株主資本等変動計算書への記入は「千円単位」
- 金額が負の値のときは、金額の前に△を付して示す

予想配点　■1つにつき2点。合計20点。

解説

本問は、株主資本等変動計算書の作成に関する問題です。問題文は「円単位」ですが、**答案用紙は「千円単位」**なので注意しましょう。また、**金額が負の値のときは、金額の前に△を付して示す**のを忘れないようにしましょう。解説も答案用紙に合わせて「千円単位」とします。

×8年6月28日

①②剰余金の配当

（ そ の 他 資 本 剰 余 金 ）	550	（ 未 払 配 当 金 ）	500
		（ 資 本 準 備 金 ）	50 *
（ 繰 越 利 益 剰 余 金 ）	1,650	（ 未 払 配 当 金 ）	1,500
		（ 利 益 準 備 金 ）	150 *

* @10円×50,000株＝500,000円　→　500千円（その他資本剰余金を財源とした株主配当金）
　@30円×50,000株＝1,500,000円　→　1,500千円（繰越利益剰余金を財源とした株主配当金）
　　　　　　　　　　　　合計　2,000千円

$40,000千円 \times \dfrac{1}{4} = 10,000千円（資本金の額の4分の1）$

$10,000千円 - （3,200千円 + 800千円）= 6,000千円（積立上限額）… ①$
　　　　　　資本準備金　利益準備金

$2,000千円 \times \dfrac{1}{10} = 200千円（株主配当金の10分の1）… ②$

①＞②より、財源別に株主配当金の10分の1をそれぞれ準備金に積み立てます。

$500千円 \times \dfrac{1}{10} = 50千円（資本準備金の積立額）$

$1,500千円 \times \dfrac{1}{10} = 150千円（利益準備金の積立額）$

③剰余金の処分

（ 繰 越 利 益 剰 余 金 ）	160	（ 別 途 積 立 金 ）	160

×8年9月1日

増資

（ 当 座 預 金 ）	1,000	（ 資 本 金 ）	500 *
		（ 資 本 準 備 金 ）	500

* 会社法が定める最低限度額とは、払込金の2分の1となります。
　@1,000円×1,000株＝1,000,000円　→　1,000千円

$1,000千円 \times \dfrac{1}{2} = 500千円$

×9年2月1日

吸収合併

（ 諸 資 産 ）	18,000	（ 諸 負 債 ）	10,000
（ の れ ん ）	800	（ 資 本 金 ）	6,000
		（ そ の 他 資 本 剰 余 金 ）	2,800 *

* @1,100円×8,000株＝8,800,000円　→　8,800千円
　8,800千円 − 6,000千円 ＝ 2,800千円

×9年3月31日

当期純利益

（ 損 益 ）	1,960	（ 繰 越 利 益 剰 余 金 ）	1,960

| 解 答 | 第4回 有価証券1 | ➡ 問題13ページ |

売買目的有価証券

日 付	摘 要	借 方	日 付	摘 要	貸 方
×1 11 1	当 座 預 金	294,000	×2 3 31	次 期 繰 越	296,400
×2 3 31	有価証券評価益	2,400			
		296,400			296,400

満期保有目的債券

日 付	摘 要	借 方	日 付	摘 要	貸 方
×2 2 1	当 座 預 金	591,000	×2 3 31	次 期 繰 越	591,300
×2 3 31	有価証券利息	300			
		591,300			591,300

有価証券利息

日 付	摘 要	借 方	日 付	摘 要	貸 方
×1 11 1	当 座 預 金	100	×2 3 31	当 座 預 金	600
×2 3 31	損 益	1,400	〃	未収有価証券利息	600
			〃	満期保有目的債券	300
		1,500			1,500

！ここに注意

・端数利息を支払ったときは、借方に有価証券利息を計上する。
・満期保有目的債券の償却期間は60か月（＝5年）となり、当期の保有月数は2か月となる。

予想配点 ▨ 1つにつき2点。合計20点。

解 説

　有価証券に係る一連の取引の流れを問う問題です。一つひとつの取引を丁寧に読み取り、仕訳をしましょう。売買目的有価証券と満期保有目的債券の処理を分けて考えると効率よく解けます。

1．売買目的有価証券の処理
期中取引
11月1日（購入）

（売買目的有価証券）	294,000 *1	（当 座 預 金）	294,100
（有 価 証 券 利 息）	100 *2		

*1　$¥300,000 \times \dfrac{@¥98.00}{@¥100} = ¥294,000$

*2　$¥300,000 \times 0.4\% \times \dfrac{1か月}{12か月} = ¥100$

電卓の打ち方 300,000 ✕ ・ 98 ＝ 294,000

88

3月31日（利息の受取り）

| （当　座　預　金） | 600 | （有　価　証　券　利　息） | 600 *3 |

＊3　$¥300,000 \times 0.4\% \times \dfrac{6 \text{か月}}{12 \text{か月}} = ¥600$

決算整理

3月31日（評価替え）

| （売買目的有価証券） | 2,400 | （有　価　証　券　評　価　益） | 2,400 *4 |

＊4　$¥300,000 \times \dfrac{@¥98.80}{@¥100} = ¥296,400 \text{（時価）}$

　　　$¥296,400 - ¥294,000 = ¥2,400 \text{（評価益）}$

売買目的有価証券の次期繰越額：**¥296,400**（時価）

２．満期保有目的債券の処理

期中取引

2月1日（購入）

| （満期保有目的債券） | 591,000 *1 | （当　座　預　金） | 591,000 |

＊1　$¥600,000 \times \dfrac{@¥98.50}{@¥100} = ¥591,000$

決算整理

3月31日（利息の未収計上）

| （未収有価証券利息） | 600 | （有　価　証　券　利　息） | 600 *2 |

＊2　当期経過月数：2か月

　　　$¥600,000 \times 0.6\% \times \dfrac{2 \text{か月}}{12 \text{か月}} = ¥600$

3月31日（償却原価法の適用）

| （満期保有目的債券） | 300 | （有　価　証　券　利　息） | 300 *3 |

＊3　償却額総額：$¥600,000 - ¥591,000 = ¥9,000$

　　　償却期間：60か月（×2年2月1日～×7年1月31日）

　　　$¥9,000 \times \dfrac{2 \text{か月}}{60 \text{か月}} = ¥300$

■計算用紙

	4/1	11/1	3/31
国債		294,000 ———→ 296,400	
		+2,400	

		2/1	3/31
A社		591,000 ———→ 591,300	
		+300	

$(9,000) \times \dfrac{2}{60}$

解答　第5回　有価証券2　　→問題14ページ

問1

その他有価証券

日付	摘要	借方	日付	摘要	貸方
×1 4 1	前期繰越	9,830,000	×1 4 1	その他有価証券評価差額金	830,000
5 10	普通預金	1,250,000	12 31	普通預金	2,500,000
×2 3 31	その他有価証券評価差額金	1,375,000	×2 3 31	次期繰越	9,125,000
		12,455,000			12,455,000

有価証券利息

日付	摘要	借方	日付	摘要	貸方
×2 3 31	損益	17,500	×1 9 30	普通預金	10,000
			12 31	普通預金	2,500
			×2 3 31	普通預金	5,000
		17,500			17,500

問2

投資有価証券売却（　益　）　¥　97,500

予想配点　1つにつき2点。合計20点。

解説

その他有価証券に係る一連の取引の流れを問う問題です。一つひとつの取引を丁寧に読み取り、仕訳をしましょう。

期首（洗替処理）

前期末に時価評価したその他有価証券について、取得原価に戻す仕訳を行います。

（その他有価証券評価差額金）　830,000　　（その他有価証券）　830,000 *1

*1　（¥4,800,000＋¥5,030,000）－（¥4,000,000＋¥5,000,000）＝¥830,000
　　　　前期末時価合計　　　　　　　取得原価合計

期中取引

5月10日（追加取得）

（その他有価証券）　1,250,000 *2　　（普通預金）　1,250,000

*2　@¥2,500×500株＝¥1,250,000
　　A株式簿価：¥4,000,000＋¥1,250,000＝¥5,250,000

9月30日(利息の受取り)

| (普 通 預 金) | 10,000 | (有 価 証 券 利 息) | 10,000 *3 |

* 3 　¥5,000,000 × 0.4% × $\frac{6か月}{12か月}$ = ¥10,000

12月31日(売却)

(普 通 預 金)	2,600,000	(その他有価証券)	2,500,000 *4
		(投資有価証券売却益)	97,500 *5
		(有 価 証 券 利 息)	2,500

* 4 　¥5,000,000 × 50% = ¥2,500,000(帳簿価額)
* 5 　¥2,600,000 − ¥2,500 = ¥2,597,500(売却価額)
　　　¥2,597,500 − ¥2,500,000 = ¥97,500(売却益)

当期の投資有価証券売却損益：¥97,500(売却益)… 問2

3月31日(利息の受取り)

| (普 通 預 金) | 5,000 | (有 価 証 券 利 息) | 5,000 *6 |

* 6 　¥2,500,000 × 0.4% × $\frac{6か月}{12か月}$ = ¥5,000

期末評価

3月31日

| (その他有価証券) | 1,375,000 | (その他有価証券評価差額金) | 1,375,000 *7 |

* 7 　時価合計：@¥2,600 × (2,000株 + 500株) + @¥1,050 × 2,500口 = ¥9,125,000
　　　簿価合計：¥5,250,000 + ¥2,500,000 = ¥7,750,000
　　　評価差額：¥9,125,000 − ¥7,750,000 = ¥1,375,000

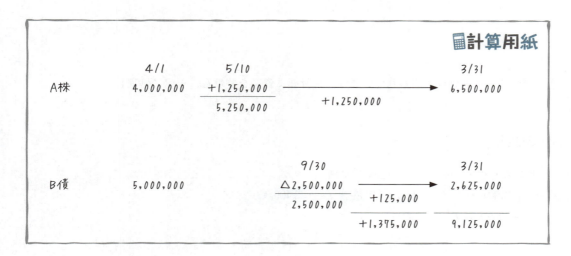

解答　第6回　固定資産1

問1

総勘定元帳
機械装置

年月日	摘要	借方	年月日	摘要	貸方
×9 9 1	諸口	6,000,000	×9 9 2	固定資産圧縮損	3,000,000
			×10 3 31	減価償却費	700,000
			3 31	次期繰越	2,300,000
		6,000,000			6,000,000

リース資産

年月日	摘要	借方	年月日	摘要	貸方
×9 4 1	リース債務	2,400,000	×10 3 31	減価償却費	480,000
			3 31	次期繰越	1,920,000
		2,400,000			2,400,000

問2

借方科目	金額	貸方科目	金額
繰延税金資産	78,750	法人税等調整額	78,750

ここに注意
・勘定記入において、相手勘定科目が2つ以上ある場合、「諸口」と記入する。

予想配点　1つにつき3点。仕訳1組につき2点。合計20点。

解説

本問は、固定資産に関する一連の処理が問われています。日付順に資料を整理し、丁寧に処理していきましょう。

1．各取引日における仕訳

4月1日
リース取引（ファイナンス・リース取引・利子込み法）開始

（リース資産）　2,400,000 *1　　（リース債務）　2,400,000

*1　¥480,000×5年＝¥2,400,000（リース料総額）

6月7日
国庫補助金受入

（普通預金）　3,000,000　　（国庫補助金受贈益）　3,000,000

9月1日
機械装置購入

（機械装置）　6,000,000　　（現　　金）　1,200,000
　　　　　　　　　　　　　　（当座預金）　4,800,000 *2

*2　¥6,000,000－¥1,200,000＝¥4,800,000

9月2日
圧縮記帳処理

（固定資産圧縮損）　3,000,000　　（機 械 装 置）　3,000,000

3月31日
リース料支払

（リース債務）　480,000　　（普 通 預 金）　480,000

2．決算整理手続（固定資産の減価償却）

リース資産

（減価償却費）　480,000 *1　　（リース資産）　480,000

*1　¥2,400,000 ÷ 5年 = ¥480,000

機械装置

（減価償却費）　700,000 *2　　（機 械 装 置）　700,000

*2　¥6,000,000 − ¥3,000,000 = ¥3,000,000（圧縮記帳後の取得原価）

$¥3,000,000 \times 0.400 \times \dfrac{7か月}{12か月} = ¥700,000$

3．税効果会計（問2）

税効果会計を適用した場合に必要となる仕訳

（繰延税金資産）　78,750 *1　　（法人税等調整額）　78,750

*1　¥6,000,000 − ¥3,000,000 = ¥3,000,000（圧縮記帳後の取得原価）

$¥3,000,000 \times 0.400 \times \dfrac{7か月}{12か月} = ¥700,000$（会計上の償却額）

$¥3,000,000 \times 0.250 \times \dfrac{7か月}{12か月} = ¥437,500$（税法上の償却額）

¥700,000 − ¥437,500 = ¥262,500（損金不算入額）

¥262,500 × 30% = ¥78,750

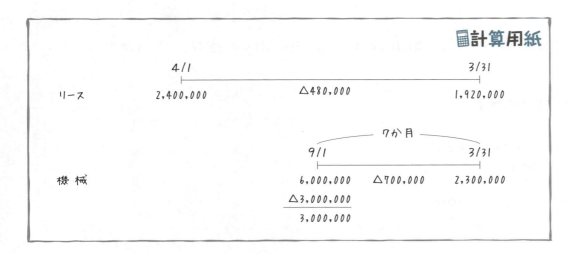

| 解答 | 第7回　固定資産2 | ➡ 問題16ページ |

1.

建　　　　物

年	月	日	摘　要	借　方	年	月	日	摘　要	貸　方
×8	4	1	前 期 繰 越	7,500,000	×9	3	31	次 期 繰 越	8,700,000
×8	7	1	未　　払　　金	1,200,000					
				8,700,000					8,700,000

建物減価償却累計額

年	月	日	摘　要	借　方	年	月	日	摘　要	貸　方
×9	3	31	次 期 繰 越	2,760,000	×8	4	1	前 期 繰 越	2,400,000
					×9	3	31	減 価 償 却 費	360,000
				2,760,000					2,760,000

ソフトウェア

年	月	日	摘　要	借　方	年	月	日	摘　要	貸　方
×8	4	1	前 期 繰 越	600,000	×8	9	30	諸　　　　口	600,000
×8	10	1	未　　払　　金	2,800,000	×9	3	31	ソフトウェア償却	140,000
					×9	3	31	次 期 繰 越	2,660,000
				3,400,000					3,400,000

2．当期の固定資産除却損の金額　　¥　500,000

| 予想配点 | ⬜ 1つにつき2点。合計20点。 |

| 解説 |

　本問は、固定資産に関する一連の処理が問われています。固定資産別に資料を整理し、丁寧に処理していきましょう。

1．前期末における資料の整理

建物（間接法）

事務所（前期末時点で取得から8年経過）

取得原価：**7,500,000円**

定額法、耐用年数25年

前期末の減価償却累計額：**2,400,000円***

　*　7,500,000円÷25年×8年＝2,400,000円

解答・解説編

ソフトウェア（直接法）
　システムA（前期末時点で取得から7年経過）
　　取得原価：2,000,000円
　　定額法、耐用年数10年
　　前期末の帳簿価額：**600,000円**^{*1}
　　　＊1　1年分の償却額：2,000,000円÷10年＝200,000円
　　　　　　2,000,000円−（200,000円×7年）＝600,000円

２．当期の取引
①商品倉庫の取得

（建　　　　　物）	1,200,000	（未　　払　　金）	1,200,000

建物（間接法）
　商品倉庫（期中取得分）
　　取得原価：**1,200,000円**
　　定額法、耐用年数15年
　　期中に取得しているため、減価償却費は月割り（9か月）で計上

②システムの入替え
　システムAの除却（当期6か月使用）

（ソフトウェア償却）	100,000^{*1}	（ソ フ ト ウ ェ ア）	600,000
（固 定 資 産 除 却 損）	500,000^{*2}		

　　＊1　1年分の償却額：2,000,000円÷10年＝200,000円
　　　　　　　　　　　　200,000円×$\dfrac{6か月}{12か月}$＝100,000円
　　＊2　600,000円−100,000円＝500,000円

　システムBの購入

（ソ フ ト ウ ェ ア）	2,800,000	（未　　払　　金）	2,800,000

ソフトウェア（直接法）
　システムB
　　取得原価：**2,800,000円**
　　定額法、耐用年数10年
　　期中に取得しているため、償却費は月割り（6か月）で計上

３．当期の減価償却
建物
　事務所（既存分）
　　7,500,000円÷25年＝300,000円
　商品倉庫（期中取得分）
　　1,200,000円÷15年×$\dfrac{9か月}{12か月}$＝60,000円

（減 価 償 却 費）	360,000	（建物減価償却累計額）	**360,000**

ヨコ解き
解　答

第1問

第2問

第3問

第4問
（1）

第4問
（2）

第5問

95

ソフトウェア
　システムB
　　$2,800,000円 \div 10年 \times \dfrac{6か月}{12か月} = 140,000円$

（ソフトウェア償却）　　**140,000**　　（ソ フ ト ウ ェ ア）　　140,000

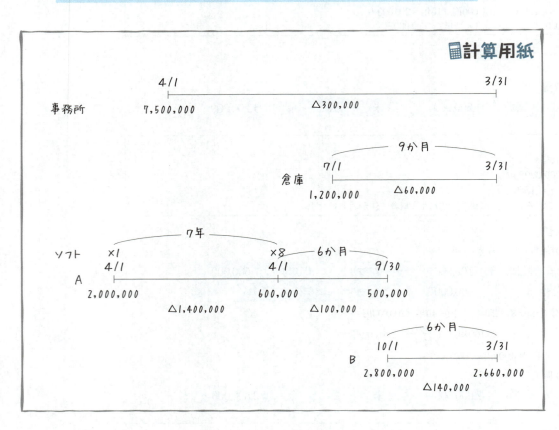

解 答 ▶ **第8回 商品売買** ➡ 問題17ページ

(1)

総 勘 定 元 帳

買 掛 金

年月日		摘 要	借 方	年月日		摘 要	貸 方
×1	2 28	普 通 預 金	3,150,000	×1	1 1	前 期 繰 越	3,150,000
	12 31	次 期 繰 越	3,600,000		11 1	商　　　品	3,240,000
					12 31	為 替 差 損	360,000
			6,750,000				6,750,000

商　　　品

年月日		摘 要	借 方	年月日		摘 要	貸 方
×1	1 1	前 期 繰 越	2,000,000	×1	6 30	売 上 原 価	1,000,000
	11 1	買 掛 金	3,240,000		12 1	売 上 原 価	2,650,000
					12 31	棚 卸 減 耗 損	53,000
					12 31	次 期 繰 越	1,537,000
			5,240,000				5,240,000

(2) 損益の金額

① 当 期 の 売 上 高　　¥ 　　6,800,000

② 当 期 の 為 替 差 損　¥ 　　510,000

③ 当 期 の 為 替 差 益　¥ 　　　　　0

ここに注意

・棚卸資産の払出単価の決定方法は移動平均法を採用している。
・商品売買の記帳は「販売のつど売上原価に振り替える方法(売上原価対立法)」を採用している。

予想配点　　1つにつき2点。
合計20点。

解 説

　本問は、**輸入商品に関する商品売買の一連の処理**が問われています。［**注意事項**］をよく読んでから、［**資料**］を整理し、丁寧に処理していきましょう。また、商品の動きを把握するために、簡単な商品有高帳を作成すると整理しやすくなります。

1．商品関連取引

1月1日　前期繰越

商品の前期繰越額

　商品Ｘ：＠￥1,000×2,000個＝￥2,000,000

買掛金の前期繰越額

　￥3,150,000（円建ての金額）

　￥3,150,000÷＠￥105＝30,000ドル（ドル建ての金額）

商品有高帳（1月1日）

　数量：2,000個　　単価：＠￥1,000　　金額：￥2,000,000

2月28日　買掛金支払

（買　　掛　　金）	3,150,000	（普　通　預　金）	3,300,000 [*1]
（為　替　差　損）	150,000 [*2]		

＊1　＠￥110×30,000ドル＝￥3,300,000（支払時の為替相場で換算）
＊2　貸借差額

6月30日　商品販売

（現　　　　　金）	1,800,000 [*1]	（売　　　　　上）	1,800,000
（売　上　原　価）	1,000,000 [*2]	（商　　　　　品）	1,000,000

＊1　＠￥1,800×1,000個＝￥1,800,000
＊2　＠￥1,000×1,000個＝￥1,000,000

> 補足
> 「対立」には、「異なるものが向かい立つ」という意味もあります。売上原価対立法では、「売上」と「原価」が反対側に計上されています。

11月1日　輸入

仕入時に商品勘定で処理します。

（商　　　　　品）	3,240,000	（買　　掛　　金）	3,240,000 [*]

＊　＠10ドル×3,000個＝30,000ドル
　＠￥108×30,000ドル＝￥3,240,000（輸入時の為替相場で換算）

商品有高帳（11月1日）

　数量：3,000個　　単価：￥3,240,000÷3,000個＝＠￥1,080　　金額：￥3,240,000

　11月1日の平均単価：$\dfrac{￥1,000,000+￥3,240,000}{1,000個+3,000個}=＠￥1,060$

12月1日　商品販売

（売　　掛　　金）	5,000,000 [*1]	（売　　　　　上）	5,000,000
（売　上　原　価）	2,650,000 [*2]	（商　　　　　品）	2,650,000

＊1　＠￥2,000×2,500個＝￥5,000,000
＊2　＠￥1,060×2,500個＝￥2,650,000

98

商品有高帳の作成

日付	受 入			払 出			残 高		
	数量	単価	金 額	数量	単価	金 額	数量	単価	金 額
1/1	2,000	1,000	2,000,000				2,000	1,000	2,000,000
6/30				1,000	1,000	1,000,000	1,000	1,000	1,000,000
11/1	3,000	1,080	3,240,000				4,000	1,060	4,240,000
12/1				2,500	1,060	2,650,000	1,500	1,060	1,590,000

ヨコ解き 解 答

第1問

第2問

第3問

第4問 (1)

第4問 (2)

第5問

12月31日　決算（換算替え）

買掛金の換算替え

（為 替 差 損）	360,000 *	（買 掛 金）	360,000

* @¥120×30,000ドル＝¥3,600,000（決算時の為替相場で換算）
　¥3,600,000－¥3,240,000＝360,000（買掛金の増加 → 為替差損）

12月31日　次期繰越

商品X

棚卸減耗損：@¥1,060×（1,500個－1,450個）＝¥53,000

次期繰越額：@¥1,060×1,450個＝¥1,537,000

買掛金の次期繰越額：¥3,600,000（買掛金勘定における貸借差額により算定）

２．当期の売上高、為替差損および為替差益

当期の売 上 高：¥6,800,000

当期の為替差損：¥510,000

当期の為替差益：¥0

売 上

6/30	1,800,000	（＝@¥1,800×1,000個）
12/1	5,000,000	（＝@¥2,000×2,500個）
合計	6,800,000	

為 替 差 損

2/28	150,000	
12/31	360,000	
合計	510,000	

99

第3問 財務諸表の作成

解答　第1回　貸借対照表作成1　→ 問題18ページ

貸借対照表
×9年3月31日　　　　　　　　　　　　　　　　（単位：円）

資産の部			負債の部		
I 流動資産			I 流動負債		
現　　　金		150,000	支払手形		190,000
当座預金		(235,800)	買掛金		380,000
受取手形	(170,000)		（未払）費用		(5,600)
貸倒引当金	(3,400)	(166,600)	（未払法人税等）		(58,000)
売掛金	(410,000)		II 固定負債		
貸倒引当金	(8,200)	(401,800)	長期借入金		800,000
商　　　品		(29,750)	退職給付引当金		(352,500)
II 固定資産			負債合計		(1,786,100)
建　　　物	(4,800,000)		純資産の部		
減価償却累計額	(905,000)	(3,895,000)	資本金		3,800,000
備　　　品	(600,000)		利益準備金		360,450
減価償却累計額	(292,800)	(307,200)	繰越利益剰余金		(330,000)
投資有価証券		(790,400)	純資産合計		(4,490,450)
関係会社株式		(300,000)			
資産合計		(6,276,550)	負債・純資産合計		(6,276,550)

予想配点　■1つにつき2点。合計20点。

解説

未処理事項の処理

1．手形の割引き

受取手形が減少していることに注意しましょう。

（当座預金）49,800　（受取手形）50,000
（手形売却損）　　200

受取手形：¥220,000 − ¥50,000 = ¥170,000

2．建設仮勘定

当期の3月1日に引渡しを受けているので、当期1か月経過しています。

（建　　物）1,800,000　（建設仮勘定）1,200,000
　　　　　　　　　　　（当座預金）　600,000

建物：¥3,000,000 + ¥1,800,000 = ¥4,800,000
当座預金：¥786,000 + ¥49,800 − ¥600,000
　　　　　= ¥235,800

決算整理事項

1．貸倒引当金の設定

貸倒引当金設定額
　受取手形：¥170,000 × 2% = ¥3,400
　売掛金　：¥410,000 × 2% = ¥8,200
貸倒引当金繰入額
　（¥3,400 + ¥8,200）− ¥7,000 = ¥4,600

（貸倒引当金繰入）4,600　（貸倒引当金）4,600

2．売上原価の算定

期末帳簿棚卸高：@¥90 × 352個 = ¥31,680
棚卸減耗損：@¥90 × (352個 − 350個) = ¥180
商品評価損：(@¥90 − @¥85) × 350個 = ¥1,750

（仕　　入）30,000　（繰越商品）30,000
（繰越商品）31,680　（仕　　入）31,680
（棚卸減耗損）　180　（繰越商品）　　180

（商品評価損）	1,750	（繰 越 商 品）	1,750
（仕　　　入）	180	（棚 卸 減 耗 損）	180
（仕　　　入）	1,750	（商 品 評 価 損）	1,750

＊売上原価を仕入勘定で算定し、棚卸減耗損を売上原価に算入すると仮定

商品：￥31,680 − ￥180 − ￥1,750 = **￥29,750**

３．減価償却

建物
既存分
$$￥3,000,000 ÷ 30年 = ￥100,000$$
当期取得分
$$￥1,800,000 ÷ 30年 × \frac{1か月}{12か月} = ￥5,000$$
合　計：￥100,000 + ￥5,000 = ￥105,000

（減価償却費）	105,000	（建物減価償却累計額）	105,000

備品
償却率：$\frac{1}{10年} × 200\% = 0.2$

$$（￥600,000 − ￥216,000）× 0.2 = ￥76,800$$

（減価償却費）	76,800	（備品減価償却累計額）	76,800

建物減価償却累計額：￥800,000 + ￥105,000
= ￥905,000
備品減価償却累計額：￥216,000 + ￥76,800
= ￥292,800

> **！ここに注意**
>
> ・200％定率法
> 償却率：$\frac{1}{耐用年数} × 200\%$

４．有価証券の評価

(1) 子会社株式・関連会社株式
　支配目的で保有している場合、子会社株式となり、影響力行使目的で保有している場合、関連会社株式となります。
　子会社株式と関連会社株式については、期末に取得原価で評価します。そのため、仕訳なしとなります。B/S上、合わせて関係会社株式として表示します。

(2) 満期保有目的債券
　額面総額と帳簿価額との差額を５年間で償却します。
$$（￥800,000 − ￥788,000）÷ 5年 = ￥2,400$$

（満期保有目的債券）	2,400	（有価証券利息）	2,400

　満期保有目的債券とその他有価証券は、B/S上、投資有価証券として表示します。
　満期保有目的債券：￥788,000 + ￥2,400
= ￥790,400

５．退職給付引当金
　当期繰入額を費用計上します。

（退職給付費用）	92,500	（退職給付引当金）	92,500

　退職給付引当金：￥260,000 + ￥92,500
= ￥352,500

６．借入利息の未払計上
　当期の費用として７か月分（×8年9月1日～×9年3月31日）の利息を計上します。
$$￥800,000 × 1.2\% × \frac{7か月}{12か月} = ￥5,600$$

（支 払 利 息）	5,600	（未 払 利 息）	5,600

　支払利息：￥4,450 + ￥5,600 = ￥10,050

７．未払法人税等

（法人税、住民税及び事業税）	125,000	（仮払法人税等）	67,000
		（未払法人税等）	58,000

　当期純利益：￥355,000 − ￥125,000 = ￥230,000
　繰越利益剰余金：￥100,000 + ￥230,000
= ￥330,000

解答 ▶ **第2回 損益計算書作成1** ➡ 問題20ページ

損 益 計 算 書
(自×8年4月1日 至×9年3月31日)

(単位：円)

Ⅰ 売 上 高			6,580,000
Ⅱ 売 上 原 価			
1 商 品 期 首 棚 卸 高	(330,000)		
2 当 期 商 品 仕 入 高	(5,450,000)		
合 計	(5,780,000)		
3 商 品 期 末 棚 卸 高	(360,000)		
差 引	(5,420,000)		
4 (棚 卸 減 耗 損)	(4,800)		
5 商 品 評 価 損	(2,220)	(5,427,020)	
売 上 総 利 益		(1,152,980)	
Ⅲ 販 売 費 及 び 一 般 管 理 費			
1 給 料	280,000		
2 広 告 宣 伝 費	60,000		
3 減 価 償 却 費	(162,500)		
4 消 耗 品 費	155,000		
5 保 険 料	10,000		
6 貸 倒 引 当 金 繰 入	(6,420)		
7 貸 倒 損 失	(9,000)		
8 (ソ フ ト ウ ェ ア) 償 却	(60,000)	(742,920)	
営 業 利 益		(410,060)	
Ⅳ 営 業 外 収 益			
1 有 価 証 券 評 価 益		(11,400)	
Ⅴ 営 業 外 費 用			
1 支 払 利 息	(8,100)		
2 (手 形 売 却 損)	(3,400)	(11,500)	
経 常 利 益		(409,960)	
Ⅵ 特 別 利 益			
1 (固 定 資 産 売 却 益)		(70,000)	
Ⅶ 特 別 損 失			
1 (火 災 損 失)		(100,000)	
税 引 前 当 期 純 利 益		(379,960)	
法人税、住民税及び事業税		(133,000)	
当 期 純 利 益		(246,960)	

(注)「**固定資産売却益**」は、「**土地売却益**」でも可。
「**火災損失**」は、「**災害損失**」でも可。

予想配点 ▨ 1つにつき2点。
合計20点。

解説

未処理事項の処理

1．未決算

「未決算の金額＞保険金の決定額」となるので、差額を「火災損失」で処理します。

¥700,000 − ¥800,000 = △¥100,000（損）

（未 収 入 金）700,000	（未 決 算）800,000
（火 災 損 失）100,000	

2．土地の売却

土地の売却の処理が未記帳であるため、処理します。

（当 座 預 金）190,000	（土 地）120,000
	（固定資産売却益）70,000

決算整理事項の処理

1．貸倒引当金の設定（差額補充法）

（¥400,000 + ¥671,000）× 2 % = ¥21,420

繰入額

¥21,420 − ¥15,000 = ¥6,420

（貸倒引当金繰入）6,420	（貸 倒 引 当 金）6,420

2．売上原価の計算（仕入勘定で処理すると仮定）

損益計算書の「商品期末棚卸高」には、帳簿棚卸高を記入します。

帳簿棚卸高：@¥800 × 450個 = ¥360,000

棚卸減耗損

@¥800 ×（450個 − 444個）= ¥4,800
帳簿価額　帳簿数量　実地数量

商品評価損

（@¥800 − @¥795）× 444個 = ¥2,220
帳簿価額　正味売却価額　実地数量

（仕 入）330,000	（繰 越 商 品）330,000
（繰 越 商 品）360,000	（仕 入）360,000
（棚 卸 減 耗 損）4,800	（繰 越 商 品）4,800
（商 品 評 価 損）2,220	（繰 越 商 品）2,220
（仕 入）4,800	（棚 卸 減 耗 損）4,800
（仕 入）2,220	（商 品 評 価 損）2,220

3．減価償却費の計上

建物（耐用年数30年、残存価額ゼロ、定額法）

¥1,500,000 ÷ 30年 = ¥50,000

備品（償却率25%、定率法）

（¥600,000 − ¥150,000）× 25% = ¥112,500

（減価償却費）162,500	（建物減価償却累計額）50,000
	（備品減価償却累計額）112,500

4．ソフトウェアの償却

6月1日に取得しているため、10か月分の償却費を計上します。

償却費：$¥360,000 ÷ 5年 × \dfrac{10か月}{12か月} = ¥60,000$

（ソフトウェア償却）60,000	（ソフトウェア）60,000

5．売買目的有価証券の評価

売買目的有価証券については期末に時価評価し、評価差額は有価証券評価損（益）として処理します。

（¥80,000 + ¥231,400）−（¥100,000 + ¥200,000）
= ¥11,400

（売買目的有価証券）11,400	（有価証券評価益）11,400

6．長期借入金

当期の費用として9か月分（×8年7月1日〜×9年3月31日）の利息を未払計上します。

$¥900,000 × 1.2% × \dfrac{9か月}{12か月} = ¥8,100$

（支 払 利 息）8,100	（未 払 利 息）8,100

7．法人税、住民税及び事業税

「法人税、住民税及び事業税」の金額は、「仮払法人税等」と「未払法人税等」の合計となります。

¥55,000 + ¥78,000 = ¥133,000
仮払法人税等　未払法人税等

（法人税,住民税及び事業税）133,000	（仮払法人税等）55,000
	（未払法人税等）78,000

解答　第3回　精算表作成　➡ 問題22ページ

精　算　表　（単位：円）

勘定科目	試算表 借方	試算表 貸方	修正記入 借方	修正記入 貸方	損益計算書 借方	損益計算書 貸方	貸借対照表 借方	貸借対照表 貸方
現　　　金	58,000						58,000	
当 座 預 金	129,300						129,300	
受 取 手 形	106,000						106,000	
売　掛　金	170,000						170,000	
繰 越 商 品	308,000		272,200	308,000			249,500	
				13,200				
				9,500				
仮　払　金	30,000			30,000				
建　　　物	750,000		120,000				870,000	
備　　　品	530,000						530,000	
建 設 仮 勘 定	240,000			160,000			80,000	
満期保有目的債券	596,000		1,000				597,000	
支 払 手 形		27,000						27,000
買　掛　金		100,000		1,000				101,000
退職給付引当金		180,000	30,000	50,000				200,000
貸 倒 引 当 金		2,500		260				2,760
建物減価償却累計額		237,500		28,000				265,500
備品減価償却累計額		190,800		67,840				258,640
資　本　金		1,392,000						1,392,000
繰越利益剰余金		437,500						437,500
売　　　上		2,980,000				2,980,000		
有価証券利息		3,000		1,000		4,000		
仕　　　入	2,070,000			2,070,000				
給　　　料	430,000				430,000			
水 道 光 熱 費	103,000				103,000			
保　険　料	30,000			8,000	22,000			
	5,550,300	5,550,300						
売 上 原 価			308,000	272,200	2,105,800			
			2,070,000					
商 品 評 価 損			9,500		9,500			
棚 卸 減 耗 損			13,200		13,200			
貸倒引当金(繰入)額			260		260			
減 価 償 却 費			95,840		95,840			
退 職 給 付 費 用			50,000		50,000			
修　繕　費			40,000		40,000			
(前　払)保険料			8,000				8,000	
為 替 差 損 益			1,000		1,000			
当期純(利　益)					113,400			113,400
			3,019,000	3,019,000	2,984,000	2,984,000	2,797,800	2,797,800

予想配点　■ 1つにつき2点。合計20点。

解答・解説編

解 説

「精算表の作成」が問われています。決算にさいし、(残高)試算表をもとに決算整理を行い、損益計算書および貸借対照表に記載する金額を確定させます。精算表は、この一連の流れを表にまとめたものです。

これ以上、金額の増減がないと判断できたら、(残高)試算表欄の金額に修正記入欄の金額を加減して、損益計算書欄または貸借対照表欄に金額を記入していきましょう。

未処理事項の処理

(1) 建設仮勘定

建設仮勘定￥160,000のうち、￥120,000は建物、￥40,000は修繕費として処理します。なお、建物として処理したものは、決算日の6か月前から使用開始されていることに注意しましょう。

（建 物）120,000　（建設仮勘定）160,000
（修 繕 費）40,000

貸借対照表欄

建物：￥750,000 + ￥120,000 = ￥870,000

建設仮勘定：￥240,000 - ￥160,000 = ￥80,000

(2) 仮払金

退職給付引当金の取崩しの未処理と判明したので、退職給付引当金を取り崩します。なお、退職給付引当金は、[資料Ⅱ](6)において、金額の増減があります。

（退職給付引当金）30,000　（仮 払 金）30,000

決算整理事項の処理

(1) 売上原価の算定

売上原価は「売上原価」の行で計算することに注意しましょう。商品Bは、「原価＜正味売却価額」となるので、商品評価損は計上しません。

帳簿棚卸高
　商品A：@￥500×200個 = ￥ 100,000
　商品B：@￥410×420個 = ￥ 172,200
　　　　　合 計　　　　　￥ 272,200

棚卸減耗損
　商品A：@￥500×(200個 - 190個) = ￥ 5,000
　商品B：@￥410×(420個 - 400個) = ￥ 8,200
　　　　　　　　合 計　　　　　　￥ 13,200

商品評価損
　商品A：(@￥500 - @￥450)×190個 = ￥9,500

（売 上 原 価）308,000　（繰 越 商 品）308,000
（売 上 原 価）2,070,000　（仕 入）2,070,000
（繰 越 商 品）272,200　（売 上 原 価）272,200
（棚 卸 減 耗 損）13,200　（繰 越 商 品）13,200
（商 品 評 価 損）9,500　（繰 越 商 品）9,500

損益計算書欄

売上原価：￥308,000 + ￥2,070,000 - ￥272,200
　　　　 = ￥2,105,800

貸借対照表欄

繰越商品：￥308,000 - ￥308,000 + ￥272,200
　　　　　 - ￥13,200 - ￥9,500 = ￥249,500

(2) 貸倒引当金の設定（差額補充法）

設定額：(￥106,000 + ￥170,000) × 1 %
　　　　　受取手形　　　売掛金
　　　 = ￥2,760

繰入額：￥2,760 - ￥2,500 = ￥260

（貸倒引当金繰入額）260　（貸 倒 引 当 金）260

貸借対照表欄

貸倒引当金：￥2,500 + ￥260 = ￥2,760

(3) 有形固定資産の減価償却

建物

既存分
　￥750,000 ÷ 30年 = ￥25,000

当期の増改築工事による増加部分
　当期経過月数：6か月
　残存耐用年数：20年（= 30年 - 10年）

　$￥120,000 ÷ 20年 × \dfrac{6か月}{12か月} = ￥3,000$

合計：￥25,000 + ￥3,000 = ￥28,000

備品
　(￥530,000 - ￥190,800) × 20% = ￥67,840

（減 価 償 却 費）95,840　（建物減価償却累計額）28,000
　　　　　　　　　　　　　（備品減価償却累計額）67,840

ヨコ解き
解 答

第1問

第2問

第3問

第4問
(1)

第4問
(2)

第5問

105

貸借対照表欄

建物減価償却累計額：¥237,500 + ¥28,000
= ¥265,500

備品減価償却累計額：¥190,800 + ¥67,840
= ¥258,640

⑷満期保有目的債券の評価替え（償却原価法）

償還期間は5年ですが、前期首に取得し1年経過しているため、残り4年で償却します。

償却額：（¥600,000 − ¥596,000）÷ 4年
= ¥1,000

（満期保有目的債券）　1,000　（有価証券利息）　1,000

損益計算書欄

有価証券利息：¥3,000 + ¥1,000 = ¥4,000

貸借対照表欄

満期保有目的債券：¥596,000 + ¥1,000
= ¥597,000

⑸買掛金の換算替え

ドル建買掛金200ドルを決算時の為替相場で換算替えを行い、差額を為替差損益として処理します。

換算後の円建ての金額：@¥115×200ドル
= ¥23,000

為替差損益：¥23,000 − ¥22,000 = ¥1,000（損）

（為替差損益）　1,000　（買　掛　金）　1,000

貸借対照表欄

買掛金：¥100,000 + ¥1,000 = ¥101,000

⑹退職給付引当金

退職給付引当金の残高が¥200,000となるように計上します。なお、[資料Ⅰ] ⑵において、退職給付引当金を取り崩していることに注意しましょう。

計上額：¥200,000 −（ ¥180,000 − ¥30,000）
未処理事項⑵
= ¥50,000

（退職給付費用）　50,000　（退職給付引当金）　50,000

貸借対照表欄

退職給付引当金：¥180,000 − ¥30,000 + ¥50,000
= ¥200,000

⑺保険料の前払い

当期中の12月1日に1年分の火災保険料を支払っているため、翌期分となる8か月分を前払計上します。

前払額：$¥12,000 × \dfrac{8か月}{12か月} = ¥8,000$

（前払保険料）　8,000　（保　険　料）　8,000

損益計算書欄

保険料：¥30,000 − ¥8,000 = ¥22,000

未処理事項および決算整理事項において、金額の増減がなかった項目については、（残高）試算表欄の金額を損益計算書欄または貸借対照表欄に記載します。

当期純利益の算定

損益計算書欄の貸借差額から当期純利益（または損失）を算定し、貸借対照表欄の貸借差額から算定した当期純利益（または純損失）と一致することを確認しましょう。

損益計算書欄

¥2,984,000 − ¥2,870,600 = ¥113,400（利益）
収益合計　　　費用合計

一致

貸借対照表欄

¥2,797,800 − ¥2,684,400 = ¥113,400（利益）
資産合計　　　負債・純資産合計

解答 ➤ **第4回 損益計算書作成2** ➡ 問題24ページ

損 益 計 算 書

（自×7年4月1日　至×8年3月31日）

（単位：円）

Ⅰ	売 上 高			(	49,017,000)
Ⅱ	売 上 原 価				
	1	期首商品棚卸高	(3,800,000)		
	2	当期商品仕入高	(32,651,000)		
		合 計	(36,451,000)		
	3	期末商品棚卸高	(4,200,000)		
		差 引	(32,251,000)		
	4	(棚 卸 減 耗 損)	(180,000)		
	5	商 品 評 価 損	(190,000)	(32,621,000)	
		売 上 総 利 益		(16,396,000)	
Ⅲ	販売費及び一般管理費				
	1	給 料	9,608,300		
	2	水 道 光 熱 費	746,500		
	3	保 険 料	(360,000)		
	4	減 価 償 却 費	(463,500)		
	5	貸 倒 損 失	(30,000)		
	6	貸倒引当金繰入	(35,700)	(11,244,000)	
		営 業 利 益		(5,152,000)	
Ⅳ	営 業 外 収 益				
	1	受 取 利 息	(100,000)		
	2	有価証券（評価益）	(50,000)	(150,000)	
Ⅴ	営 業 外 費 用				
	1	支 払 利 息	288,000		
	2	貸倒引当金繰入	(150,000)		
	3	有価証券売却損	964,000	(1,402,000)	
		経 常 利 益		(3,900,000)	
Ⅵ	特 別 利 益				
	1	(負ののれん発生益)		(100,000)	
		税引前当期純利益		(4,000,000)	
		法人税、住民税及び事業税		(1,000,000)	
		当 期 純 利 益		(3,000,000)	

予想配点　■1つにつき2点。合計20点。

解説

決算にあたっての修正事項
1．売上の計上（検収基準）
収益の認識は検収基準にもとづいているため、京都商事に納入した70,000円は当期の収益として計上します。

（売　掛　金）70,000　（売　　　　上）70,000

なお、売掛金の増加は貸倒引当金の設定額に影響するため、注意しましょう。

> **ここに注意**
> ・検収基準の場合、検収が完了した時点で収益を認識する

2．貸倒れの処理
貸し倒れた売掛金のうち30,000円は当期に販売した商品に係るものなので「貸倒損失」、残額は前期以前のものと判断できるため、「貸倒引当金」を充当します。

（貸 倒 損 失）30,000　（売　掛　金）50,000
（貸倒引当金）20,000

なお、売掛金の減少は貸倒引当金の設定額に、貸倒引当金の取崩しは貸倒引当金の繰入額に影響するため、注意しましょう。

決算整理事項
1．売上原価の計算および商品の評価
期末商品帳簿棚卸高4,200,000円は、［資料2］1．の売上に係る原価を控除済みとあるので、正しい金額です。この金額から棚卸減耗損および商品評価損の金額を差し引きます。

（仕　　　　入）3,800,000　（繰 越 商 品）3,800,000
（繰 越 商 品）4,200,000　（仕　　　　入）4,200,000
（棚卸減耗損）180,000　（繰 越 商 品）370,000
（商品評価損）190,000
（仕　　　　入）370,000　（棚卸減耗損）180,000
　　　　　　　　　　　　　（商品評価損）190,000

※売上原価は仕入勘定で算定していると仮定

2．貸倒引当金の設定（差額補充法）
債権により貸倒引当金の設定率が異なります。

(1) 貸倒引当金設定額
クレジット売掛金：1,800,000円×0.5％＝9,000円
受取手形：3,087,000円×1％＝30,870円
売掛金：(5,163,000円＋70,000円−50,000円)×1％
　　　＝51,830円

(2) 貸倒引当金繰入額
(9,000円＋30,870円＋51,830円)−(76,000円−20,000円)
＝35,700円（販売費及び一般管理費）

（貸倒引当金繰入）35,700　（貸倒引当金）35,700

> **ここに注意**
> ・決算整理により、売掛金と貸倒引当金が修正されていることに注意する

3．減価償却費の計上
(1) 建物
①当期取得分
期末までの使用月数に応じて月割計算します。

$$3,240,000円 \div 40年 \times \frac{2カ月}{12カ月} = 13,500円$$

②前期以前取得分
決算整理前残高試算表の建物7,240,000円のうち3,240,000円は、当期に取得した建物の金額なので、残額4,000,000円が前期以前に取得した分となります。

4,000,000円×0.9÷40年＝90,000円

(2) 車両運搬具

$$2,000,000円 \times 0.9 \times \frac{40,000km}{200,000km} = 360,000円$$

（減価償却費）463,500　（建物減価償却累計額）103,500
　　　　　　　　　　　（車両運搬具減価償却累計額）360,000

4．有価証券の評価替え
売買目的有価証券およびその他有価証券は、期末における時価で評価替えを行います。

(1) 売買目的有価証券
600,000円 − 550,000円 ＝ 50,000円（評価益）
　時価　　　簿価

（売買目的有価証券）50,000　（有価証券評価益）50,000

(2) その他有価証券

$$\underset{\text{時価}}{750,000円} - \underset{\text{簿価}}{720,000円} = 30,000円（評価益相当）$$

（その他有価証券）30,000　（その他有価証券評価差額金）30,000

　その他有価証券の評価差額は直接、貸借対照表に計上するため、本問の解答には影響しません。

5．保険料の前払計上

　毎年同額を6月1日に向こう1年分をまとめて支払っているということは、前期末に前払計上して期首に再振替仕訳した2カ月分と、当期に支払った際に計上した12カ月分の合計14カ月分が決算整理前残高試算表に計上されていることになります。そのため、14カ月分のうち2カ月分を繰り延べます。

$$420,000円 \times \frac{2カ月}{14カ月} = 60,000円$$

（前払保険料）60,000　（保　険　料）60,000

6．貸付金の処理

(1) 貸倒引当金の設定

　当期に貸し付けたものなので、貸倒引当金の設定額がそのまま貸倒引当金繰入となります。

（貸倒引当金繰入）150,000　（貸倒引当金）150,000

5,000,000円 × 3％ = 150,000円（営業外費用）

(2) 未収利息の計上

　当期の11月1日に貸し付けているので、当期に係る5カ月分の利息を未収計上します。

（未 収 利 息）100,000　（受 取 利 息）100,000

$$5,000,000円 \times 4.8\% \times \frac{5カ月}{12カ月} = 100,000円$$

7．当期純利益の算定

　損益計算書上で税引前当期純利益を求め、税引前当期純利益の25％が1,000,000円となることを確認し、「法人税、住民税及び事業税」に計上します。

（法人税、住民税及び事業税）1,000,000　（仮払法人税等）400,000
　　　　　　　　　　　　　　　　　　（未払法人税等）600,000

税引前当期純利益：4,000,000円
法人税、住民税及び事業税：4,000,000円 × 25％
　　　　　　　　　　　　　＝ 1,000,000円
当期純利益：4,000,000円 － 1,000,000円
　　　　　　　＝ 3,000,000円

ヨコ解き
解　答

第1問

第2問

第3問

第4問
(1)

第4問
(2)

第5問

解 答 ▶ **第5回 貸借対照表作成2** ➡ 問題26ページ

貸 借 対 照 表

株式会社神戸商会 20×9年3月31日 （単位：円）

資 産 の 部

I	流 動 資 産		
	現 金 及 び 預 金		(7,338,000)
	売 掛 金	(9,220,000)	
	貸 倒 引 当 金	(92,200)	(9,127,800)
	商 品		(8,500,000)
	未 収 入 金		(1,540,000)
	流 動 資 産 合 計		(26,505,800)
II	固 定 資 産		
	建 物	15,000,000	
	減 価 償 却 累 計 額	(5,500,000)	(9,500,000)
	備 品	7,200,000	
	減 価 償 却 累 計 額	(1,200,000)	(6,000,000)
	投 資 有 価 証 券		(7,700,000)
	固 定 資 産 合 計		(23,200,000)
	資 産 合 計		(49,705,800)

負 債 の 部

I	流 動 負 債		
	買 掛 金		9,556,000
	未 払 法 人 税 等		(1,221,500)
	未 払 消 費 税		(1,216,000)
	流 動 負 債 合 計		(11,993,500)
II	固 定 負 債		
	（ 繰 延 税 金 負 債 ）		(125,000)
	固 定 負 債 合 計		(125,000)
	負 債 合 計		(12,118,500)

純 資 産 の 部

I	株 主 資 本		
	資 本 金		27,000,000
	繰 越 利 益 剰 余 金		(9,987,300)
	株 主 資 本 合 計		(36,987,300)
II	評 価・換 算 差 額 等		
	その他有価証券評価差額金		(600,000)
	評 価・換 算 差 額 等 合 計		(600,000)
	純 資 産 合 計		(37,587,300)
	負 債 純 資 産 合 計		(49,705,800)

予想配点 ☐ 1つにつき2点。
合計20点。

解説

決算にあたっての修正事項

1．火災未決算の処理

減失した資産の帳簿価額（火災未決算の金額）＞保険金の確定額なので、差額を火災損失として処理します。

火災損失：￥3,600,000 － ￥1,540,000
　　　　　＝ ￥2,060,000

（未 収 入 金）1,540,000	（火災未決算）3,600,000
（火 災 損 失）2,060,000	

2．売掛金の回収

（当 座 預 金）740,000	（売　掛　金）740,000

売掛金：￥9,960,000 － ￥740,000 ＝ ￥9,220,000
現金預金：￥6,598,000 ＋ ￥740,000
　　　　　＝ ￥7,338,000

決算整理事項等

1．売上原価の算定

（仕　　　　入）8,400,000	（繰 越 商 品）8,400,000
（繰 越 商 品）8,900,000	（仕　　　　入）8,900,000
（商品評価損）170,000	（繰 越 商 品）170,000
（棚卸減耗損）230,000	（繰 越 商 品）230,000
（仕　　　　入）170,000	（商品評価損）170,000
（仕　　　　入）230,000	（棚卸減耗損）230,000

＊　売上原価を仕入勘定で算定すると仮定

商品：￥8,900,000 － ￥170,000 － ￥230,000
　　　＝ ￥8,500,000
売上原価：￥8,400,000 ＋ ￥67,500,000
　　　　　－ ￥8,900,000 ＋ ￥170,000
　　　　　＋ ￥230,000 ＝ ￥67,400,000

2．貸倒引当金の設定（売上債権）

設定額
　　￥9,220,000 × $\frac{10}{1,000}$ ＝ ￥92,200
繰入額
　　￥92,200 － ￥12,000 ＝ ￥80,200

（貸倒引当金繰入）80,200	（貸 倒 引 当 金）80,200

貸倒引当金（流動資産）：￥12,000 ＋ ￥80,200
　　　　　　　　　　　＝ ￥92,200

3．減価償却

建物
　　￥15,000,000 ÷ 30年 ＝ ￥500,000

（減価償却費）500,000	（建物減価償却累計額）500,000

備品
　　会計上：￥7,200,000 ÷ 6 年 ＝ ￥1,200,000
　　税務上：￥7,200,000 ÷ 8 年 ＝ ￥　900,000
　　損金算入限度超過額　　　　　￥　300,000
　　繰延税金資産：￥300,000 × 25％ ＝ ￥75,000

（減価償却費）1,200,000	（備品減価償却累計額）1,200,000
（繰延税金資産）　75,000	（法人税等調整額）　75,000

建物減価償却累計額：￥5,000,000 ＋ ￥500,000
　　　　　　　　　　＝ ￥5,500,000
減価償却費：￥300,000 ＋ ￥500,000 ＋ ￥1,200,000
　　　　　　＝ ￥2,000,000

4．消費税の処理（税抜方法）

仮受消費税＞仮払消費税なので、差額を未払消費税で処理します。

未払消費税：￥7,280,000 － ￥6,064,000
　　　　　　＝ ￥1,216,000

（仮受消費税）7,280,000	（仮 払 消 費 税）6,064,000
	（未 払 消 費 税）1,216,000

5．その他有価証券の評価

洗替処理

（その他有価証券）100,000	（繰延税金資産）　25,000
	（その他有価証券評価差額金）75,000

期末の評価替え
　　時価：￥7,700,000
　　取得原価：￥6,800,000 ＋ ￥100,000
　　　　　　　＝ ￥6,900,000
　　評価差額：￥7,700,000 － ￥6,900,000
　　　　　　　＝ ￥800,000（評価益相当）
　　繰延税金負債：￥800,000 × 25％ ＝ ￥200,000
　　その他有価証券評価差額金
　　　　￥800,000 － ￥200,000 ＝ ￥600,000

（その他有価証券）800,000	（繰延税金負債）200,000
	（その他有価証券評価差額金）600,000

投資有価証券：¥6,800,000 + ¥100,000
　　　　　　＋¥800,000 = **¥7,700,000**

６．未払法人税等

（法人税、住民税及び事業税）1,941,500	（仮払法人税等　）　720,000
	（未払法人税等　）1,221,500

損 益 計 算 書

税引前当期純利益		6,661,800
法人税、住民税及び事業税	1,941,500	
法 人 税 等 調 整 額	△75,000	1,866,500
		4,795,300

※　会計と税務の差異には交際費の損金不算入や配
　　当金の益金不算入など永久に解消されないものが
　　あるため、税引前利益と調整後の法人税等は必ず
　　しも実効税率で対応するとは限りません。

法人税、住民税及び事業税

　¥1,941,500 − ¥75,000（法人税等調整額）
　　＝¥1,866,500

当期純利益：¥6,661,800 − ¥1,866,500
　　　　　　＝¥4,795,300

繰越利益剰余金：¥5,192,000 + ¥4,795,300
　　　　　　　　＝**¥9,987,300**

７．繰延税金資産と繰延税金負債の相殺

　繰延税金資産：¥75,000
　繰延税金負債：¥200,000
　繰延税金資産＜繰延税金負債なので、差額
を繰延税金負債として貸借対照表に表示しま
す。

　（繰延税金負債）：¥200,000 − ¥75,000
　　　　　　　　　　＝**¥125,000**（固定負債）

解答 ▶ **第6回 損益計算書作成3** ➡ 問題28ページ

損 益 計 算 書
自×6年4月1日 至×7年3月31日

(単位:円)

I	売 上 高			(16,982,450)
II	売 上 原 価			
	1 期首商品棚卸高	(3,316,600)		
	2 当期商品仕入高	(11,640,000)		
	合 計	(14,956,600)		
	3 期末商品棚卸高	(3,197,000)		
	差 引	(11,759,600)		
	4 棚 卸 減 耗 損	(10,000)	(11,769,600)	
	売 上 総 利 益		(5,212,850)	
III	販売費及び一般管理費			
	1 給 料	(3,520,000)		
	2 旅 費 交 通 費	368,400		
	3 水 道 光 熱 費	320,000		
	4 通 信 費	260,000		
	5 保 険 料	120,000		
	6 減 価 償 却 費	(90,000)		
	7 (の れ ん 償 却)	(2,000)		
	8 貸 倒 引 当 金 繰 入	(24,050)		
	9 貸 倒 損 失	(8,000)	(4,712,450)	
	営 業 利 益		(500,400)	
IV	営 業 外 収 益			
	1 受 取 利 息	19,900		
	2 有 価 証 券 売 却 益	1,500	21,400	
V	営 業 外 費 用			
	1 支 払 利 息		42,800	
	経 常 利 益		(479,000)	
VI	特 別 利 益			
	1 固 定 資 産 売 却 益		25,000	
VII	特 別 損 失			
	1 (固 定 資 産 除 却 損)		(4,000)	
	税 引 前 当 期 純 利 益		(500,000)	
	法人税、住民税及び事業税		(150,000)	
	当 期 純 利 益		(350,000)	

予想配点 1つにつき2点。合計20点。

解説

1．未処理事項の処理

(1) 手形の銀行未落 (不渡り)

受取手形について、満期日において預金口座に入金される処理を行っていましたが、銀行未落 (不渡り) となっていたため、入金処理を取り消す仕訳を行います。

(受 取 手 形) 8,000 (現 金 預 金) 8,000

そして、当該受取手形を「不渡手形」に振り替えます。

(不 渡 手 形) 8,000 (受 取 手 形) 8,000

(2) 売上返品

(売　　　上) 15,000 (売 掛 金) 15,000

2．決算整理事項

(1) 不渡手形の貸倒処理

問題文の指示にしたがい、上記1．(1)の「不渡手形」について、全額「貸倒損失」に計上します。

(貸 倒 損 失) 8,000 (不 渡 手 形) 8,000

(2) 貸倒引当金の設定

受取手形および売掛金の残高の1％が貸倒引当金の残高になるように設定します。なお、[資料Ⅱ]の1．および2．を考慮することに注意が必要です。

(188,000円＋8,000円－8,000円＋2,472,000円
－15,000円) × 1 ％＝26,450円
26,450円－2,400円＝24,050円

(貸倒引当金繰入) 24,050 (貸倒引当金) 24,050

> **！ここに注意**
> ・受取手形・売掛金の変動分を考慮してから設定する

(3) 経過勘定に関する処理

期首において再振替仕訳を行っていないため、当期末において再振替仕訳を行い、さらに給料の未払計上をします。

(未 払 費 用) 355,000 (給　　　料) 355,000
(給　　　料) 375,000 (未 払 費 用) 375,000

> **！ここに注意**
> ・月次決算を行っている場合、費用の未払に関する処理は年度末のみに行うことがある

(4) 売上原価の計算および商品の評価

P／L上の期末商品棚卸高には、期末帳簿棚卸高の金額を計上し、「差引」の金額に棚卸減耗損および商品評価損の金額を加算します。

なお、本問においては[資料Ⅱ]2．の返品分が実地棚卸高にのみ含まれており、期末帳簿棚卸高には含まれていないことからまず正しい期末帳簿棚卸高を求めます。

3,185,000円＋12,000円＝3,197,000円

棚卸減耗損は期末帳簿棚卸高から実地棚卸高を差し引いて計算します。

3,197,000円－3,187,000円＝10,000円

(仕　　　入) 3,316,600 (繰 越 商 品) 3,316,600
(繰 越 商 品) 3,197,000 (仕　　　入) 3,197,000
(棚 卸 減 耗 損) 10,000 (繰 越 商 品) 10,000
(仕　　　入) 10,000 (棚 卸 減 耗 損) 10,000

> **！ここに注意**
> ・売上原価の期末商品棚卸高には期末帳簿棚卸高が入る

(5) 減価償却

期首に所有している固定資産の減価償却費は4月～2月分まで毎月見積り計上しています。よって3月分については追加で計上します。また、実際と見積りで差額が生じる場合は追加で減価償却費を計上する必要があります。ただし、本問では差額は生じていません。

建物：

1,440,000円÷30年＝48,000円

（当期に計上する減価償却費）

48,000円÷12カ月＝4,000円/月

見積 4,000円/月 　　差額なし

備品：

備品の減価償却方法が定率法であるため、まず期首における帳簿価額を算定するために、期首の備品減価償却累計額を計算する必要があります。

3,500円×11カ月＝38,500円

（当期に見積り計上した金額）

128,500円－38,500円＝90,000円

（期首における備品減価償却累計額）

（300,000円－90,000円）×20％＝42,000円

（当期に計上する減価償却費）

42,000円÷12カ月＝3,500円/月

見積3,500円/月 　　差額なし

（減価償却費）	7,500	（建物減価償却累計額）	4,000
		（備品減価償却累計額）	3,500

！ここに注意

- 期中において見積もり計上しているため実際発生額を計算する
  備品：定率法なので、まずは期首における帳簿価額を算定する

(6) 建設仮勘定に含まれる中古建物の除却

「建設仮勘定」を減らし、「固定資産除却損」を計上します。

（固定資産除却損）	4,000	（建設仮勘定）	4,000

(7) のれんの償却

のれんは当期首より3年前の×3年4月1日に生じたものであるので、すでに3年分償却が済んでいることに注意して下さい。

（のれん償却）	2,000	（の れ ん）	2,000

14,000円÷7年＝2,000円

(8) 法人税、住民税及び事業税

損益計算書の税引前当期純利益の30％が法人税、住民税及び事業税の金額になるように計上します。

500,000円×30％＝150,000円

（法人税、住民税及び事業税）	150,000	（未払法人税等）	150,000

| 解答 | 第7回　本支店会計1 | | | | ➡ 問題30ページ |

損　　　益

日	付	摘　　要	金　額	日	付	摘　　要	金　額
3	31	仕　　　入	3,687,000	3	31	売　　　上	7,700,000
3	31	棚 卸 減 耗 損	23,100	3	31	受 取 手 数 料	91,700
3	31	商 品 評 価 損	19,400	3	31	支　　　店	247,900
3	31	支 払 家 賃	720,000				
3	31	給　　　料	900,000				
3	31	広 告 宣 伝 費	778,000				
3	31	減 価 償 却 費	160,000				
3	31	貸倒引当金繰入	80				
3	31	支 払 利 息	56,000				
3	31	(繰越利益剰余金)	1,696,020				
			8,039,600				8,039,600

予想配点 ▨ 1つにつき2点。合計20点。

解説

　本店の損益勘定への記入が問われています。本店の損益項目のみ記入することになるので注意しましょう。本店の損益勘定への記入にあたり、**支店の損益を算定する必要**があります。

未処理事項等の処理
(1) 売掛金の回収
本店の仕訳

（現 金 預 金）60,000 （売 　掛 　金）60,000

本店
　売掛金：¥1,098,000 - ¥60,000 = ¥1,038,000

(2) 商品の移送（本店 → 支店）
本店の仕訳

（支 　　　店）110,000 （仕 　　　入）110,000

支店の仕訳

（仕 　　　入）110,000 （本 　　　店）110,000

決算整理事項等の処理
(1) 売上原価の算定（仕入勘定で計算）
　支店の商品は、「原価＜正味売却価額」となるので、商品評価損は計上しません。

帳簿棚卸高
　本店：@¥770 × 1,000個 = ¥770,000
　支店：@¥550 × 800個 = ¥440,000
棚卸減耗損
　本店：@¥770 × (1,000個 - 970個)
　　　= ¥23,100
　支店：@¥550 × (800個 - 785個) = ¥8,250
商品評価損
　本店：(@¥770 - @¥750) × 970個
　　　= ¥19,400

本店の仕訳

（仕 　　　入）717,000	（繰 越 商 品）717,000
（繰 越 商 品）770,000	（仕 　　　入）770,000
（棚卸減耗損）23,100	（繰 越 商 品）23,100
（商品評価損）19,400	（繰 越 商 品）19,400

支店の仕訳

（仕 　　　入）483,000	（繰 越 商 品）483,000
（繰 越 商 品）440,000	（仕 　　　入）440,000
（棚卸減耗損）8,250	（繰 越 商 品）8,250

解答・解説編

本店
仕入：¥3,850,000 − ¥110,000 + ¥717,000
　　　− ¥770,000 = ¥3,687,000
棚卸減耗損：¥23,100
商品評価損：¥19,400

支店
仕入：¥1,441,000 + ¥110,000 + ¥483,000
　　　− ¥440,000 = ¥1,594,000
棚卸減耗損：¥8,250

(2) 貸倒引当金の設定

本店の仕訳

¥1,038,000 × 1 % = ¥10,380（設定額）
¥10,380 − ¥10,300 = ¥80（繰入額）

| （貸倒引当金繰入） | 80 | （貸倒引当金） | 80 |

支店の仕訳

¥865,000 × 1 % = ¥8,650（設定額）
¥8,650 − ¥6,200 = ¥2,450（繰入額）

| （貸倒引当金繰入） | 2,450 | （貸倒引当金） | 2,450 |

本店
貸倒引当金繰入：¥80
支店
貸倒引当金繰入：¥2,450

(3) 減価償却費の計上

備品

本店の仕訳

¥600,000 ÷ 5 年 = ¥120,000

| （減価償却費） | 120,000 | （備品減価償却累計額） | 120,000 |

支店の仕訳

¥350,000 ÷ 5 年 = ¥70,000

| （減価償却費） | 70,000 | （備品減価償却累計額） | 70,000 |

車両

本店の仕訳

$¥2,000,000 × \dfrac{3,000km}{150,000km} = ¥40,000$

| （減価償却費） | 40,000 | （車両減価償却累計額） | 40,000 |

本店
減価償却費：¥120,000 + ¥40,000 = ¥160,000
支店
減価償却費：¥70,000

(4) 経過勘定項目

本店の仕訳

| （給　　料） | 70,000 | （未払給料） | 70,000 |
| （前払家賃） | 60,000 | （支払家賃） | 60,000 |

支店の仕訳

| （給　　料） | 50,000 | （未払給料） | 50,000 |
| （支払家賃） | 50,000 | （未払家賃） | 50,000 |

本店
給料：¥830,000 + ¥70,000 = ¥900,000
支払家賃：¥780,000 − ¥60,000 = ¥720,000
支店
給料：¥610,000 + ¥50,000 = ¥660,000
支払家賃：¥550,000 + ¥50,000 = ¥600,000

(5) 広告宣伝費の振替え（本店 → 支店）

本店の仕訳

| （支　　店） | 60,000 | （広告宣伝費） | 60,000 |

支店の仕訳

| （広告宣伝費） | 60,000 | （本　　店） | 60,000 |

本店
広告宣伝費：¥838,000 − ¥60,000 = ¥778,000
支店
広告宣伝費：¥59,200 + ¥60,000 = ¥119,200

(6) 支店損益の算定

答案用紙の本店の損益勘定を参考にして、支店の金額を集計し、貸借差額で純利益を計算します。

（支店）損益

仕　　入	¥ 1,594,000	売　　上	¥ 3,300,000
棚卸減耗損	¥ 8,250	受取手数料	¥ 1,800
支払家賃	¥ 600,000		
給　　料	¥ 660,000		
広告宣伝費	¥ 119,200		
減価償却費	¥ 70,000		
貸倒引当金繰入	¥ 2,450		
支店の純利益	¥ 247,900		

本店の仕訳

| （支　　店） | 247,900 | （損　　益） | 247,900 |

本店の損益勘定

ヨコ解き
解 答

第 1 問

第 2 問

第 3 問

第 4 問
(1)

第 4 問
(2)

第 5 問

117

支店の仕訳

（損　　　益）247,900　（本　　　店）247,900
　　支店の損益勘定

本店
　　支店：¥1,736,000 ＋ ¥110,000 ＋ ¥60,000
　　　　　＋ ¥247,900 ＝ ¥2,153,900

支店
　　本店：¥1,736,000 ＋ ¥110,000 ＋ ¥60,000
　　　　　＋ ¥247,900 ＝ ¥2,153,900

本店損益の算定

　答案用紙の本店の損益勘定で当期純利益以外の金額を記入し、貸借差額で当期純利益を計算します。

本店の仕訳

（損　　　益）1,696,020　（繰越利益剰余金）1,696,020

解答 ▶ **第8回　本支店会計2**　　　➡ 問題32ページ

損　益　計　算　書
×6年4月1日～×7年3月31日　　　　（単位：円）

費　用	金　額	収　益	金　額
期首商品棚卸高	281,600	売　上　高	（ 2,196,000 ）
当期商品仕入高	（ 1,522,400 ）	期末商品棚卸高	（ 234,400 ）
営　業　費	（ 400,000 ）		
貸倒引当金繰入	（ 5,760 ）		
減価償却費	（ 81,200 ）		
法人税, 住民税及び事業税	（ 50,000 ）		
当期純利益	（ 89,440 ）		
	（ 2,430,400 ）		（ 2,430,400 ）

貸　借　対　照　表
×7年3月31日　　　　（単位：円）

資　産	金　額		負債・純資産	金　額
現金預金		536,720	買　掛　金	316,800
売　掛　金	（ 616,000 ）		未払法人税等	（ 50,000 ）
貸倒引当金	（ 12,320 ）	（ 603,680 ）	未　払　費　用	（ 11,200 ）
商　品		（ 234,400 ）	資　本　金	1,187,840
建　物	640,000		資本準備金	288,000
減価償却累計額	（ 112,000 ）	（ 528,000 ）	繰越利益剰余金	（ 273,760 ）
備　品	521,600			
減価償却累計額	（ 296,800 ）	（ 224,800 ）		
		（ 2,127,600 ）		（ 2,127,600 ）

長崎支店における税引前の利益 ＝ ┃ 48,080 ┃ 円

> **予想配点**　 ┃ 1つにつき2点。
> 合計20点。

解説

　長崎支店における税引前の利益の額を求める必要があるため、本店、支店に分けて計算するとスムーズにいきます。

118

未処理事項の整理

未処理事項の整理をするさい、本店、支店のどれが未処理であるのかに注意しましょう。

1．商品発送未処理

本店

（支 店）	16,000	（仕 入）	16,000

支店

（仕 入）	16,000	（本 店）	16,000

2．営業費付け替え未処理

本店

（支 店）	36,000	（営 業 費）	36,000

支店

（営 業 費）	36,000	（本 店）	36,000

決算整理事項の処理

決算整理仕訳を行い、本支店合併損益計算書および本支店合併貸借対照表に記入する金額を計算します。本店および支店の期末棚卸高は未処理事項考慮前の金額であることに注意しましょう。

1．売上原価および商品の金額の算定

損益計算書項目

	本 店		支 店		
期首商品棚卸高：	¥ 281,600	＋	－	＝¥	281,600
当期商品仕入高：	¥ 817,600*1	＋	¥704,800*3	＝¥	1,522,400
期末商品棚卸高：	¥ 124,000*2	＋	¥110,400*4	＝¥	234,400

＊1 ¥833,600－¥16,000（未処理事項1.）＝¥817,600
＊2 ¥140,000－¥16,000（未処理事項1.）＝¥124,000
＊3 ¥688,800＋¥16,000（未処理事項1.）＝¥704,800
＊4 ¥94,400＋¥16,000（未処理事項1.）＝¥110,400

貸借対照表項目

商品：¥234,400

2．貸倒引当金の設定（差額補充法）

(1) 本店

設定額：¥360,000×2％＝¥7,200
繰入額：¥7,200－¥5,760＝¥1,440

(2) 支店

設定額：¥256,000×2％＝¥5,120
繰入額：¥5,120－¥800＝¥4,320

損益計算書項目

貸倒引当金繰入：¥1,440＋¥4,320＝**¥5,760**

貸借対照表項目

売掛金：¥360,000＋¥256,000＝**¥616,000**
貸倒引当金：¥7,200＋¥5,120＝**¥12,320**

3．減価償却費の計算

本店の建物減価償却費のうち、20％を支店が負担することに注意しましょう。

(1) 本店

建物：¥640,000÷40年＝¥16,000
　　　うち、本店負担額：¥16,000×80％＝¥12,800
備品：¥288,000÷8年＝¥36,000
合計：¥12,800＋¥36,000＝¥48,800

(2) 支店

建物減価償却費負担額：¥16,000×20％＝¥3,200
備品：　¥233,600÷8年＝¥29,200
合計：　¥3,200＋¥29,200＝¥32,400

損益計算書項目

減価償却費：¥48,800＋¥32,400＝**¥81,200**

貸借対照表項目

建物：**¥640,000**
建物減価償却累計額：
　¥96,000＋¥16,000＝**¥112,000**
備品：¥288,000＋¥233,600＝**¥521,600**
備品減価償却累計額：
　¥144,000＋¥87,600＋¥36,000＋¥29,200
　＝**¥296,800**

4．営業費

本店の営業費を未払計上します。また、未処理事項2.の営業費の付け替えの金額を忘れないように注意しましょう。

(1) 本店

営業費：¥276,000－¥36,000＋¥11,200＝¥251,200

(2) 支店

営業費：¥112,800＋¥36,000＝¥148,800

損益計算書項目

営業費：¥251,200＋¥148,800＝**¥400,000**

貸借対照表項目

未払費用：**¥11,200**

5．法人税、住民税及び事業税
　損益計算書項目
　　法人税、住民税及び事業税：¥50,000
　貸借対照表項目
　　未払法人税等：¥50,000

当期純利益の算定
　損益計算書項目
　　当期純利益：¥89,440（貸借差額）
　貸借対照表項目
　　繰越利益剰余金：
　　　¥184,320 + ¥89,440 = ¥273,760

長崎支店における税引前の利益の計算
　長崎支店における損益計算に関わる金額を集計し、税引前の利益を計算します。

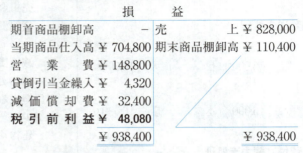

長崎支店における税引前の利益の額：¥48,080

コラム　商業簿記の出題の全体像

商業簿記の全体像をあらためてイメージしておきましょう。

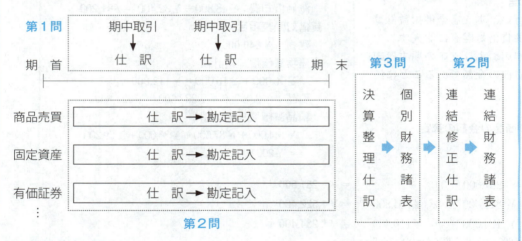

第1問　仕訳問題
　主に、期中取引の一時点の仕訳が出題されます。

第2問　個別論点
　主に、商品売買や固定資産などの個別論点の期中取引の一連の仕訳と、勘定記入が出題されます。

第3問　財務諸表
　決算整理仕訳を行い、(個別)財務諸表(本支店会計を含む)を作成する問題が出題されます。

第2問　連結会計
　個別財務諸表をもとに連結修正仕訳を行い、連結財務諸表を作成する問題が出題されます。

解答・解説編

第4問-(1) 工業簿記の仕訳問題

解答 ▶ 第1回　費目別計算1　　　　→ 問題34ページ

		仕		訳		
		借 方 科 目	金 額	貸 方 科 目	金 額	
(1)	①	材　　　料	2,200,000	買　掛　金	2,000,000	
				材　料　副　費	200,000	
	②	仕　掛　品	1,620,000	材　　　料	1,700,000	
		製　造　間　接　費	80,000			
(2)		仕　掛　品	1,036,000	賃　金・給　料	1,422,000	
		製　造　間　接　費	386,000			
(3)		仕　掛　品	1,110,000	製　造　間　接　費	1,110,000	

！ここに注意

(1) 購入原価＝購入代価＋材料副費
(2) 直接工の直接作業時間に対する
　　賃金消費高→直接労務費
　　直接工の間接作業時間に対する
　　賃金消費高→間接労務費

予想配点 仕訳1組につき3点。合計12点。

ヨコ解き 解答
第1問
第2問
第3問
第4問 (1)
第4問 (2)
第5問

解説

(1)① **材料（素材・買入部品費・工場消耗品）の掛け購入**

購入原価は、購入代価に材料副費（付随費用）を加えた金額となります。

（材　　　料）　2,200,000　　　（買　掛　金）　2,000,000 *1
　　　　　　　　　　　　　　　　（材　料　副　費）　200,000 *2

＊1　@2,000円×800kg＋@100円×3,000個＋100,000円＝2,000,000円（購入代価）
　　　　　素材　　　　　　　買入部品　　　　工場消耗品
＊2　2,000,000円×10％＝200,000円（材料副費）

② **材料（素材・買入部品費・工場消耗品）の消費**

「素材・買入部品の消費高」は直接材料費、「工場消耗品の消費高」は間接材料費となります。

（仕　掛　品）　1,620,000 *　　　（材　　　料）　1,700,000
（製造間接費）　　80,000

＊　1,500,000円＋120,000円＝1,620,000円
　　　素材　　　　買入部品

(2) **賃金の消費**

「直接工の直接作業時間に対する賃金消費高」は直接労務費、「直接工の間接作業時間と手待時間に対する賃金消費高」と「間接工の賃金消費高」は間接労務費となります。

（仕　掛　品）　1,036,000 *1　　　（賃　金・給　料）　1,422,000
（製造間接費）　　386,000 *2

＊1　@1,400円×740時間＝1,036,000円（直接工の直接作業時間に対する賃金消費高）
＊2　@1,400円×（30時間＋10時間）＝56,000円（直接工の間接作業時間と手待時間に対する賃金消費高）
　　　350,000円＋80,000円－100,000円＝330,000円（間接工の賃金消費高）

賃金・給料（間接工）

当月支払高	前月未払高
350,000円	100,000円
	消　費　高
当月未払高	330,000円
80,000円	

121

(3) 製造間接費の配賦

製造間接費予算＝固定製造間接費予算＋変動製造間接費予算
　　　　　　　＝8,100,000円＋5,400,000円＝13,500,000円
予定配賦率＝製造間接費予算÷予定総直接作業時間
　　　　　＝13,500,000円÷9,000時間＝@1,500円
予定配賦額＝予定配賦率×直接工の直接作業時間
　　　　　＝@1,500円×740時間＝1,110,000円

| （仕　掛　品） | 1,110,000 | （製造間接費） | 1,110,000 |

解答　第2回　費目別計算2　→問題35ページ

		仕　　　訳		
		借方科目	金額	貸方科目	金額
(1)	①	材　料	50,000	材料価格差異	50,000
	②	材料副費差異	16,800	材　料　副　費	16,800
(2)		賃　率　差　異	92,000	賃金・給料	92,000
(3)		製造間接費配賦差異	66,400	製造間接費	66,400

予想配点　仕訳1組につき3点。合計12点。

解説

本問は、原価の差異の仕訳が問われています。

1．材料価格差異勘定への振替え

材料の消費額について予定価格を用いている場合、予定消費額と実際消費額との差額を材料価格差異として計上します。

（仕　掛　品）800,000　（材　　料）800,000

本問では材料価格について有利差異が発生しているため、材料価格差異勘定の貸方に記入します。

（材　　料）50,000　（材料価格差異）50,000

　予定消費額：@1,600円/kg×500kg＝800,000円
　　実際消費額：@1,500円/kg×500kg＝750,000円
　　材料価格差異：800,000円－750,000円＝50,000円（貸方差異）

2．材料副費差異勘定への振替え

材料副費の実際発生額は、材料副費勘定の借方に記入します。

（材料副費）80,000　（現金など）80,000

本問では材料副費について不利差異が発生しているため、材料副費差異勘定の借方に記入します。

（材料副費差異）16,800　（材料副費）16,800

　材料副費差異：63,200円（予定配賦額）－80,000円（実際発生額）
　　　　　　　　　＝△16,800円（借方差異）

　ここに注意

・予定配賦額＜実際発生額
　→借方差異（不利差異）となる

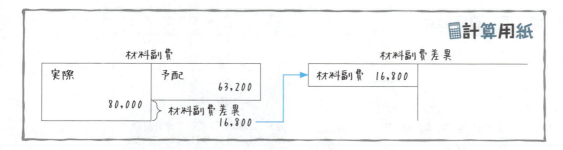

3. 賃率差異勘定への振替え

賃金の消費額について予定賃率を用いている場合、予定消費額と実際消費額との差額を賃率差異として計上します。

本問では賃率差異について不利差異が発生しているため、賃率差異勘定の借方に記入します。

（仕　掛　品）906,000　（賃金・給料）920,000
（製造間接費）14,000

（賃　率　差　異）92,000　（賃金・給料）92,000

- 予定消費額：@1,000円/時間×（906時間＋14時間）＝920,000円
- 実際消費額：@1,100円/時間×（906時間＋14時間）＝1,012,000円
- 賃　率　差　異：920,000円－1,012,000円＝△92,000円（借方差異）

4．製造間接費の予定配賦

- 予定配賦率：40,608,000円÷11,280時間＝@3,600円
- 予定配賦額：@3,600円×906時間＝3,261,600円

（仕　掛　品）3,261,600　（製造間接費）3,261,600

ここに注意
- 予定配賦率を計算し、実際直接作業時間を基準に配賦する

5．製造間接費配賦差異勘定への振替え

製造間接費について予定配賦を行っている場合、予定配賦額と実際発生額との差額を製造間接費配賦差異として計上します。

本問では製造間接費について不利差異が発生しているため、製造間接費配賦差異勘定の借方に記入します。

（製造間接費配賦差異）66,400　（製造間接費）66,400

- 製造間接費配賦差異：3,261,600円－3,328,000円＝△66,400円（借方差異）

解答 ▶ **第3回　費目別計算3**　　➡ 問題36ページ

問1

	仕　　訳			
	借 方 科 目	金　額	貸 方 科 目	金　額
(1)	仕　掛　品	9,000	製 造 間 接 費	9,000
(2)	製 造 間 接 費	9,800	材　　　　料	2,000
			賃 金 ・ 給 料	5,000
			水 道 光 熱 費	2,800
(3)	予 算 差 異	500	製 造 間 接 費	800
	操 業 度 差 異	300		

> **！ここに注意**
>
> ・公式法変動予算では予算許容額が変動し、固定予算では一定（固定）となる。そのため、予算差異、操業度差異が異なるが、予定配賦率や予定配賦額は同じとなる。

問2

製 造 間 接 費

実 際 発 生 額	9,800	予 定 配 賦 額	（ 9,000 ）
予 算 差 異	（ 200 ）	操 業 度 差 異	（ 1,000 ）
	（ 10,000 ）		（ 10,000 ）

予 算 差 異

		製 造 間 接 費	（ 200 ）

操 業 度 差 異

製 造 間 接 費	（ 1,000 ）		

> **予想配点**　問1　各2点。
> 問2　　　　1つにつき2点。
> 合計 12点。

解説

問1　公式法変動予算

1. 製造間接費予定配賦額

予定配賦率： $\dfrac{120,000 円}{1,200 時間} = @100円$

予定配賦額：@100円×90時間＝9,000円

製造間接費の予定配賦

（ 仕　掛　品 ）	9,000	（ 製 造 間 接 費 ）	9,000

2. 製造間接費の実際発生額の計上

当月に実際に発生した費用を製造間接費勘定に振り替えます。

（ 製 造 間 接 費 ）	9,800	（ 材　　　料 ）	2,000
		（ 賃 金 ・ 給 料 ）	5,000
		（ 水 道 光 熱 費 ）	2,800

124

3．製造間接費配賦差異

> 製造間接費配賦差異＝予定配賦額－実際発生額
>
> 　　　＋の場合　貸方差異（有利差異）：実際原価の方が少なくてすんだ
>
> 　　　－の場合　借方差異（不利差異）：実際原価の方が多くかかった

製造間接費配賦差異：9,000円－9,800円＝△800円（借方差異）

予算差異：予算許容額*より費用が多くかかった（少なくて済んだ）ことによる製造間接費の
　　　　　超過額（節約額）です。補助材料・消耗品や電力の浪費などにより生じます。

* 予算許容額とは、当月に工場が実際に操業した時間（実際操業度）における製造間接費予算額を意味します。

> 予算許容額＝変動費率×実際操業度＋固定費予算

> 予算差異＝予算許容額－実際発生額

変動費率：$\dfrac{84,000円（変動費予算）}{1,200時間（基準操業度）}$＝@70円

月間固定費予算：36,000円÷12カ月＝3,000円

予算差異：@70円×90時間＋3,000円－9,800円＝△500円（借方差異）
　　　　　　　　予算許容額

操業度差異：当初予定しただけの操業を行わなかった（それ以上の操業を行った）ことによる製造間接費の配賦不足額（超過額）です。需要の増減や機械の故障による生産停止などが原因で生じます。

> 操業度差異＝固定費率×（実際操業度－基準操業度）

固定費率：$\dfrac{36,000円（固定費予算）}{1,200時間（基準操業度）}$＝@30円

月間基準操業度：1,200時間÷12カ月＝100時間

操業度差異：@30円×（90時間－100時間）＝△300円（借方差異）

（予　算　差　異）	500	（製造間接費）	800 *
（操業度差異）	300		

* 配賦差異の総額

コラム　固定予算と公式法変動予算

　実際操業度にかかわらず予算許容額（ここまでにおさえるべき金額）が固定（一定）されているものを固定予算といいます。

　一方、実際操業度に応じて予算許容額が変動するものを公式法変動予算といいます。

　そして予算許容額は「変動費率×実際操業度＋固定費予算」という公式で表されるため、「公式法」といいます。

シュラッター図の書き方（公式法変動予算）

製造間接費の予算を公式法変動予算によって設定している場合、以下のシュラッター図を書いて差異分析を行うと公式を覚えなくても計算できます。

(1) シュラッター図を用意する

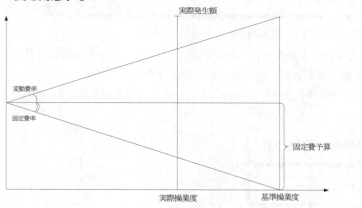

(2) データを転記する

与えられている予算データが年間か月間かを確認しましょう。

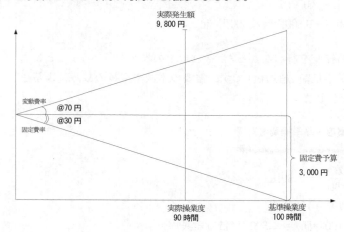

(3) 差異分析を行う

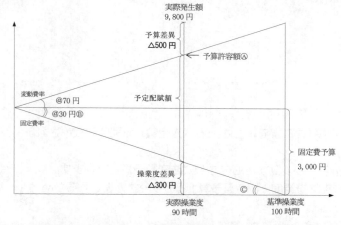

(1) 予算差異

固定費予算に変動費率×実際操業度を足した④の部分が予算許容額となります。

予算許容額：@70円×90時間＋3,000円＝9,300円

予算差異：9,300円－9,800円＝△500円（借方差異）

> **ここに注意**
>
> ・角度に該当する部分が変動費率と固定費率に該当し、角度×操業度＝金額という関係になっています。

(2) 操業度差異

図形の錯角により、固定費率Ⓑの角度と、Ⓒの角度は等しくなります。そのため、実際操業度と基準操業度の差に固定費率を掛けて、操業度差異を計算できます。

操業度差異：@30円×（90時間－100時間）

＝△300円（借方差異）

> **ここに注意**
>
> ・実際操業度＞基準操業度であっても、シュラッター図における「実際」、「基準」の位置関係は変わりません。

問2　固定予算

製造間接費配賦差異の分析

固定予算を設定している場合、差異は次の算式により計算します。

> 予算差異＝予算許容額（予算額）*－実際発生額

＊　固定予算では操業度にかかわらず、最初に設定した予算を予算許容額としています。

月間予算：120,000円÷12カ月＝10,000円

予算差異：10,000円－9,800円＝＋200円（貸方差異）

> 操業度差異＝予定配賦率*×（実際操業度－基準操業度）

＊　固定予算では、変動費率と固定費率を分けずに簡便的に予定配賦率を用いて操業度差異を計算します。

月間基準操業度：1,200時間÷12カ月＝100時間

操業度差異：@100円×（90時間－100時間）＝△1,000円（借方差異）

（ 操 業 度 差 異 ）	1,000	（ 予 算 差 異 ）	200
		（ 製 造 間 接 費 ）	800 *

＊　配賦差異の総額

シュラッター図の書き方（固定予算）

製造間接費の予算を固定予算によって設定している場合、以下のシュラッター図を書いて差異分析を行うと公式を覚えなくても計算できます。

(1) シュラッター図を用意する

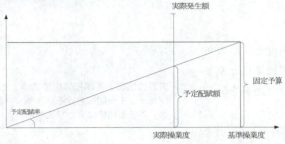

(2) データを転記する

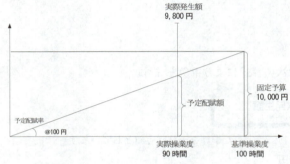

(3) 差異分析を行う

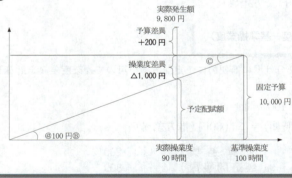

(1) 予算差異

　固定予算では、予算許容額は操業度にかかわらず一定となります。
　予算許容額：10,000円
　予算差異：10,000円 − 9,800円 = 200円（貸方差異）

(2) 操業度差異

　予定配賦率Ⓑの角度と、Ⓒの角度は等しくなります。そのため、実際操業度と基準操業度の差に予定配賦率を掛けて、操業度差異を計算できます。
　操業度差異：@100円 ×（90時間 − 100時間）
　　　　　　 = △1,000円（借方差異）

> **ここに注意**
> ・実際操業度＞基準操業度であっても、シュラッター図における「実際」、「基準」の位置関係は変わりません。

解答・解説編

解答 ▶ 第4回 本社工場会計1　　➡ 問題37ページ

		仕		訳	
		借 方 科 目	金　額	貸 方 科 目	金　額
(1)	①	材　　　　料	1,615,000	本　　　社	1,615,000
	②	仕　掛　品	1,188,000	材　　　料	1,188,000
(2)		仕　掛　品	2,240,000	賃　　　金	2,980,000
		製 造 間 接 費	740,000		
(3)		製 造 間 接 費	250,000	本　　　社	250,000

！ここに注意

- 工場での仕訳が問われている。
- 工場元帳に設定されている勘定の増減に注意する。

予想配点 仕訳1組につき3点。合計12点。

ヨコ解き解答
第1問
第2問
第3問
第4問 (1)
第4問 (2)
第5問

解説

　工場で行われる仕訳が問われています。本社において行われる仕訳を考える必要はありません。
　工場元帳に設定されている勘定の増減があれば、その勘定科目と金額を記入します。そのさい、相手勘定科目が工場元帳になければ、本社元帳に設定されている勘定になるので本社勘定を用います。

(1) 材料（素材・消耗器具）の購入

　材料の倉庫は工場に置いてあり、支払い関係はすべて本社で行っています。

工場の仕訳

（材　　　料）	1,615,000 *	（本　　　社）	1,615,000

　＊　@200円×8,000kg ＝　1,600,000円（素　材）
　　　　　　　　　　　　　　15,000円（消耗器具）
　　　　　　合　計　1,615,000円

本社の仕訳

（工　　　場）	1,615,000	（買　掛　金）	1,615,000

(2) 材料（素材）の消費

　材料費は月次総平均法で計算することになるため、「月初有高」と「当月購入高」の合計金額を総数量で割ることにより、平均単価を求めます。

工場の仕訳

（仕　掛　品）	1,188,000 *	（材　　　料）	1,188,000

　＊　@190円×　2,000kg ＝　　380,000円（月初有高）
　　　@200円×　8,000kg ＝　1,600,000円（当月購入高）
　　　　　　　　10,000kg　　　1,980,000円 →1,980,000円÷10,000kg＝@198円（平均単価）

　　　@198円×　6,000kg ＝　1,188,000円

本社の仕訳

仕　訳　な　し

129

(3) 賃金の消費

直接工は直接作業のみ行っているので、直接工賃金の消費額はすべて「仕掛品」に振り替えます。間接工賃金の消費額は「製造間接費」に振り替えます。

工場の仕訳

（仕 掛 品）	2,240,000 *1	（賃 金）	2,980,000
（製造間接費）	740,000 *2		

* 1 @1,400円×1,600時間＝2,240,000円
* 2 750,000円＋50,000円－60,000円＝740,000円

間接工賃金

当月賃金支払高 750,000円	前月賃金未払高 60,000円
	要支払額 740,000円
当月賃金未払高 50,000円	

本社の仕訳

仕 訳 な し

(4) 間接経費（光熱費）の計上

支払い関係はすべて本社で行っています。間接経費なので、「製造間接費」で処理します。

工場の仕訳

（製造間接費）	250,000	（本 社）	250,000

本社の仕訳

（工 場）	250,000	（当 座 預 金）	250,000

解答 ▶ **第5回　本社工場会計2**　　　➡ 問題38ページ

	工　場　の　仕　訳			
	借 方 科 目	金 額	貸 方 科 目	金 額
(1)	材　　　　　料	900,000	本　　　　　社	900,000
(2)	賃 金・給 料	2,000,000	本　　　　　社	2,000,000
(3)	製 造 間 接 費	300,000	本　　　　　社	300,000
(4)	本　　　　　社	2,000,000	製　　　　　品	2,000,000

ここに注意

・工場元帳で使用する勘定科目は、何かを考える。

	本　社　の　仕　訳			
	借 方 科 目	金 額	貸 方 科 目	金 額
(1)	工　　　　　場	900,000	買　掛　金	900,000
(2)	工　　　　　場	2,000,000	現　　　　　金	2,000,000
(3)	工　　　　　場	300,000	機械減価償却累計額	300,000
(4)	売 上 原 価	2,000,000	工　　　　　場	2,000,000

予想配点 工場の仕訳各2点。本社の仕訳各1点。合計12点。

> **解説**

　工場の仕訳のさい、相手勘定科目が支払いに係るものであれば、本社元帳に設定されている勘定になるので**本社勘定**を用います。

(1) 材料の掛仕入
材料の倉庫は工場に置いてあり、支払い関係は本社で行っています。

工場の仕訳

（材　　　料）	900,000	（本　　　社）	900,000

本社の仕訳

（工　　　場）	900,000	（買　掛　金）	900,000

(2) 賃金の支払い
賃金の支払いであり、賃金の消費ではありません。また、支払い関係は本社が行っています。

工場の仕訳

（賃金・給料）	2,000,000 *	（本　　　社）	2,000,000

本社の仕訳

（工　　　場）	2,000,000	（現　　　金）	2,000,000 *

＊　1,400,000円＋600,000円＝2,000,000円

(3) 減価償却の計上
減価償却費は間接経費となるので、製造間接費で処理します。

工場の仕訳

（製 造 間 接 費）	300,000	（本　　　社）	300,000

本社の仕訳

（工　　　場）	300,000	（機械減価償却累計額）	300,000

(4) 売上原価の計上
製品勘定は工場元帳にあり、売上原価勘定は本社元帳にあります。

工場の仕訳

（本　　　社）	2,000,000	（製　　　品）	2,000,000

本社の仕訳

（売 上 原 価）	2,000,000	（工　　　場）	2,000,000

ヨコ解き
解　答

第1問

第2問

第3問

第4問
(1)

第4問
(2)

第5問

| 解 答 | ▶ | 第6回　個別原価計算1 | ➡ 問題39ページ |

	仕		訳	
	借 方 科 目	金 額	貸 方 科 目	金 額
(1)	仕 掛 品	153,600	材 料	153,600
(2)	仕 掛 品	40,500	製 造 間 接 費	40,500
(3)	仕 掛 品	18,600	現 金	18,600
(4)	製 品	126,200	仕 掛 品	126,200

！ここに注意

(3)B社の作業に対する加工賃は、外注加工賃（直接経費）に該当する。

(4)製造指図書#101の製造原価のみ集計する。

予想配点 仕訳1組につき3点。合計12点。

解 説

(1) 当月分の直接材料費の計上

直接材料費は予定消費単価を使用して計算しています。

（仕 掛 品）　153,600 *1　（材 料）　153,600

＊1　20kg＋26kg＋18kg＝64kg（直接材料消費量の合計）
　　　@2,400円×64kg＝153,600円

(2) 当月分の製造間接費の予定配賦

製造間接費の配賦基準は直接作業時間です。予定配賦率は、[資料] 2．と3．のデータを使用して算定します。

（仕 掛 品）　40,500 *2　（製 造 間 接 費）　40,500

＊2　$\underset{\text{年間製造間接費予算額}}{504,000円}$ ÷ $\underset{\text{年間予定直接作業時間}}{1,680時間}$ ＝@300円（予定配賦率）

　　　46時間＋61時間＋28時間＝135時間（直接作業時間の合計）
　　　@300円×135時間＝40,500円（予定配賦額）

(3) 外注加工賃

B社の作業に対する加工賃は、外注加工賃（直接経費）に該当するため、支払額を仕掛品に計上します。

（仕 掛 品）　18,600　（現 金）　18,600

(4) 完成品原価の計上

プロジェクト#101の製造原価を集計し、「仕掛品」から「製品」に振り替えます。

（製 品）　126,200 *3　（仕 掛 品）　126,200

＊3　直接材料費：　@2,400円×20kg　＝　48,000円
　　　直接労務費：　@1,400円×46時間　＝　64,400円
　　　製造間接費：　@ 300円×46時間　＝　13,800円
　　　　　　　　　合 計　126,200円

解答・解説編

解答 ▶ **第7回　個別原価計算2**　　　➡ 問題40ページ

問1

	仕		訳	
	借 方 科 目	金 額	貸 方 科 目	金 額
(1)	材　　　　　料	806,000	買　　掛　　金	806,000
(2)	仕　　掛　　品	810,000	材　　　　　料	810,000
(3)	消 費 価 格 差 異	37,500	材　　　　　料	37,500

問2

完 成 品 原 価 ＝ ┌─ 936,000 ─┐ 円

!ここに注意

・先入先出法によるため、直接材料の月末在庫の単価は、当月購入した分の単価となる。

予想配点 問1　仕訳1組につき3点。
問2　3点。
合計 12点。

ヨコ解き
解　答

第1問

第2問

第3問

第4問
(1)

第4問
(2)

第5問

解説

問1

(1) 当月分の直接材料実際購入高の計上

[資料] 1. の当月購入量を用いて計算します。

（ 材　　　料 ）　　806,000 *1　　（ 買　掛　金 ）　　806,000

＊1　@620円×1,300kg＝806,000円
　　　実際購入単価　当月購入量

(2) 当月分の直接材料費の計上

[資料] 4. より、すべて当月製造に着手しているため、[資料] 2. の直接材料費の合計額810,000円が当月分の直接材料費となります。
　　　　　　　　　　　予定消費高

（ 仕　掛　品 ）　　810,000　　（ 材　　　料 ）　　810,000

(3) 直接材料の消費価格差異の計上

先入先出法によるため、直接材料の月末在庫の単価は、当月購入した分の単価（@620円）となります。そこで、ボックス図を用いて、貸借差額により実際消費高を求めます。

（ 消費価格差異 ）　　37,500 *2　　（ 材　　　料 ）　　37,500

＊2　810,000円－847,500円＝△37,500円（不利差異）
　　　予定消費高　　実際消費高

133

問2

当月末までに完成した#301の原価を集計します。そのさい、#301を合格品とするために掛かった#301-1の原価(仕損費)も含めることに注意しましょう。

330,000円 + 170,000円 + 272,000円 = 772,000円(#301)
 60,000円 + 40,000円 + 64,000円 = 164,000円(#301-1)
                                    936,000円

解答　第8回　個別原価計算3　➡ 問題41ページ

	仕　掛　品		(単位:円)
6/1 月初有高	(144,000)*1	6/30 製　品	(4,488,000)*5
30 直接材料費	(2,110,000)*2	〃 月末有高	(144,500)*6
〃 直接労務費	(1,397,500)*3		
〃 製造間接費	(981,000)*4		
	(4,632,500)		(4,632,500)

月次損益計算書　　　(単位:円)

売　上　高		5,000,000
売上原価		
月初製品有高	0	
当月製品製造原価	(4,488,000)*5	
合　　計	(4,488,000)	
月末製品有高	(2,130,000)*7	
差　　引	(2,358,000)	
原価差異	(10,000)*8	(2,368,000)
売上総利益		(2,632,000)
販売費及び一般管理費		1,870,000
営　業　利　益		(762,000)

に注意

* 1　#12の月初仕掛品原価
* 2　原価計算表(6月)の直接材料費合計
* 3　原価計算表(6月)の直接労務費合計
* 4　原価計算表(6月)の製造間接費合計
* 5　製造指図書#12・#13・#14の製造原価合計
* 6　製造指図書#15の6月末時点での製造原価
* 7　製造指図書#14の製造原価
* 8　製造間接費予定配賦額 981,000円
　－製造間接費実際発生額 991,000円
　＝△10,000円(借方差異)

予想配点　1つにつき2点。合計12点。

解 説

1．原価計算表の作成

・製造間接費の予定配賦率の算定

　予定配賦率：12,960,000円÷14,400時間＝@900円

　♯14：@900円×600時間＝540,000円

・製造間接費配賦差異（原価差異）

　♯12の前月発生分54,000円は当月の予定配賦額に含めないように注意します。

　製造間接費予定配賦額：90,000円＋324,000円＋540,000円＋27,000円＝981,000円

　製造間接費配賦差異：981,000円－991,000円＝△10,000円
　　　　　　　　　　　　予定配賦額　実際発生額

2．仕掛品勘定・損益計算書の作成

　1.で作成した原価計算表にもとづき、仕掛品勘定および損益計算書を作成します。各月の月末にどのような状態であったのかで、仕掛品勘定または損益計算書のどこに記載されるのかを判断します。または以下のボックス図に、問題の備考欄から状況を記入し判断します。

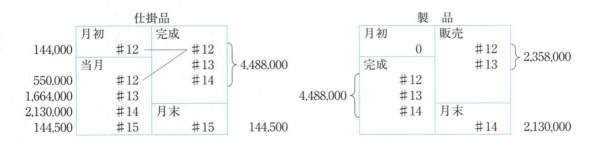

第4問-(2) 総合原価計算，部門別計算

> **解答** 第1回 単純総合原価計算1   ➡ 問題42ページ

問1

総 合 原 価 計 算 表　　　　　（単位：円）

	直 接 材 料 費	加 工 費	合 計
月初仕掛品原価	203,800	170,000	373,800
当月製造費用	1,248,000	1,950,000	3,198,000
合 計	1,451,800	2,120,000	3,571,800
差引：月末仕掛品原価	（ 288,000 ）	（ 234,000 ）	（ 522,000 ）
完成品総合原価	（ 1,163,800 ）	（ 1,886,000 ）	（ 3,049,800 ）

問2

完 成 品 単 位 原 価 ＝ 　　1,326　 円/個

当 月 の 売 上 原 価 ＝ 　3,609,600　 円

> **⚠ ここに注意**
>
> ・原価投入額の配分方法は先入先出法を用いる。
> ・正常仕損費は完成品に負担させる。
> ・仕損品の処分価額はない。
> ・製品の倉出単価の計算は先入先出法を用いる。

> **予想配点** ▨1つにつき2点。合計16点。

> **解説**

本問は、「原価計算表の作成」と「完成品単位原価と当月の売上原価」が問われています。問題を解くさいに、次の点に注意しましょう。

① 原価投入額を完成品総合原価と月末仕掛品原価に配分する方法 → **「先入先出法」**

② 正常仕損費の負担関係 → **「完成品のみ負担」**

③ 仕損品の処分価額 → **「なし」**

④ 製品の倉出単価の計算 → **「先入先出法」**

原価計算表の作成（問１）、完成品単位原価の計算（問２）

当月の生産データおよび原価データを用いて、原価計算表の作成に必要な金額を計算します。
また、完成品総合原価を用いて、完成品単位原価を計算します。

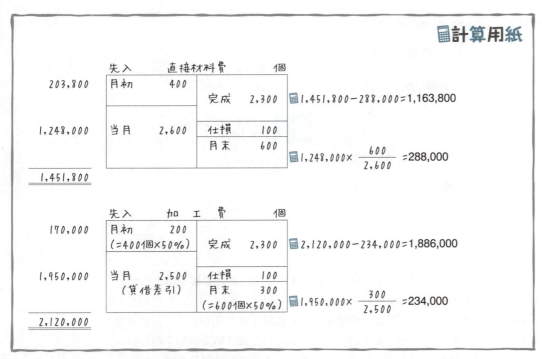

月末仕掛品原価：288,000円＋234,000円＝**522,000円**
完成品総合原価：1,163,800円＋1,886,000円＝**3,049,800円**
完成品単位原価：3,049,800円÷2,300個＝**1,326円/個**
　　　　　　　　　　　　　　　当月完成品

当月の売上原価（問２）

当月の販売実績データ、原価データおよび問１の金額を用いて、当月の売上原価を計算します。

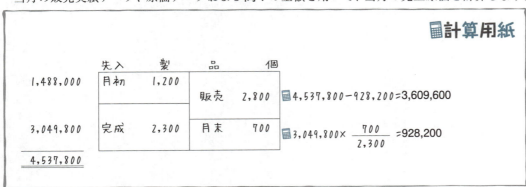

当月の売上原価：**3,609,600円**

| 解 答 | 第2回　単純総合原価計算2 | ➡ 問題43ページ |

月末仕掛品のA原料費 ＝ 　　　56,000　　　 円

月末仕掛品のB原料費 ＝ 　　　14,000　　　 円

月末仕掛品の加工費 ＝ 　　　42,000　　　 円

完 成 品 総 合 原 価 ＝ 　　881,000　　 円

ここに注意

・B原料は工程を通じて平均的に投入しているので、加工費と同様に計算する
・処分価額は完成品に集計した原価から差し引く

予想配点　　　1つにつき4点。合計16点。

解 説

　本問は、月末仕掛品の原料費（A原料費・B原料費）と加工費、完成品総合原価が問われています。製品原価の計算は単純総合原価計算により行っています。

　A原料とB原料の投入方法が異なり、仕損品に処分価額があるので注意しましょう。正常仕損費はすべて完成品に負担させるため、いったん完成品の原価を集計した後に処分価額を差し引いて、完成品総合原価を求めます。処分価額を差し引くことにより、その分だけ製品原価が少なくなります。

製品原価の計算

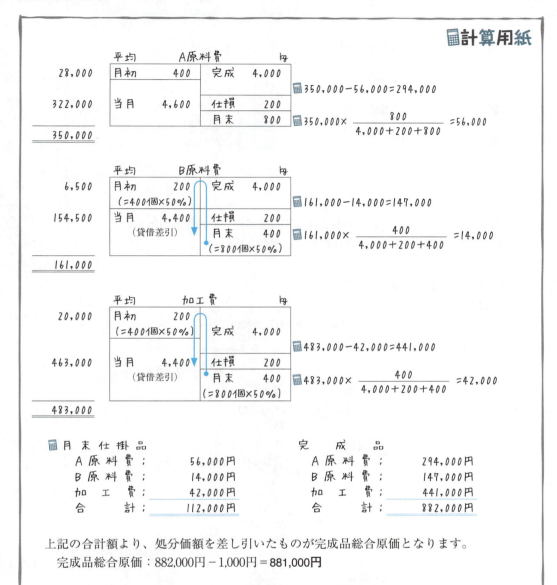

解答 第3回 等級別総合原価計算 → 問題44ページ

月 末 仕 掛 品 原 価 ＝ 14,000 円
等級製品Aの完成品総合原価 ＝ 300,000 円
等級製品Bの完成品総合原価 ＝ 225,000 円
等級製品Cの完成品総合原価 ＝ 150,000 円

1つにつき4点。
合計16点。

解説

本問は、等級別総合原価計算における月末仕掛品原価および各等級製品の完成品総合原価を計算する問題です。資料の生産データおよび原価データの整理をしっかりと行いましょう。

1. 月末仕掛品原価および完成品総合原価の計算

・原価の配分方法 → 先入先出法
・正常仕損費 → すべて完成品に負担させる（終点発生、処分価額ゼロ）

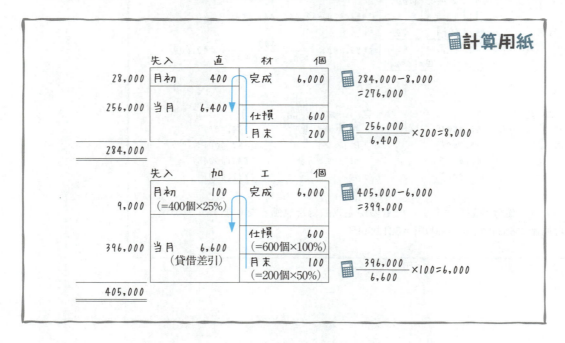

月末仕掛品原価：8,000円 + 6,000円 = 14,000円
完成品総合原価：276,000円 + 399,000円 = 675,000円

２．各等級製品の完成品総合原価の計算

完成品総合原価675,000円を、「等価係数×完成量」の積数の比で各等級製品に按分します。

（等価係数の算定）

各製品の重量の比率にもとづいて等価係数を算定します。重量が最も小さい製品の等価係数を「１」とすると計算しやすいです。

等級製品Ａ：１

等級製品Ｂ：$\dfrac{600\,g}{300\,g} = 2$

等級製品Ｃ：$\dfrac{1,200\,g}{300\,g} = 4$

（積数の算定）

等級製品Ａ：１×4,000個　=　　4,000
等級製品Ｂ：２×1,500個　=　　3,000
等級製品Ｃ：４×　500個　=　　2,000
　　　　　　　　　　計　　9,000

（積数を基準とした完成品総合原価の按分）

等級製品Ａの完成品総合原価：$\dfrac{675,000円}{9,000} \times 4,000 = 300,000円$

等級製品Ｂの完成品総合原価：$\dfrac{675,000円}{9,000} \times 3,000 = 225,000円$

等級製品Ｃの完成品総合原価：$\dfrac{675,000円}{9,000} \times 2,000 = 150,000円$

| 解 答 | ▶ | 第4回　組別総合原価計算 | ▶ 問題45ページ |

問1

| 1,820 | 円／時間 |

問2

組別総合原価計算表　　　　　　（単位：円）

	A 製 品		B 製 品	
	原 料 費	加 工 費	原 料 費	加 工 費
月初仕掛品原価	74,800	25,400	199,000	87,000
当月製造費用	1,280,000	（ 819,000 ）	2,478,000	（ 1,456,000 ）
合　　計	（ 1,354,800 ）	（ 844,400 ）	（ 2,677,000 ）	（ 1,543,000 ）
月末仕掛品原価	（ 128,000 ）	（ 42,000 ）	（ 420,000 ）	（ 104,000 ）
完成品総合原価	（ 1,226,800 ）	（ 802,400 ）	（ 2,257,000 ）	（ 1,439,000 ）

！ここに注意

・先入先出法を用いている
・減損が工程の途中で発生した場合、両者負担となる

予想配点　　1つにつき2点。
合計16点。

解 説

問1

加工費の予定配賦率：32,760,000円 ÷ 18,000時間 ＝ 1,820円／時間
　　　　　　　　　　加工費予算額　　予定直接作業時間

問2

組別総合原価計算表の作成

計算用紙

（1）加工費の予定配賦

A製品への配賦額：@1,820円×450時間＝819,000円

B製品への配賦額：@1,820円×800時間＝1,456,000円

(2) A製品の計算

(3) B製品の計算

減損は工程の途中で発生したので、両者負担となります。そのため、減損の数量を除いたボックス図を作成します。

	先入　原　料　費　kg	
199,000	月初　300	
		完成　2,750 　▣ 2,677,000 − 420,000 = 2,257,000
2,478,000	当月　2,950	
	(貸借差引)	月末　500 　▣ $\frac{2,478,000}{2,950} \times 500 = 420,000$
2,677,000		

	先入　加　工　費　kg	
87,000	月初　150 (=300kg×50%)	
		完成　2,750 　▣ 1,543,000 − 104,000 = 1,439,000
1,456,000	当月　2,800 (貸借差引)	月末　200 (=500kg×40%) 　▣ $\frac{1,456,000}{2,800} \times 200 = 104,000$
1,543,000		

解答　第5回　工程別総合原価計算　　→ 問題46ページ

第1工程完成品総合原価 ＝ 2,584,000 円
第2工程月末仕掛品の前工程費 ＝ 340,000 円
第2工程月末仕掛品の加工費 ＝ 128,000 円
第2工程完成品総合原価 ＝ 4,644,000 円

ここに注意
- 第1工程は平均法、第2工程は先入先出法を用いる。
- 仕損が工程の途中で発生した場合、完成品と月末仕掛品の両者に負担させる。
- 度外視法は、仕損品の原価を計算しないで、良品（完成品および月末仕掛品）に仕損費を負担させる。

予想配点　1つにつき4点。合計16点。

解説

工程別総合原価計算の問題です。正常仕損の発生点によって、正常仕損費の負担関係が異なるので、注意しましょう。仕損品に処分価額がある場合、原価から処分価額を控除します。

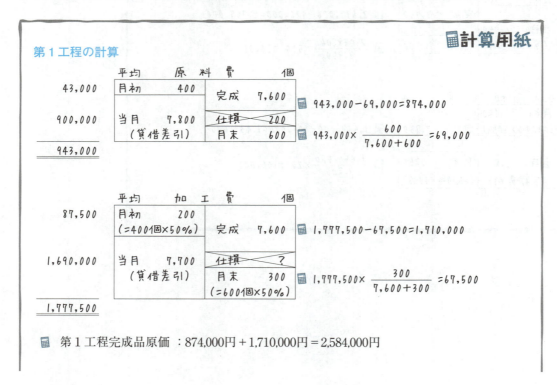

第2工程の計算

先入	前工程費	個	
208,200	月初 800	完成 7,200	
2,584,000	当月 7,600	仕損 200	
	（貸借差引）	月末 1,000	
2,792,200			

2,792,200－340,000＝2,452,200

$2,584,000 \times \dfrac{1,000}{7,600} = 340,000$

先入	加工費	個	
120,800	月初 600 （＝800個×75%）	完成 7,200	
2,304,000	当月 7,200	仕損 200	
	（貸借差引）	月末 400 （＝1,000個×40%）	
2,424,800			

2,424,800－128,000＝2,296,800

$2,304,000 \times \dfrac{400}{7,200} = 128,000$

第2工程月末仕掛品の前工程費：340,000円

第2工程月末仕掛品の加工費：128,000円

第2工程完成品総合原価：2,452,200円＋2,296,800円－105,000円* ＝ 4,644,000円

* 仕損品の処分価額は原価から控除します。

解答　第6回　部門別計算1 　→問題47ページ

問1

補助部門費配賦表

(単位：円)

費　　目	合　計	製造部門 切削部	製造部門 組立部	補助部門 修繕部	補助部門 動力部	補助部門 工場事務部
部　門　費	2,200,000	300,000	120,000	350,000	630,000	800,000
工場事務部費	800,000	200,000	600,000			
動 力 部 費	630,000	420,000	210,000			
修 繕 部 費	350,000	200,000	150,000			
製造部門費	2,200,000	1,120,000	1,080,000			

問2

製造指図書♯101への配賦額　　1,416,000　円

製造指図書♯102への配賦額　　　784,000　円

ここに注意

- 直接配賦法による場合、補助部門費は製造部門にのみ配賦する
- 実際配賦を行っているので、配賦差異は生じない

予想配点　■1つにつき4点。合計16点。

解説

本問は、直接配賦法による補助部門費配賦表を完成し、各製品への配賦額を計算する問題です。

問1

直接配賦法によるため、補助部門費は製造部門（切削部・組立部）にのみ配賦します。配賦基準の選択を間違えないように注意しましょう。

　配賦基準
　　工場事務部：従業員数　　動力部：動力消費量　　修繕部：修繕回数

問2

補助部門費配賦表で集計した切削部および組立部の製造部門費を、各作業時間を配賦基準として、実際配賦することになります。なお、製造間接費の製品別配賦は実際配賦を行うので、配賦差異は生じません。

解答・解説編

計算用紙

補助部門費の配賦計算

工場事務部

切削部：$800,000円 \times \dfrac{10人}{10人+30人} = 200,000円$

組立部：$800,000円 \times \dfrac{30人}{10人+30人} = 600,000円$

動力部

切削部：$630,000円 \times \dfrac{600kwh}{600kwh+300kwh} = 420,000円$

組立部：$630,000円 \times \dfrac{300kwh}{600kwh+300kwh} = 210,000円$

修繕部

切削部：$350,000円 \times \dfrac{20回}{20回+15回} = 200,000円$

組立部：$350,000円 \times \dfrac{15回}{20回+15回} = 150,000円$

製造部門費の集計

切削部

最終計：$300,000円+200,000円+420,000円+200,000円=1,120,000円$

実際配賦率：$1,120,000円 \div 2,000時間 = @560円$

組立部

最終計：$120,000円+600,000円+210,000円+150,000円=1,080,000円$

実際配賦率：$1,080,000円 \div 7,500時間 = @144円$

製造間接費の各製品への配賦額

#101：$@560円 \times 1,500時間 + @144円 \times 4,000時間 = 1,416,000円$

#102：$@560円 \times 500時間 + @144円 \times 3,500時間 = 784,000円$

ヨコ解き
解答

第1問

第2問

第3問

第4問
(1)

第4問
(2)

第5問

147

解答　第7回　部門別計算2　　→ 問題48ページ

問1

月次予算部門別配賦表　　（単位：円）

費　目	合　計	製造部門 組立部門	製造部門 切削部門	補助部門 修繕部門	補助部門 工場事務部門	補助部門 材料倉庫部門
部　門　費	2,160,000	655,000	610,000	225,000	220,000	450,000
修繕部門費	225,000	135,000	90,000			
工場事務部門費	220,000	110,000	110,000			
材料倉庫部門費	450,000	300,000	150,000			
製造部門費	2,160,000	1,200,000	960,000			

問2

借方科目	金額	貸方科目	金額
製造間接費配賦差異	53,750	組立部門費	39,000
		切削部門費	14,750

ここに注意

・「予定配賦額－実際配賦額」が
　プラスのときは有利差異
　マイナスのときは不利差異

予想配点　問1 ◼◼ 1つにつき2点。
問2 仕訳1組につき4点。
合計16点。

解説

月次予算部門別配賦表は、製造部門の予定配賦率を計算するために必要なものです。また、予定配賦額と実際配賦額を計算するさい、間違った数値を使用しないように注意しましょう。

📱計算用紙

補助部門費の配賦計算

修繕部門費

組立部門：225,000円 × $\dfrac{75時間}{75時間+50時間}$ ＝135,000円

切削部門：225,000円 × $\dfrac{50時間}{75時間+50時間}$ ＝90,000円

工場事務部門費

組立部門：220,000円 × $\dfrac{50人}{50人+50人}$ ＝110,000円

切削部門：220,000円 × $\dfrac{50人}{50人+50人}$ ＝110,000円

材料倉庫部門費

組立部門：$450,000円 \times \dfrac{120回}{120回 + 60回} = 300,000円$

切削部門：$450,000円 \times \dfrac{60回}{120回 + 60回} = 150,000円$

計算用紙

製造部門費の集計および配賦差異の計算

組立部門

最　終　計：655,000円 + 135,000円 + 110,000円 + 300,000円 = 1,200,000円

予定配賦率：1,200,000円 ÷ 8,000時間 = @150円

予定配賦額：@150円 × 7,800時間 = 1,170,000円

配賦差異：1,170,000円 − 1,209,000円 = △39,000円（不利差異）

切削部門

最　終　計：610,000円 + 90,000円 + 110,000円 + 150,000円 = 960,000円

予定配賦率：960,000円 ÷ 6,000時間 = @160円

予定配賦額：@160円 × 5,900時間 = 944,000円

配賦差異：944,000円 − 958,750円 = △14,750円（不利差異）

組立部門費勘定から製造間接費配賦差異勘定への振替え

| （製造間接費配賦差異） | 39,000 | （組立部門費） | 39,000 |

切削部門費勘定から製造間接費配賦差異勘定への振替え

| （製造間接費配賦差異） | 14,750 | （切削部門費） | 14,750 |

ヨコ解き
解　答

第1問

第2問

第3問

第4問
(1)

第4問
(2)

第5問

解答　第8回　部門別計算3　→ 問題49ページ

問1

（単位：円）

借方科目	金額	貸方科目	金額
仕掛品	1,241,000	甲製造部門費	731,000
		乙製造部門費	510,000

問2

甲製造部門費　729,000 円

乙製造部門費　521,000 円

問3

製造部門費配賦差異

（乙製造部門費）（ 11,000 ）	（甲製造部門費）（ 2,000 ）

予想配点
問1　4点。
問2　両方正解で4点。
問3　　　1つにつき4点。
合計16点。

解説

本問は、製造間接費の予定配賦を行っている場合の部門別計算の仕訳と勘定記入を問う問題です。

1．勘定連絡（①～④の番号は解答の仕訳の番号に対応しています）

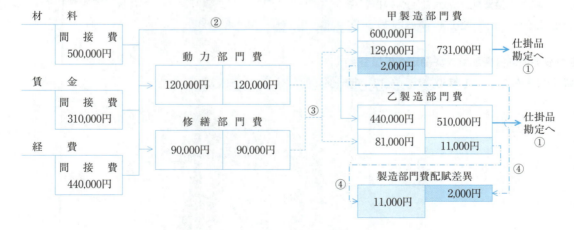

150

２．仕 訳

①製造部門費の予定配賦

甲製造部　@170円×4,300時間＝731,000円

乙製造部　@150円×3,400時間＝510,000円

予定配賦額を仕掛品勘定に振り替えます。

（ 仕 掛 品 ）	1,241,000	（ 甲 製 造 部 門 費 ）	731,000
		（ 乙 製 造 部 門 費 ）	510,000

②部門費の集計

実際発生額を各部門へ配賦します。

（ 甲 製 造 部 門 費 ）	600,000	（ 材 料 ）	500,000
（ 乙 製 造 部 門 費 ）	440,000	（ 賃 金 ）	310,000
（ 動 力 部 門 費 ）	120,000	（ 経 費 ）	440,000
（ 修 繕 部 門 費 ）	90,000		

③補助部門費の各製造部門への配賦

動力部門費　120,000円×55％＝66,000円（甲製造部）

　　　　　　120,000円×45％＝54,000円（乙製造部）

修繕部門費　90,000円×70％＝63,000円（甲製造部）

　　　　　　90,000円×30％＝27,000円（乙製造部）

（ 甲 製 造 部 門 費 ）	129,000	（ 動 力 部 門 費 ）	120,000
（ 乙 製 造 部 門 費 ）	81,000	（ 修 繕 部 門 費 ）	90,000

甲製造部門費：600,000円＋66,000円＋63,000円＝729,000円

乙製造部門費：440,000円＋54,000円＋27,000円＝521,000円

④製造部門費配賦差異

甲製造部門費　731,000円－（600,000円＋129,000円）＝＋2,000円（有利差異）

　　　　　　　予定配賦額　　　　　　実際発生額

乙製造部門費　510,000円－（440,000円＋81,000円）＝△11,000円（不利差異）

（ 甲 製 造 部 門 費 ）	2,000	（ 製 造 部 門 費 配 賦 差 異 ）	2,000
（ 製 造 部 門 費 配 賦 差 異 ）	11,000	（ 乙 製 造 部 門 費 ）	11,000

第5問 標準原価計算、CVP分析等

> **解答** ▶ 第1回 標準原価計算1　　　➡ 問題50ページ

仕 掛 品

月 初 有 高	（　　270,000　）	完 成 高	（　　1,200,000　）
直 接 材 料 費	（　　908,500　）	月 末 有 高	（　　245,000　）
加 工 費	（　　297,000　）	標 準 原 価 差 異	（　　30,500　）
	（　　1,475,500　）		（　　1,475,500　）

月 次 損 益 計 算 書（一部）

（単位：円）

Ⅰ 売 上 高			（　　3,720,000　）
Ⅱ 売 上 原 価			
月 初 製 品 棚 卸 高	（　　120,000　）		
当 月 製 品 製 造 原 価	（　　1,200,000　）		
合 計	（　　1,320,000　）		
月 末 製 品 棚 卸 高	（　　80,000　）		
差 引	（　　1,240,000　）		
標 準 原 価 差 異	（　　30,500　）	（　　1,270,500　）	
売 上 総 利 益		（　　2,449,500　）	
Ⅲ 販売費および一般管理費		1,879,500	
営 業 利 益		（　　570,000　）	

> **⚠ ここに注意**
>
> ・パーシャル・プランを採用しているので、仕掛品勘定で原価差異を把握する。
> ・不利差異（借方差異）の場合、月次損益計算書において、売上原価に加算する。

> **予想配点**　□□□ 1つにつき2点。合計12点。

解説

　「仕掛品勘定への記入」および「月次損益計算書の作成」が問われています。パーシャル・プランの標準原価計算を採用しているので、仕掛品勘定の「直接材料費」および「加工費」の金額は実際原価を記入することになるので注意しましょう。

　なお、パーシャル・プランなので、仕掛品勘定で標準原価差異を把握することになり、貸借差額で求めることができます。

仕 掛 品

月初有高	完成高
標準原価	標準原価
直接材料費	
実際原価	月末有高
加工費	標準原価
実際原価	標準原価差異
	貸借差額

計算用紙

直接材料費　個

月初	750	完成	3,000
当月	2,950	月末	700
		差異	

@300円×750個=225,000円

実際原価　908,500円

@300円×3,000個=900,000円

@300円×700個=210,000円

貸借差額　23,500円

加　工　費　個

月初	450	完成	3,000
(=750個×60%)			
当月	2,900	月末	350
(貸借差引)		(=700個×50%)	
		差異	

@100円×450個=45,000円

実際原価　297,000円

@100円×3,000個=300,000円

@100円×350個=35,000円

貸借差額　7,000円

製　　品　個

| 月初 | 300 | 販売 | 3,100 |
| 完成 | 3,000 | 月末 | 200 |

@400円×300個=120,000円

@400円×3,000個=1,200,000円

@400円×3,100個=1,240,000円

@400円×200個=80,000円

ヨコ解き解答

第1問

第2問

第3問

第4問(1)

第4問(2)

第5問

仕掛品勘定

月 初 有 高：225,000円＋45,000円＝270,000円
直 接 材 料 費：908,500円
加　工　費：297,000円
完　成　高：900,000円＋300,000円＝1,200,000円
月 末 有 高：210,000円＋35,000円＝245,000円
標 準 原 価 差 異：23,500円＋7,000円＝30,500円

月次損益計算書

売上高：@1,200円×3,100個＝3,720,000円
売上原価
　月初製品棚卸高：120,000円
　当月製品製造原価：1,200,000円
　月末製品棚卸高：80,000円
　標準原価差異：30,500円

153

解答　第2回　標準原価計算2　　　→問題51ページ

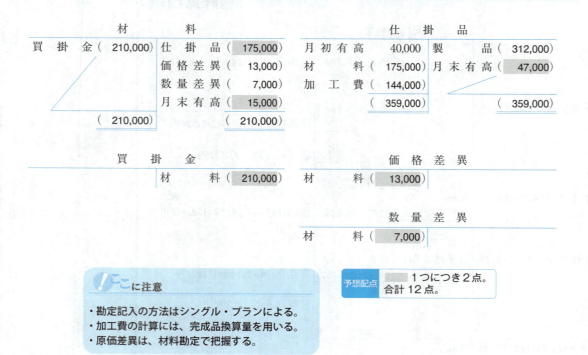

ここに注意
・勘定記入の方法はシングル・プランによる。
・加工費の計算には、完成品換算量を用いる。
・原価差異は、材料勘定で把握する。

予想配点　1つにつき2点。合計12点。

解説

本問は、「勘定記入」が問われています。標準原価計算制度を採用し、勘定記入の方法はシングル・プランによるため、仕掛品勘定への記入は**すべて標準原価**となる点に注意しましょう。原価差異は、材料勘定で把握することになります。

仕掛品勘定への記入（シングル・プラン）

標準原価カードおよび生産実績より、仕掛品勘定に記入する金額（原料費＋加工費）を求めます。

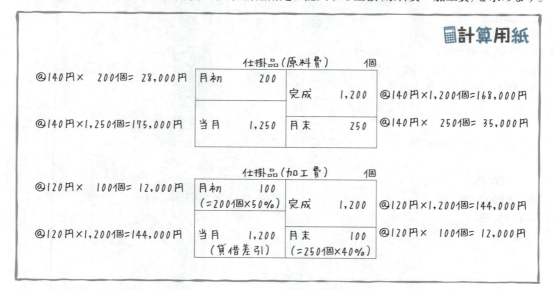

材料勘定への記入および差異分析

　月初在庫はないので、[資料](1)の購入単価が実際の消費単価（@75円）となります。なお、2,800 g購入し、実際消費量は2,600 g、月末在庫は200 gなので、棚卸減耗はありません。
　仕掛品勘定への振替額は、標準消費額（標準原価）となります。なお、月末有高の計算には、実際の購入単価を用いることに注意しましょう。

実際消費額：@75円×2,600 g＝195,000円
標準消費額：@70円×2,500 g＝175,000円
価格差異：（@70円－@75円）×2,600 g＝△13,000円（借方差異）←価格差異勘定にも記入
数量差異：@70円×（2,500 g－2,600 g）＝△7,000円（借方差異）←数量差異勘定にも記入
月末有高：@75円×200 g＝15,000円

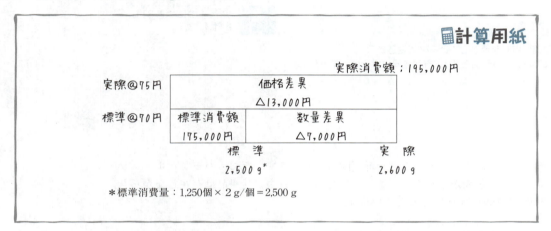

解答 　第3回　標準原価計算3　　　　　　　　　　→問題52ページ

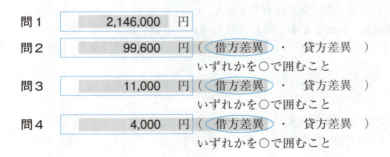

問1　2,146,000 円
問2　99,600 円（ 借方差異 ・ 貸方差異 ）
　　　いずれかを○で囲むこと
問3　11,000 円（ 借方差異 ・ 貸方差異 ）
　　　いずれかを○で囲むこと
問4　4,000 円（ 借方差異 ・ 貸方差異 ）
　　　いずれかを○で囲むこと

ここに注意
・月間と年間の資料が混在しているので注意する
・不利差異の場合は「借方差異」、有利差異の場合は「貸方差異」となる

予想配点　■1つにつき3点。合計12点。

解説

本問は、直接労務費、製造間接費ごとの差異分析が問われています。なお、パーシャル・プランでは、仕掛品勘定において差異が生じます。また、月初および月末に仕掛品は存在しなかったとあるので、当月生産の370個がすべて完成しています。

1．完成品標準原価および原価差異の総額の計算

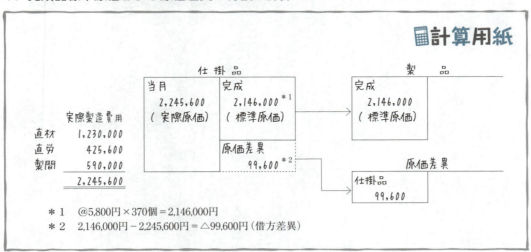

問1　当月の完成品標準原価：2,146,000円
問2　当月の原価差異の総額：△99,600円（借方差異）

2．直接労務費の差異分析

計算用紙に下記のような図を描いて資料を整理すると計算しやすくなります。

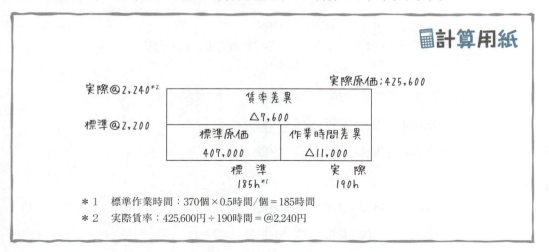

問3　作業時間差異：@2,200円×（185時間－190時間）＝△11,000円（借方差異）

3．製造間接費の差異分析

計算用紙に下記のような図を描いて資料を整理すると計算しやすくなります。なお、製造間接費は直接作業時間を配賦基準としています。

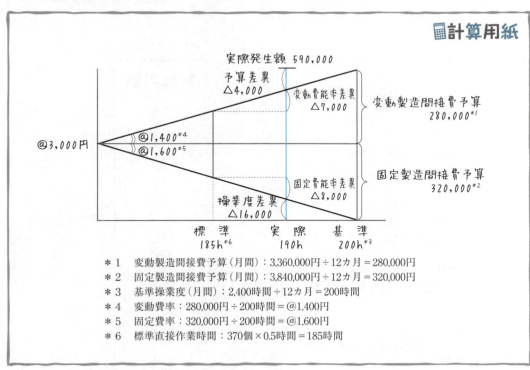

問4　製造間接費予算差異：（@1,400円×190時間＋320,000円）－590,000円
　　　　　　　　　　　　＝△4,000円（借方差異）

解答 　第4回　標準原価計算4　　　　　　　　→ 問題53ページ

(1) 価格差異　　86,000 円（ 有利 ・ 不利 ）
　※（　）内の「有利」または「不利」を○で囲むこと。以下同じ。
　　数量差異　　52,000 円（ 有利 ・ 不利 ）

(2) 予算差異　　　　800 円（ 有利 ・ 不利 ）
　　能率差異　　30,000 円（ 有利 ・ 不利 ）
　　操業度差異　 8,800 円（ 有利 ・ 不利 ）

(3) 予算差異　　　　800 円（ 有利 ・ 不利 ）
　　能率差異　　 8,000 円（ 有利 ・ 不利 ）
　　操業度差異　13,200 円（ 有利 ・ 不利 ）

ここに注意
・(2)の能率差異は、変動費能率差異と固定費能率差異の合計となる。
・(3)の能率差異は、変動費能率差異のみとなり、固定費能率差異は操業度差異に含める。

予想配点　1つにつき2点。合計12点。

解説

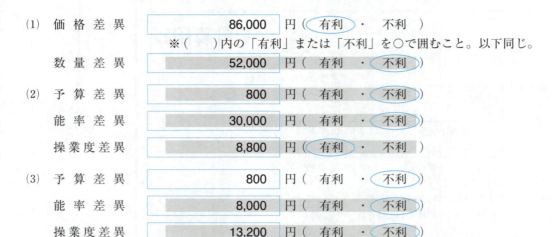

原料費差異の分析

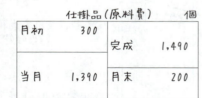

*1 標準消費量：
　150g／個×1,390個＝208,500g
*2 実際単価：
　1,634,000円÷215,000g＝@7.6円

価格差異：(@8円－@7.6円)×215,000g＝86,000円（有利差異）
数量差異：@8円×(208,500g－215,000g)＝△52,000円（不利差異）

加工費差異の分析

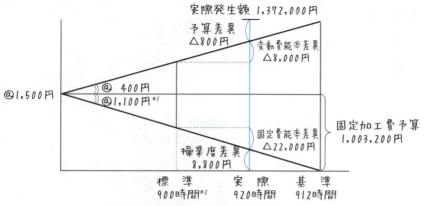

* 1　固定費率：@1,500円－@400円＝@1,100円
* 2　標準直接作業時間：0.6時間／個×1,500個＝900時間

予　算　差　異：@400円×920時間＋1,003,200円－1,372,000円＝△800円（不利差異）
能　率　差　異：△8,000円＋△22,000円＝△30,000円（不利差異）
　変動費能率差異：@　400円×(900時間－920時間)＝△ 8,000円（不利差異）
　固定費能率差異：@1,100円×(900時間－920時間)＝△22,000円（不利差異）
操業度差異：@1,100円×(920時間－912時間)＝8,800円（有利差異）

能率差異を変動費のみから計算する場合

　固定費は能率の良否に関係なく発生し、能率の向上により削減できるのは変動費であることから、能率差異を変動費のみから計算することがあります。その場合、固定費能率差異に相当する部分は操業度差異に含めて計算します。

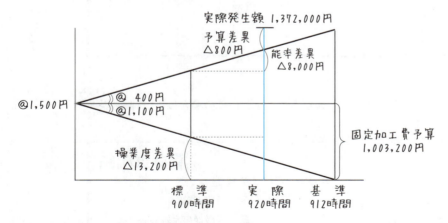

予　算　差　異：@400円×920時間＋1,003,200円－1,372,000円＝△800円（不利差異）
能　率　差　異：@400円×(900時間－920時間)＝△8,000円（不利差異）
操業度差異：@1,100円×(900時間－912時間)＝△13,200円（不利差異）

解 答　第5回　CVP分析1　→ 問題54ページ

問1　　37　％
問2　　6,000,000　円
問3　　8,000,000　円
問4　貢献利益　4,725,000　円　　営業利益　945,000　円
問5　　3　％

予想配点　1つにつき2点。合計12点。

解 説

1．変動費率の計算

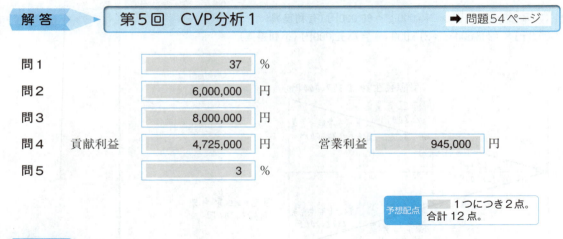

2．損益分岐点売上高

損益分岐点の売上高をSとおいて、次のように計算します。なお、この場合は、「貢献利益－固定費＝0」という関係が成り立ちます。

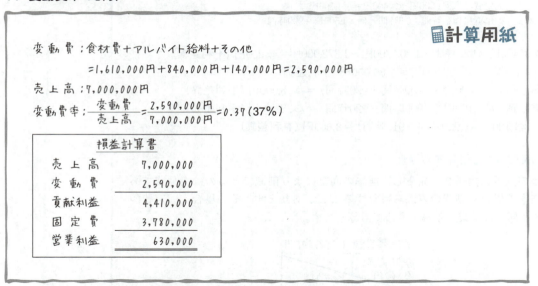

3．目標営業利益1,260,000円を達成するために必要な売上高

目標営業利益1,260,000円を達成するために必要な売上高をＳとおいて、次のように計算します。

なお、この場合は、「貢献利益－固定費＝1,260,000円」という関係が成り立ちます。

計算用紙

損益計算書

売上高	S
変動費	0.37S
貢献利益	0.63S
固定費	3,780,000
営業利益	1,260,000

$$0.63S - 3,780,000 = 1,260,000$$
$$0.63S = 5,040,000$$
$$S = 5,040,000 \div 0.63$$
$$S = 8,000,000$$

4．11月の利益計画における貢献利益と営業利益

売上高の63％が貢献利益となります。

貢献利益：7,500,000円×0.63＝**4,725,000円**

貢献利益から固定費を差し引いた金額が、営業利益となります。

営業利益：4,725,000円－3,780,000円＝**945,000円**

損益計算書

売　上　高	7,500,000
変　動　費	2,775,000
貢　献　利　益	4,725,000
固　定　費	3,780,000
営　業　利　益	945,000

5．売上高に対する水道光熱費の変動費率

最高点（8月）と最低点（6月）のデータを用いて、変動費率を計算します。

$$\text{売上高に対する水道光熱費の変動費率} = \frac{\text{最高点の水道光熱費} - \text{最低点の水道光熱費}}{\text{最高点の売上高} - \text{最低点の売上高}}$$

$$= \frac{1,054,000円 - 1,018,000円}{7,800,000円 - 6,600,000円}$$

$$= 0.03\,(\textbf{3\%})$$

	最低点	最高点
	6 月	8 月
売　上　高	6,600,000 円	7,800,000 円
水 道 光 熱 費	1,018,000 円	1,054,000 円

売上高1円の増加に対して、変動費は0.03円増加していることになります。

参考　固定費

6月を例にとると、変動費と固定費は次のようになります。

変動費：6,600,000円×0.03＝198,000円

固定費：1,018,000円－198,000円＝820,000円

解答	第6回　CVP分析2	➡ 問題55ページ

問1	9,000	万円
問2	11,000	万円
問3	10	%
問4	400	万円

予想配点　各3点。合計12点。

解説

1．損益分岐点の売上高

直接原価計算方式の損益計算書から平均変動費率を計算し、損益分岐点の売上高をS（Salesの略）とおいて、次のように計算します。なお、損益分岐点においては、「貢献利益－固定費＝0」という関係が成り立ちます。

計算用紙

$$平均変動費率；\frac{変動売上原価＋変動販売費}{売上高}=\frac{5,600+400}{10,000}=0.6$$

$$年間固定費；製造固定費＋固定販売費および一般管理費=2,000+1,600=3,600$$

損益計算書	
売上高	S
変動費	0.6S
貢献利益	0.4S
固定費	3,600
営業利益	0

$$0.4S-3,600 = 0$$
$$0.4S = 3,600$$
$$S = 3,600÷0.4$$
$$S = 9,000$$

2．800万円の営業利益を達成する売上高

800万円の営業利益を達成する売上高をSとおいて、次のように計算します。なお、この場合は、「貢献利益－固定費＝営業利益」という関係が成り立ちます。

計算用紙

損益計算書	
売上高	S
変動費	0.6S
貢献利益	0.4S
固定費	3,600
営業利益	800

$$0.4S-3,600 = 800$$
$$0.4S = 800+3,600$$
$$0.4S = 4,400$$
$$S = 4,400÷0.4$$
$$S = 11,000$$

3．安全余裕率

安全余裕率とは、現在の売上高が損益分岐点売上高をどれくらい上回っているかを表す比率であり、高いほど安全ということができます。裏返すと現在の売上高から安全余裕率を超えて下回ると赤字になります。

$$安全余裕率：\frac{現在の売上高 - 損益分岐点売上高}{現在の売上高} \times 100$$

$$= \frac{10{,}000万円 - 9{,}000万円}{10{,}000万円} \times 100 = 10\,(\%)$$

以下の図を書くと、安全余裕率と損益分岐点比率がイメージできます。

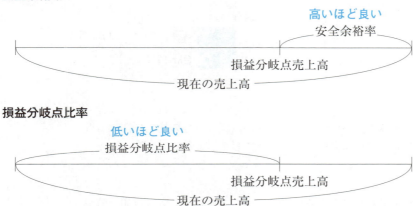

4．売上高が1,000万円増加するときの営業利益の増加額

売上高を11,000万円（＝10,000万円＋1,000万円）としたときの営業利益を求め、現在の営業利益と比較し、増加額を計算します。

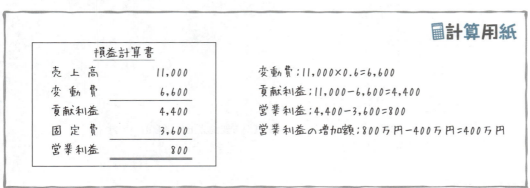

固定費は売上高の増減に係わらず一定となるので、貢献利益の増加分だけ営業利益も増加すると考えることもできます。

1,000万円（売上の増加額）×0.4（貢献利益率）＝400万円（営業利益の増加額）

解答　第7回　直接原価計算1　　→ 問題56ページ

解説

直接原価計算を前提に、営業利益の計算や損益分岐点分析、全部原価計算との比較に関する問題です。直接原価計算の損益計算書を計算用紙に書いて解くようにしましょう。

1．直接原価計算の損益計算書

全部原価計算では、変動費と固定費を合わせて売上原価を計算するのに対し、直接原価計算では、変動費のみで売上原価を計算し、固定費は全額その期間の費用として処理します。

そして、直接原価計算では、売上高から変動売上原価と変動販売費を引いて、**貢献利益**を計算し、さらに固定費を引いて営業利益を計算します。

損益計算書	
売　上　高	×××
変　動　費	×××
貢 献 利 益	×××
固　定　費	×××
営 業 利 益	×××

※　本問では、貢献利益と営業利益を中心に問われているため、売上高から変動売上原価を引いて計算される変動製造マージンの説明は割愛しています。

2．貢献利益、営業利益の計算

(1)　生産・販売量4,000kgの場合

売　上　高：500円/kg × 4,000kg = 2,000,000円

変　動　費：(200円/kg + 70円/kg + 40円/kg) × 4,000kg = 1,240,000円
　　　　　　　　直接材料費　変動加工費　変動販売費

貢 献 利 益：2,000,000円 − 1,240,000円 = 760,000円

固　定　費：420,000円 + 226,000円 = 646,000円
　　　　　　固定加工費　固定販売費及び一般管理費

営 業 利 益：760,000円 − 646,000円 = 114,000円

(2) 生産・販売量5,000kgの場合

売　上　高：500円/kg×5,000kg＝2,500,000円

変　動　費：(200円/kg＋70円/kg＋40円/kg)×5,000kg＝1,550,000円
　　　　　　　直接材料費　変動加工費　変動販売費

貢 献 利 益：2,500,000円－1,550,000円＝950,000円

固　定　費：646,000円

営 業 利 益：950,000円－646,000円＝304,000円

計算用紙

生産・販売量4,000kgの場合

損益計算書	
売 上 高	2,000,000
変 動 費	1,240,000
貢献利益	760,000
固 定 費	646,000
営業利益	114,000

生産・販売量5,000kgの場合

損益計算書	
売 上 高	2,500,000
変 動 費	1,550,000
貢献利益	950,000
固 定 費	646,000
営業利益	304,000

ヨコ解き
解　答

第1問

第2問

第3問

第4問
(1)

第4問
(2)

第5問

　貢献利益は、売上高から単位当たりの変動費に販売量を掛けた金額を引いて計算します。そのため、貢献利益は売上高に**比例**して変化します。

3．損益分岐点売上高

　損益分岐点の売上高をSとおいて、次のように計算します。なお、この場合は、「貢献利益－固定費＝0」という関係が成り立ちます。

$$変動費率：\frac{変動費}{売上高}＝\frac{1,240,000万円}{2,000,000万円}＝0.62（\textbf{62\%}）$$

$$または　\frac{@200円＋@70円＋@40円}{@500円}＝0.62（\textbf{62\%}）$$

計算用紙

損益計算書	
売 上 高	S
変 動 費	0.62S
貢献利益	0.38S
固 定 費	646,000
営業利益	0

$$0.38S－646,000＝0$$
$$0.38S＝646,000$$
$$S＝646,000÷0.38$$
$$S＝1,700,000$$

165

4．全部原価計算と直接原価計算による営業利益（月末・月初の仕掛品はなしと仮定）

⑴　生産量と販売量が一致する場合（生産量・販売量：4,000kg）

①直接原価計算

売 上 高：2,000,000円

変 動 費：（200円/kg＋70円/kg＋40円/kg）×4,000kg＝1,240,000円
　　　　　　　　　直接材料費　変動加工費　変動販売費

貢 献 利 益：2,000,000円－1,240,000円＝760,000円

固 定 費：420,000円＋　226,000円　＝646,000円
　　　　　　　固定加工費　固定販売費及び一般管理費

営 業 利 益：114,000円

②全部原価計算

売 上 原 価：（200円/kg＋70円/kg）×4,000kg＋420,000円×$\dfrac{4,000kg}{4,000kg}$＝1,500,000円
　　　　　　　　　直接材料費　変動加工費　　　　　固定加工費

販売費及び一般管理費：40円/kg×4,000kg＋226,000円＝386,000円
　　　　　　　　　　　　変動販売費　　　　固定販売費

営 業 利 益：2,000,000円－1,500,000円－386,000円＝114,000円

計算用紙

直接原価計算

損益計算書

売 上 高	2,000,000
変 動 費	1,240,000
貢献利益	760,000
固 定 費	646,000
営業利益	114,000

全部原価計算

損益計算書

売 上 高	2,000,000
売 上 原 価	1,500,000
売上総利益	500,000
販 管 費	386,000
営業利益	114,000

　生産量と販売量が一致する場合、固定製造原価の発生額420,000円が全額売上原価となるため、営業利益は一致します。

⑵　生産量と販売量が一致しない場合（生産量5,000kg・販売量：4,000kg）

①直接原価計算

売 上 高：2,000,000円

変 動 費：（200円/kg＋70円/kg＋40円/kg）×4,000kg＝1,240,000円
　　　　　　　　　直接材料費　変動加工費　変動販売費

貢 献 利 益：760,000円

固 定 費：420,000円＋　226,000円　＝646,000円
　　　　　　　固定加工費　固定販売費及び一般管理費

営 業 利 益：114,000円

②全部原価計算

売 上 原 価：（200円/kg＋70円/kg）×4,000kg＋420,000円×$\dfrac{4,000kg}{5,000kg}$＝1,416,000円
　　　　　　　　　直接材料費　変動加工費　　　　　固定加工費

販売費及び一般管理費：40円/kg×4,000kg＋226,000円＝386,000円
　　　　　　　　　　　　変動販売費　　　　固定販売費

営 業 利 益：2,000,000円－1,416,000円－386,000円＝198,000円

解答・解説編

計算用紙

直接原価計算

損益計算書

売 上 高	2,000,000
変 動 費	1,240,000
貢 献 利 益	760,000
固 定 費	646,000
営 業 利 益	114,000

全部原価計算

損益計算書

売 上 高	2,000,000
売 上 原 価	1,416,000
売 上 総 利 益	584,000
販 管 費	386,000
営 業 利 益	198,000

生産量と販売量が一致しない場合、固定製造原価の発生額420,000円のうち336,000円だけが売上原価となり、残りの84,000円が期末製品に含まれるため、営業利益は一致しません。

解答 ▶ **第8回　直接原価計算2** ➡ 問題58ページ

ヨコ解き解答

第1問

第2問

第3問

第4問(1)

第4問(2)

第5問

全部原価計算による損益計算書（単位：円）

売 上 高	（	3,571,200 ）
売 上 原 価	（	2,511,000 ）
配 賦 差 異	（	84,000 ）
売 上 総 利 益	（	976,200 ）
販 売 費	（	419,000 ）
一 般 管 理 費	（	360,000 ）
営 業 利 益		197,200

直接原価計算による損益計算書（単位：円）

売 上 高	（	3,571,200 ）
変 動 売 上 原 価	（	1,395,000 ）
変 動 製 造 マ ー ジ ン	（	2,176,200 ）
変 動 販 売 費	（	279,000 ）
貢 献 利 益	（	1,897,200 ）
固 定 費	（	1,700,000 ）
営 業 利 益	（	197,200 ）

！ここに注意

・問題文の指示によりすべての配賦差異を当期の売上原価に賦課している

予想配点　■1つにつき2点。合計12点。

解説

本問は「全部原価計算による損益計算書」と「直接原価計算による損益計算書」の作成問題です。加工費を生産量にもとづいて予定配賦する点に注意しましょう。

1．加工費の予定配賦率の算定

(1) 変動加工費の予定配賦率：@750円
(2) 固定加工費の予定配賦率：1,200,000円÷1,200個＝@1,000円

167

2．全部原価計算による損益計算書の作成

(1) 売　上　高：@3,200円×1,116個＝3,571,200円
(2) 売　上　原　価：(@500円　＋　@750円　＋　@1,000円)×1,116個＝2,511,000円
　　　　　　　　　　原料費(変動費)　変動加工費　固定加工費
(3) 配　賦　差　異：
　　予　算　差　異：@750円×1,116個－@750円×1,116個＝0（差異なし）
　　　　　　　　　　　予定配賦額　　　　実際変動加工費

　　操業度差異：@1,000円×(1,116個－1,200個)＝△84,000円（借方差異）*1

*1 配賦差異は借方差異なので、売上原価に加算します。

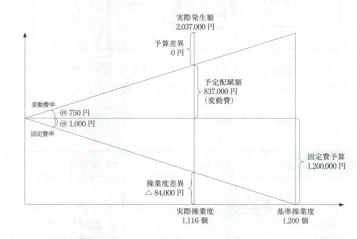

(4) 販　売　費：@250円×1,116個＋140,000円＝419,000円
(5) 一般管理費(固定費)：360,000円

3．直接原価計算による損益計算書の作成

(1) 売　上　高：@3,200円×1,116個＝3,571,200円
(2) 変動売上原価：(@500円　＋　@750円)×1,116個＝1,395,000円
　　　　　　　　　原料費(変動費)　変動加工費
(3) 変動販売費：@250円×1,116個＝279,000円
(4) 固　　　定　　　費：1,200,000円*2　＋　140,000円　＋　360,000円　＝1,700,000円
　　　　　　　　　　　実際固定加工費　　固定販売費　一般管理費(固定費)

*2 直接原価計算では実際発生額を計上するため、操業度差異は計上されません。

第2部　タテ解き！編

問　題

日本商工会議所掲載許可済―禁無断転載

第 1 回　本試験問題

➡ 答案40ページ

| 第1問 | 仕　訳 | C | 10分 | ➡ 解答192ページ |

　下記の取引の仕訳を示しなさい。ただし、勘定科目は、各取引の右の勘定科目から最も適当と思われるものを選び、記号で解答すること。

1．満期まで保有する目的でＡ社が発行する社債（額面総額¥3,000,000）を×8年9月8日に額面¥100につき¥99.50にて購入し、前回の利払日の翌日から売買日までの端数利息（1年を365日とする日割計算で算出し、収益の勘定を用いて処理すること）とともに当社の当座預金口座から指定された銀行の普通預金口座へ振り込んだ。この社債は×7年7月1日に発行された普通社債であり、満期までの期間は10年、利払日は毎年6月と12月の末日、利率は年0.365％であった。　　（第145回改）

ア．普　通　預　金
イ．当　座　預　金
ウ．売買目的有価証券
エ．満期保有目的債券
オ．受　取　利　息
カ．有価証券利息
キ．支　払　利　息

2．かねて得意先から売掛金の決済のために受け取り、取引銀行で割り引いていた額面¥800,000の約束手形が満期日に支払拒絶され、取引銀行から償還請求を受けたので、手形の額面金額に満期日以後の延滞利息¥1,200および償還請求に伴うその他の費用¥800を含めて小切手を振り出して支払うとともに、手形の振出人である得意先に対して、小切手で支払った延滞利息およびその他の費用を含む金額で手形の償還請求を行った。　　（第156回改）

ア．当　座　預　金
イ．売　　掛　　金
ウ．受　取　手　形
エ．不　渡　手　形
オ．支　払　手　形
カ．支　払　利　息
キ．支　払　手　数　料

3．従業員の退職時に支払われる退職一時金の給付は内部積立方式により行ってきたが、従業員3名が退職したため退職一時金総額¥18,000,000を支払うこととなり、源泉所得税分¥4,000,000を控除した残額を当座預金から支払った。　　（第154回改）

ア．当　座　預　金
イ．普　通　預　金
ウ．退職給付引当金
エ．預　　り　　金
オ．退職給付費用
カ．法定福利費
キ．福利厚生費

4．過年度に納付した法人税に関して、税務当局から追徴の指摘を受け、追加で¥760,000を支払うようにとの通知が届いたため、負債の計上を行った。　　（第151回改）

ア．当　座　預　金
イ．追徴法人税等
ウ．未払法人税等
エ．還付法人税等
オ．未収還付法人税等
カ．租　税　公　課
キ．未　払　金

5．決算にあたり、本店は支店より「当期純利益¥136,000を計上した」との連絡を受けた。なお、当社は支店独立会計制度を導入しているが、支店側の仕訳は答えなくてよい。　　（第145回改）

ア．本　　　　　店
イ．支　　　　　店
ウ．損　　　　　益
エ．諸　　収　　益
オ．諸　　費　　用
カ．繰越利益剰余金
キ．子　会　社　株　式

170

| 第2問 | 銀行勘定調整表 | A | 15分 | → 解答194ページ |

当社の×7年3月31日の決算（1年決算）にかかわる次の［資料］にもとづいて、下記の［設問］に答えなさい。

(第146回改)

Rule
銀行勘定調整表はとにかく両者区分調整法で作ってみる

［資料］

1．決算にあたり、現金の実際有高を調べたところ、通貨（紙幣および硬貨）¥123,000のほかに、手許に次のものがあることが判明した。

| 他人振出しの小切手 | ¥10,000 | 収入印紙 | ¥ 8,000 | 配当金領収証 | ¥ 7,000 |
| 郵便切手 | ¥ 6,000 | 送金小切手 | ¥ 9,000 | | |

2．決算にあたり、取引銀行から当座預金の残高証明書を取り寄せたところ、その残高は¥320,000であり、当社の当座預金勘定の残高とは一致していなかった。そこで、不一致の原因を調査した結果、次の事実が明らかとなった。

① 仕入先に対して買掛金の支払いとして小切手¥30,000を振り出して渡したが、決算日現在、仕入先は小切手を銀行にまだ呈示していなかった。

② 売掛金の回収として得意先振出しの小切手¥10,000を受け取り、その時点で当座預金の増加として処理していたが、決算日現在、金庫に入れたままで、銀行への預入れを行っていなかった。

Hint
過去に行った仕訳
（当座預金）10,000
　（売掛金）10,000

③ 電子債権記録機関より発生記録の通知を受けていた電子記録債権の支払期日が到来し、当座預金の口座に¥40,000が振り込まれていたが、決算日現在、この取引の記帳はまだ行っていなかった。

④ 決算日に売上代金¥50,000を銀行の夜間金庫（当座預金）に預け入れたが、銀行では営業時間を過ぎていたため、当日の入金としては処理していなかった。

［設問］

問1 答案用紙の銀行残高基準法による銀行勘定調整表を完成しなさい。なお、［　］には上記の［資料］2．における番号①〜④を記入し、（　）には金額を記入すること。

問2 貸借対照表に計上される現金および当座預金の金額をそれぞれ求めなさい。

タテ解き
問　題

第1回

第2回

第3回

171

| 第3問 | 精算表作成 | A 20分 | ➡ 解答196ページ |

次に示した博多商事株式会社の［資料］にもとづいて、答案用紙の精算表を完成しなさい。なお、会計期間は×7年4月1日から×8年3月31日までの1年間である。

［資料］　決算整理事項その他

1．決算にあたって調査したところ、次の事実が判明した。

① 現金の実際有高は¥65,400であった。帳簿残高との不一致の原因は不明であるので、適切に処理する。

Hint
帳簿残高＜実際有高

② 売掛金のうち¥23,000は得意先が倒産したため回収不能であった。この売掛金は前期の売上取引から生じたものであり、貸倒れとして処理する。

2．受取手形と売掛金の期末残高に対して2％の貸倒れを見積もる。貸倒引当金は差額補充法により設定する。なお、売掛金には米ドル建てのものが¥25,500（1ドル＝¥102）あり、決算日のレート（1ドル＝¥110）に換算する。

3．売買目的有価証券の内訳は次のとおりである。

	帳簿価額	時　価
A社株式	¥37,800	¥41,500
B社株式	¥81,900	¥72,200
C社社債	¥27,850	¥29,800

4．商品の期末棚卸高は次のとおりである。売上原価の計算は仕入勘定で行うが、棚卸減耗損および商品評価損は独立の科目として処理する。

Hint
原価＜正味売却価額の場合はどうする？

| 帳簿棚卸高 | 数量 | 410個 | 原　　価 | @¥215 |
| 実地棚卸高 | 数量 | 403個 | 正味売却価額 | @¥221 |

5．有形固定資産の減価償却は次の要領で行う。

建物：耐用年数は30年、残存価額は取得原価の10％として、定額法により計算する。

備品：償却率は年20％として、定率法により計算する。

なお、建物のうち¥1,350,000は×8年2月1日に取得し、×8年3月1日より使用を開始したものであり、この建物については、耐用年数は30年、残存価額はゼロとして、定額法により月割で減価償却を行う。

6．商標権は×4年4月1日に取得したものであり、10年間にわたって毎期均等額を償却することとしており、今期も同様に償却する。

7．満期保有目的債券（額面金額：¥500,000、利率：年1.5％、償還日：×11年3月31日）は、×6年4月1日に取得したもので、償却原価法（定額法）により評価しており、今期も同様の処理を行う。

Hint
期首（再振替処理）
　保険料××
　　前払保険料××
8月1日（支払時）
　保険料××
　　現金など××

8．保険料は毎年同額を8月1日に向こう1年分（12か月分）として支払っているものであり、前払分の再振替処理は期首に行っている。保険期間の未経過分について必要な処理を行う。

問題編

第4問 (1) 個別原価計算　　　B　10分　→ 解答199ページ

　当社は、個別原価計算を採用している。次の一連の取引について仕訳しなさい。ただし、勘定科目は、各取引の右の勘定科目から最も適当と思われるものを選び、記号で解答すること。仕訳の金額はすべて円単位とする。

1 (1)　当月、素材800,000円（購入代価@200円、4,000個）および補修用材料50,000円（購入代価@100円、500個）を掛けで購入した。なお、購入に際しては、購入代価の10％を材料副費として予定配賦している。

(2)　当月の材料費の消費高を計上する。当月に消費した素材は3,500個であり、うち製造指図書♯1向けの消費は2,000個（♯2より先に消費）であり、製造指図書♯2向けの消費は1,500個である。

　　　なお、月初の素材有高は198,000円（購入原価@198円、1,000個）であり、材料費は先入先出法で計算している。

ア．材　　　　料
イ．当 座 預 金
ウ．買　掛　金
エ．仕　掛　品
オ．製 造 間 接 費
カ．材 料 副 費
キ．材 料 副 費 差 異

2 (1)　当月の直接工による労務費の消費高を計上する。直接工について、作業時間票によれば、当月の実際直接作業時間は800時間、実際間接作業時間は15時間、手待時間は5時間であった。

　　　実際直接作業時間のうち、製造指図書♯1向けの消費は500時間、製造指図書♯2向けの消費は300時間である。当工場において適用する予定賃率は700円である。

(2)　当月の間接工による労務費の消費高を計上する。間接工について、前月末賃金未払高20,000円、当月賃金支払高200,000円、当月末賃金未払高30,000円であった。

ア．賃 金 ・ 給 料
イ．当 座 預 金
ウ．買　掛　金
エ．仕　掛　品
オ．製 造 間 接 費
カ．賃 率 差 異
キ．作 業 時 間 差 異

3 (1)　直接作業時間を配賦基準として、予定配賦率により製造間接費を各製造指図書に配賦する。なお、年間の製造間接費予算は9,000,000円、年間の予定総直接作業時間は9,000時間である。

(2)　製造指図書♯1が完成し、完成品原価1,268,000円を振り替えた。なお、製造指図書♯1および製造指図書♯2はいずれも当月から製造を開始したため、月初仕掛品はない。

ア．仕　掛　品
イ．製 造 間 接 費
ウ．製　　　品
エ．買　掛　金
オ．材　　　料
カ．賃 金 ・ 給 料
キ．製造間接費配賦差異

タテ解き
問　題

第1回

第2回

第3回

173

第4問 (2) 単純総合原価計算 B 20分 → 解答201ページ

問1 当社は製品Zを生産・販売し、実際総合原価計算を採用している。次の［資料］にもとづいて、答案用紙の総合原価計算表の（　）内に適切な金額を記入しなさい。なお、原価投入額合計を完成品総合原価と月末仕掛品原価に配分する方法として先入先出法を用いること。

(第154回改)

［資料］

［生産データ］

月初仕掛品量	4,000 kg (50%)
当月投入量	59,000
合　計	63,000 kg
差引：正常仕損量	1,000
月末仕掛品量	2,000 (50%)
完成品量	60,000 kg

［原価データ］

月初仕掛品原価	
A 原料費	24,000 円
加 工 費	11,000
小　計	35,000 円
当月製造費用	
A 原料費	354,000 円
B 原料費	33,000
加 工 費	480,000
小　計	867,000 円
合　計	902,000 円

（注）（　）内は加工費の進捗度である。A原料は工程の始点で投入している。B原料は工程の60％の点で投入しており、B原料費はすべて完成品に負担させる。正常仕損は工程の終点で発生し、それらはすべて当月作業分から生じた。正常仕損費はすべて完成品に負担させ、仕損品に処分価額はない。

Hint 問題文の指示により、B原料費はそのまま完成品原価とすればよい。

Hint 終点発生の仕損品は、100％の加工を受けている。

問2 上記［資料］について、同じデータで仕損品の売却による処分価額を1kg当たり6円としたときの完成品総合原価を計算しなさい。

Hint 終点で発生した仕損品の処分価額は、完成品総合原価のマイナスとなる。

問題編

第5問　標準原価計算　　　　C　10分　➡ 解答203ページ

　当工場では、製品X、製品Y、製品Zの3種類の製品を製造しており、パーシャルプランの標準原価計算を採用している。以下の [資料] にもとづいて、下記の**問い**に答えなさい。

[資料]

1. 製品1個当たりの直接材料の標準消費量と標準単価

	製品X	製品Y	製品Z
材料の種類	材料A	材料B	材料A
材料の標準単価	@500円/kg	@600円/kg	@500円/kg
材料の標準消費量	10kg	8kg	7kg

Hint
計算用紙で製品ごとに原価標準を整理する

2. 製品1個当たりの標準直接作業時間および標準消費賃率

	製品X	製品Y	製品Z
標準直接作業時間	1時間	1.5時間	1時間

標準消費賃率は、2,000円/時間である。

3. 製造間接費

　製造間接費は、直接作業時間を配賦基準として標準配賦される。なお、製造間接費には公式法変動予算を設定しており、変動費率は、2,000円／時、月間固定費予算額は、6,800,000円である。月間正常直接作業時間は、3,400時間である。

4. 当月の予算生産・販売量と実際生産・販売量

	製品X	製品Y	製品Z
予算生産・販売量	1,000個	900個	1,050個
実際生産・販売量	1,000個	800個	1,200個

期首仕掛品と期末仕掛品はない。

5. 当月の材料実際消費量と実際単価

	材料A	材料B
実際単価	@490円/kg	@610円/kg
実際消費量	18,500kg	6,600kg

Hint
材料Aに係る差異は、製品XとZの消費量の合計にもとづいて計算する

6. 当月の実際作業時間と製造間接費実際発生額

　実際作業時間は、3,500時間であり、製造間接費実際発生額は、15,400,000円である。

7. 予算販売単価と実際販売単価

	製品X	製品Y	製品Z
予算販売単価	@13,750円	@17,250円	@11,875円
実際販売単価	@13,800円	@17,500円	@11,000円

Hint
売上高差異は収益の差異のため、予算より実際が上回っていた場合、有利差異となる

問1 製品X、製品Y、製品Zの原価標準をそれぞれ計算しなさい。

問2 材料Aの材料費差異を計算し、それを材料価格差異と材料消費量差異に分解しなさい。

問3 製品Yの売上高差異を計算し、それを販売価格差異と、販売数量差異に分解しなさい。

タテ解き
問題
第1回
第2回
第3回

175

第 2 回　本試験問題

➡ 答案45ページ

| 第1問 | 仕　訳 | C 10分 | ➡ 解答206ページ |

　下記の取引の仕訳を示しなさい。ただし、勘定科目は、各取引の右の勘定科目から最も適当と思われるものを選び、記号で解答すること。

1．×年12月1日、売買目的で保有している額面総額￥1,200,000の社債（利率年0.365％、利払日は3月末と9月末の年2回）を額面￥100につき￥98.90の価額（裸相場）で売却し、売却代金は売買日までの端数利息とともに現金で受け取った。なお、この社債は×年9月1日に額面￥100につき￥98.80の価額（裸相場）で買い入れたものであり、端数利息は1年を365日として日割で計算する。
（第152回改）

- ア．現　　　　　金
- イ．当　座　預　金
- ウ．売買目的有価証券
- エ．受　取　利　息
- オ．有価証券利息
- カ．有価証券売却益
- キ．有価証券売却損

2．×年3月31日、決算にあたり、前年度に販売した商品に付した品質保証期限が経過したため、この保証のために設定した引当金の残高￥28,000を取り崩すとともに、当期に品質保証付きで販売した商品の保証費用を当期の売上高￥9,250,000の2％と見積もり、洗替法により引当金を設定する。
（第152回改）

- ア．当　座　預　金
- イ．商　品　保　証　費
- ウ．商品保証引当金
- エ．商品保証引当金繰入
- オ．商品保証引当金戻入
- カ．未　払　金
- キ．未　払　費　用

3．×年3月31日、決算にあたり、売上債権の期末残高￥500,000について2％の貸倒れを見積もり、貸倒引当金を設定したが、その全額について税法上の損金算入が認められなかったので、貸倒引当金にかかわる税効果会計の仕訳を行う。貸倒引当金に期首残高はなく、また法人税等の法定実効税率は30％である。なお、貸倒引当金を設定するための決算整理仕訳はすでに行っているものとし、税効果会計の適用にかかわる仕訳のみを解答すること。
（第156回改）

- ア．繰延税金資産
- イ．繰延税金負債
- ウ．法人税、住民税及び事業税
- エ．法人税等調整額
- オ．未払法人税等
- カ．前　払　費　用
- キ．前　払　金

4．(1)　建築物の設計・監理を請け負っている株式会社熊本設計事務所は、給料￥250,000、消耗品費￥50,000（費用として記帳済み）が請け負っていたA社の案件のために費やされたものであることが明らかになったので、これらを仕掛品勘定に振り替えた。
　(2)　後日、建築物が設計通りに建設業者からA社に引き渡されたため、当社はA社に対する設計・監理料として￥500,000を収益計上するとともに、それに伴う原価を計上した。なお、代金は翌月末に入金される条件である。
（第150回改）

- ア．売　　掛　　金
- イ．未　収　入　金
- ウ．仕　　掛　　品
- エ．役　務　収　益
- オ．役　務　原　価
- カ．給　　　　　料
- キ．消　耗　品　費

5．決算にあたり、本店より「本店が支払った広告宣伝費￥400,000につき、その4分の1を栃木支店が負担するように」との指示があったので、栃木支店は広告宣伝費を計上した。なお、当社は支店独立会計制度を導入しているが、本店側の仕訳は答えなくてよい。
（第142回改）

- ア．本　　　　　店
- イ．支　　　　　店
- ウ．未　収　入　金
- エ．立　　替　　金
- オ．未　　払　　金
- カ．預　　り　　金
- キ．広　告　宣　伝　費

| 第2問 | 連結精算表 | C | 20分 | ➡ 解答208ページ |

次に示した［資料］にもとづいて、答案用紙の連結精算表を作成しなさい。なお、当期は×6年4月1日から×7年3月31日までの1年間である。連結財務諸表上、減少となる項目については金額の前に「△」を付けること。なお、連結精算表の修正・消去欄は採点の対象としない。

（第148回改）

［資料］

1．P社は×5年3月31日に、S社の発行済株式数の80％を200,000千円で取得し、支配を獲得した。×5年3月31日のS社の貸借対照表上、資本金100,000千円、資本剰余金20,000千円、利益剰余金30,000千円が計上されていた。

Hint
子会社の前期の当期純利益は、前期末（当期首）の利益剰余金と前々期末の利益剰余金との差額で計算

2．のれんは発生年度の翌年から最長年数にわたり定額法により償却する。

3．S社は、当期に繰越利益剰余金を財源に10,000千円の配当を行っており、P社はそのうち8,000千円を受け取っている。なお、前期は配当を行っていない。

4．前期よりP社はS社に商品を掛けで販売している。P社のS社への売上高は860,000千円であり、P社はS社に商品を販売するにあたり仕入原価に10％の利益を付加している。

5．S社はP社から仕入れた商品のうち、110,000千円が期末商品棚卸高に含まれている。また、S社の期首商品棚卸高に99,000千円のP社から仕入れた商品が含まれている。

6．P社の売掛金のうち180,000千円はS社に対するものである。P社はS社に対する売掛金について1％の貸倒引当金を設定している。

7．P社の貸付金のうち70,000千円はS社に対して期間2年、利率年1％、利払日3月末日の条件で貸し付けたものである。

タテ解き
問 題

第1回

第2回

第3回

| 第3問 | 貸借対照表作成 | C | 20分 | ➡ 解答211ページ |

次に示した熊本商事株式会社の［資料Ⅰ］、［資料Ⅱ］、［資料Ⅲ］にもとづいて、答案用紙の貸借対照表を作成しなさい。なお、会計期間は×7年4月1日から×8年3月31日までの1年間である。

（第145回改）

[資料Ⅰ]

決算整理前残高試算表
×8年3月31日
（単位：円）

借　　方	勘　定　科　目	貸　　方
705,700	現　金　預　金	
140,000	受　取　手　形	
2,078,000	売　　掛　　金	
1,601,000	繰　越　商　品	
6,600	前　払　費　用	
99,600	未　収　入　金	
3,000	仮　払　法　人　税　等	
	貸　倒　引　当　金	5,000
810,000	建　　　　　物	
	建物減価償却累計額	429,200
160,000	備　　　　　品	
	備品減価償却累計額	41,500
1,642,000	土　　　　　地	
18,000	長　期　前　払　費　用	
	支　払　手　形	156,000
	電　子　記　録　債　務	1,352,000
	買　　掛　　金	401,600
	短　期　借　入　金	800,000
	未　払　費　用	113,000
	資　　本　　金	1,485,000
	資　本　準　備　金	836,000
	利　益　準　備　金	123,200
	繰　越　利　益　剰　余　金	886,470
	売　　　　　上	12,214,130
6,549,800	仕　　　　　入	
3,810,000	給　料　手　当	
945,000	賃　　借　　料	
15,000	保　　険　　料	
199,700	水　道　光　熱　費	
40,700	減　価　償　却　費	
40,000	支　払　利　息	
	受　取　利　息	21,000
18,864,100		18,864,100

Hint

決算整理前残高試算表に以下のように線を引いて5要素に分け、勘定科目を探しやすくしておくとよい

資　産
負　債
純　資　産
収　益
費　用

178

[資料Ⅱ]　決算にあたっての修正事項

　月次決算段階での会計処理の誤りが判明し、これを修正する。

1．売上高の計上基準は得意先の検収基準であるが、3月の掛け売上計上分のうち¥600,000（原価¥400,000）が得意先で未検収のままであることが判明した。

Hint
検収基準では、売上を計上するのは相手先が検収したとき

2．普通預金口座に入金され、受取利息に計上した金額のうち¥16,000が、源泉税（20％）を控除した純額であったことが判明した。

[資料Ⅲ]　決算整理事項

1．商品の期末帳簿棚卸高（出荷基準にもとづき算定）は¥1,750,000、実地棚卸高は¥1,710,000であった。上記［資料Ⅱ］1．の未検収分については帳簿棚卸高および実地棚卸高に含まれていない。

Hint
未検収のものは当社の商品としてカウントする

2．未払費用の残高は前期末の決算整理により計上されたものであり、期首の再振替仕訳は行われていない。期首の未払費用の内訳は給料¥23,000および水道光熱費¥90,000であり、当期末の未払額は給料¥35,000および水道光熱費¥105,000であった。

3．長期前払費用の残高は、3月1日に3年分の火災保険料を支払ったものである。当期分を費用に計上するとともに、1年以内に費用化される部分の金額を前払費用に振り替えることにした。

Rule
1年を超えるものは長期前払費用（固定資産）

タテ解き
問　題

第1回

4．有形固定資産の減価償却を次のとおり行う。

　　　建物　　　定額法　　　　耐用年数30年　　残存価額ゼロ
　　　備品　　　200％定率法　　耐用年数8年　（期中の購入分は除く）

第2回

　減価償却費は、概算額で建物は¥2,200、備品¥1,500を4月から2月までの月次決算で各月に計上してきているが、減価償却費の年間確定額との差額を決算月で計上する。

　備品のうち¥60,000は×8年3月1日に取得し使用開始したものであり、200％定率法により耐用年数5年で減価償却を行う。この備品については月次決算で減価償却費を計上していない。

Hint
備品減価償却累計額には当期中の月次決算で計上した¥1,500×11か月分が含まれている

第3回

5．借入金は、×8年2月1日に借り入れたものであり、その内訳は次のとおりである。

　　　残高　¥200,000　　返済期日　×9年1月31日　　利率年1.2％
　　　残高　¥600,000　　返済期日　×11年1月31日　　利率年1.8％

　利息は2月1日に6か月分を前払（月割計算）し、支払時にその全額を前払費用に計上しているが、期末に前払利息分を月割で計算して計上する。

Rule
1年を超えるものは長期借入金（固定負債）

6．受取手形および売掛金の残高について、1％の貸倒引当金を差額補充法により設定する。

7．法人税、住民税及び事業税として¥150,000を計上する。なお、決算整理後の当期純利益は¥350,000である。

179

第4問 (1) 本社工場会計 B 10分 ➡ 解答214ページ

越後製作所は長岡市に工場をもっており、本社と工場はそれぞれ独立した会計をとっている。10月1日における長岡工場の元帳諸勘定残高は次のとおりである。長岡工場で使用する勘定科目は残高試算表に示されているものに限るものとする。

残 高 試 算 表		（単位：円）
材　　　料	500,000	本　　　社　　600,000
仕　掛　品	100,000	
製　　　品	0	
賃金・給料	0	
製造間接費	0	
	600,000	600,000

以下の1～3は、本製作所の10月における取引の一部である。長岡工場において行われる仕訳を示しなさい。ただし、勘定科目は、各取引の右の勘定科目から最も適当と思われるものを選び、記号で解答すること。なお、材料の購入など支払い関係はすべて本社が行っている。

1(1) 長岡工場は、素材300,000円をメッキ加工のため、無償で協力会社の金沢工業に引き渡した。このとき、この素材を通常の出庫票で出庫した。

(2) 協力会社に外注してあった(1)の素材がメッキ加工ののち納品されたので、長岡工場は、これを検査後ただちに製造現場に引き渡した。当月分の請求書金額は90,000円であり、11月末に支払う予定である。

　ア．材　　　　　料
　イ．仕　掛　品
　ウ．製　　　　　品
　エ．買　掛　金
　オ．製　造　間　接　費
　カ．本　　　　　社
　キ．工　　　　　場

2(1) 当月の直接工の賃金消費額（すべて直接作業時間にかかるもの）は500,000円、間接工の賃金消費額は160,000円であった。

(2) 長岡工場は、当月の機械の減価償却費を計上した。本社からの通知によれば、減価償却費の年間見積額は2,400,000円である。

　ア．賃　金　・　給　料
　イ．仕　掛　品
　ウ．製　　　　　品
　エ．機械減価償却累計額
　オ．製　造　間　接　費
　カ．本　　　　　社
　キ．工　　　　　場

3(1) 製品1,000,000円が完成した。

(2) 長岡工場は完成した製品のうち800,000円を得意先の京都商事へ発送し、その旨を本社に連絡した。

　ア．売　上　原　価
　イ．売　　上　　高
　ウ．製　　　　　品
　エ．仕　掛　品
　オ．製　造　間　接　費
　カ．本　　　　　社
　キ．工　　　　　場

| 第4問 | (2) 等級別総合原価計算 | B | 15 | ➡ 解答216ページ |

当社は、同一工程で等級製品A、Bを連続生産している。製品原価の計算方法は、1か月の完成品総合原価を製品1枚当たりの重量によって定められた等価係数に完成品量を乗じた積数の比で各等級製品に按分する方法を採用している。

次の [資料] にもとづいて、下記の**問**に答えなさい。なお、原価投入額合計を完成品総合原価と月末仕掛品原価に配分する方法には先入先出法を用い、正常仕損は工程の途中で発生したので、度外視法によること。この仕損品の処分価額はゼロである。　　　　　　　　(第151回改)

[資料]
1．生産データ

月初仕掛品	1,000	枚	（50%）
当月投入	10,000		
合　計	11,000	枚	
正常仕損品	1,000		
月末仕掛品	2,000		（50%）
完　成　品	8,000	枚	

（注）　完成品は、Aが6,000枚、Bが2,000枚である。また、材料は工程の始点で投入し、（　）内は加工費の進捗度である。

2．原価データ

月初仕掛品原価		
直接材料費	35,000	円
加　工　費	45,000	
小　計	80,000	円
当月製造費用		
直接材料費	360,000	円
加　工　費	680,000	
小　計	1,040,000	円
	1,120,000	円

3．製品1枚当たりの重量（単位：g）

A　300
B　100

問1　積数の比である等価比率の計算表を完成しなさい。

問2　当月の月末仕掛品原価を計算しなさい。

問3　当月の完成品総合原価を計算しなさい。

問4　等級製品Aの完成品単位原価を計算しなさい。

問5　等級製品Bの完成品単位原価を計算しなさい。

Rule
等級製品の単価の割合は必ず等価係数の割合になる
（本問ではX：Y=3：1）

第5問　CVP分析　　　　　B　10分　➡ 解答217ページ

N社は製品Xを製造・販売している。現在、次期の利益計画を作成している。次の［資料］にもとづいて、下記の**問**に答えなさい。なお、期首と期末に仕掛品及び製品の在庫は存在しないものとする。

Hint
直接原価計算のP／Lを書いて、変動費率や貢献利益率を計算する
単位あたりの販売価格と変動費からも変動費率を計算できる

［資料］

1．製品Xに関する当期のデータ

販売量	販売価格	変動製造原価	変動販売費	固定加工費	固定販売費及び一般管理費
4,200個	@3,600円	@1,920円	@240円	2,592,000円	1,641,600円

（注）変動製造原価の内訳は、原料費が@1,000円、変動加工費が@920円である。

2．当期のデータにもとづいて、下記の3つの次期の利益計画を用意している。なお、他の条件は当期のデータと同様とする。

次期の利益計画A：製品Xの販売価格を10%引き上げる。販売価格の引き上げにより、販売量が20%減少することが見込まれる。

次期の利益計画B：固定加工費を1,008,000円増額することにより、原料費20%と変動加工費10%を削減する。

次期の利益計画C：製品Xの販売価格を5%引き下げ、さらに固定販売費を158,400円増額することにより、販売量が15%増加することが見込まれる。

Hint
損益分岐点売上高÷販売価格でも損益分岐点販売数量を計算できる

問1　当期のデータにもとづいて、損益分岐点における販売数量を計算しなさい。

問2　当期のデータにもとづいて、売上高が何%落ち込むと損益分岐点の売上高に達するか計算しなさい。

Hint
問2は安全余裕率をきいている
損益分岐点比率＋安全余裕率＝100%

問3　次期の利益計画A〜Cにもとづいて、それぞれの営業利益を計算しなさい。

Hint
○%増加
　変更後
　　□×(1＋○%)
○%減少
　変更後
　　□×(1−○%)

桑原先生のコラム 合格パニック

　今でこそ『講師』などとして教壇に立ったり、本を書いたりしているが、実は私が1級に受かったのは5回目の受験の時だった。実に4回も落ちているのである。特に印象に残っているのは2回目の受験の時。

　試験の前の9月20日（私の誕生日）に彼女に振られ、しかもその女性は1週間後には私の親友と付合い始める。その彼女の「桑原さんとの友人関係を壊したくない」という言葉を真に受け（今思えば新しい彼氏へのポーズに過ぎなかった）しばらくピエロをやるも、その元親友の『だからお前は振られるんや』の一言で呆然とし、ボロボロになった。

　大学のサークル（簿記はこのサークルで勉強していた）も無断で休み、北海道に流れ、オホーツク海の哀しい蒼を見ながら牛の乳絞りやらジャガイモ掘りをしていた。
　しばらくして戻った私は当然に"サークル追放"となるはずだったが、ある幹部の先輩が「彼がしばらく（サークルに）来ないことは俺が承知していた」と、言い張ってくれて、追放を免れたのである（あの時追放されていれば私は今ごろ何をしていただろうか）。

　その後の本試験。35分で原価計算を解き終えた、工業簿記のときのこと＊。
　『商業簿記・会計学で35点は取れている。原価計算は難し目だったが、最後まで快調に解けて、25点だ。あと、この工業簿記。しかも、こ、これは本社工場の簡単な問題。こ、ここで10点取れれば、ここで10点取れれば…。あの先輩に恩返しができる。さあ、なんと言ってお礼を言おうか。』
　もう、嬉しくて嬉しくて、お礼の言葉など本試験中に考えだしてしまった。

　そしてふと気づくと、残り25分。エッ、そんなはずはない。でも時計は残り25分。見間違えではない。私の30分はどこへいってしまったのか。などと思ううちに残り20分。でも大丈夫だ、この問題は簡単だ。と自分に言い聞かせて解くのだが、もう頭はパニック。結局、みんなが満点をとっている工業簿記が6点で合計71点。見事な不合格。

教訓：試験中は喜ばない。
アドバイス：受験にはクールな頭と熱いハートの組み合わせがいいですよ。

＊ 1級の配点は商業簿記・会計学で50点（90分）、工業簿記・原価計算で50点（90分）であり、70点以上をとれば合格ですが、4科目のうち1科目でも10点未満があると70点以上でも不合格となります。

タテ解き
問　題

第1回

第2回

第3回

第 3 回 本試験問題

➡ 答案50ページ

第1問　仕　訳　　　C　10分　➡ 解答220ページ

下記の取引の仕訳を示しなさい。ただし、勘定科目は、各取引の右の勘定科目から最も適当と思われるものを選び、記号で解答すること。

1．期末に保有しているその他有価証券（A社株式）について、必要な仕訳を行う。当社はその他有価証券について、全部純資産直入法を採用し、税効果会計を適用する。法人税等の実効税率は30％とする。

A社株式は当期に1株当たり¥80で1,000株取得したものであり、取得にあたり証券会社に売買手数料¥2,000を当座預金口座より支払っている。

A社株式の当期末時価は1株当たり¥86であった。

ア．その他有価証券
イ．繰延税金資産
ウ．繰延税金負債
エ．その他有価証券評価差額金
オ．投資有価証券評価益
カ．法人税等調整額
キ．支払手数料

2．当社の当座預金勘定の残高と銀行からの残高証明書の残高の照合をしたところ、備品購入に伴い生じた代金の支払いのために振り出した小切手¥300,000が金庫に保管されており、未渡しの状況であることが判明した。銀行勘定調整表を作成するとともに、当社側の残高調整のための処理を行った。

ア．現　　　　　金
イ．当　座　預　金
ウ．普　通　預　金
エ．備　　　　　品
オ．買　　掛　　金
カ．未　　払　　金
キ．減　価　償　却　費

3．顧客に対するサービス提供のために、外注費¥300,000が発生し小切手を振り出して支払う（未記帳）とともに、ただちに顧客に対するサービス提供（契約金は¥400,000、受取りは翌月末）を行った。

サービス提供に係る契約金について収益計上するとともに、費用について、直接、原価に計上した。

ア．現　　　　　金
イ．当　座　預　金
ウ．売　　掛　　金
エ．未　　払　　金
オ．役　務　収　益
カ．受　取　手　数　料
キ．役　務　原　価

4．前期に保証書を付して販売した商品について、顧客より無料修理の申し出があったので、修理業者に修理を依頼し、代金¥90,000は現金で支払った。なお、前期の決算で計上した商品保証引当金の残高は¥80,000である。

ア．現　　　　　金
イ．買　　掛　　金
ウ．未　　払　　金
エ．商品保証引当金
オ．売　　　　　上
カ．仕　　　　　入
キ．商　品　保　証　費

5．満期の到来した約束手形¥500,000について、手形の更改（満期日を3か月延長）の申し出があり、新たな手形と、延長3か月分の利息¥15,000を現金で受け取った。

ア．現　　　　　金
イ．受　取　手　形
ウ．前　払　利　息
エ．不　渡　手　形
オ．支　払　手　形
カ．受　取　利　息
キ．支　払　利　息

184

問題編

| 第2問 | 商品売買 | B | 20分 | → 解答222ページ |

当社（会計期間は1年、決算日は3月31日）の2019年4月における商品売買および関連取引に関する次の［資料］にもとづいて、下記の［設問］に答えなさい。

なお、払出単価の計算には先入先出法を用い、商品売買取引の記帳には「販売のつど売上原価勘定に振り替える方法」を用いている。また、月次決算を行い、月末には英米式決算法によって総勘定元帳を締め切っている。

(第154回改)

Preparation（準備）
下書用紙に大きな商品勘定（Tフォーム）を作り、そこに単価、数量、金額といった原価情報を記入し、その右側には売上高を記入するようにしましょう

［資料］2019年4月における商品売買および関連取引

4月1日 商品の期首棚卸高は、数量500個、原価@¥3,000、総額¥1,500,000である。

4日 商品200個を@¥3,100で仕入れ、代金のうち¥150,000は以前に支払っていた手付金を充当し、残額は掛とした。

5日 4日に仕入れた商品のうち50個を仕入先に返品し、掛代金の減額を受けた。

8日 商品300個を@¥5,000で販売し、代金は掛とした。

12日 8日の掛けの代金が決済され、当座預金口座に振り込まれた。

18日 商品280個を@¥5,000で販売し、代金は掛とした。また、当社負担の発送運賃¥8,000は小切手を振り出して支払った。

22日 売掛金¥1,300,000の決済として、電子債権記録機関から取引銀行を通じて債権の発生記録の通知を受けた。

30日 月次決算の手続として商品の実地棚卸を行ったところ、実地棚卸数量は65個、正味売却価額は@¥4,700であった。

Rule
勘定記入の摘要欄は、簿記の試験では仕訳の相手科目を記入する
しかし、相手科目が複数ある場合には注意

タテ解き問題
第1回
第2回
第3回

［設問］

問1 答案用紙の売掛金勘定および商品勘定への記入を完成しなさい。なお、摘要欄への記入も行うこと。

問2 4月の純売上高および4月の売上原価を答えなさい。

| 第3問 | 損益計算書作成 | C 20分 | ➡ 解答225ページ |

次の鹿児島商会株式会社の［資料Ⅰ］、［資料Ⅱ］および［資料Ⅲ］にもとづいて、以下の**問**に答えなさい。なお、会計期間は×18年4月1日から×19年3月31日までの1年間である。

(第154回改)

問1 当期の損益計算書を完成しなさい。

問2 ×23年3月期の備品の減価償却費の金額を答えなさい。なお、×22年3月末の減価償却累計額は¥664,070である。計算上、円未満の端数が生じる場合には切り捨てること。

［資料Ⅰ］ 決算整理前残高試算表

決算整理前残高試算表

×19年3月31日　　　　　　　（単位：円）

借　　方	勘 定 科 目	貸　　方
137,300	現　　　　　金	
668,700	当 座 預 金	
360,000	受 取 手 形	
550,000	売 　 掛 　 金	
	貸 倒 引 当 金	6,000
220,000	繰 越 商 品	
18,000	仮 払 法 人 税 等	
3,000,000	建　　　　　物	
900,000	備　　　　　品	
	備品減価償却累計額	324,000
2,600,000	土　　　　　地	
693,700	満 期 保 有 目 的 債 券	
	支 払 手 形	297,200
	買 　 掛 　 金	480,000
	長 期 借 入 金	900,000
	退 職 給 付 引 当 金	237,000
	資　　本　　金	6,000,000
	利 益 準 備 金	175,820
	繰 越 利 益 剰 余 金	394,400
	売　　　　　上	7,253,180
	有 価 証 券 利 息	10,500
	保 険 差 益	50,000
5,880,000	仕　　　　　入	
693,000	給　　　　　料	
120,200	水 道 光 熱 費	
180,000	租 税 公 課	
7,200	支 払 利 息	
100,000	固 定 資 産 売 却 損	
16,128,100		16,128,100

186

[資料Ⅱ]　未処理事項

1．売掛金¥10,000が回収不能であると判明したので、貸倒れとして処理する。なお、このうち¥4,000は前期の商品販売取引から生じたものであり、残りの¥6,000は当期の商品販売取引から生じたものである。

2．×18年4月1日にリース会社からコピー機をリースする契約を結び、リース取引を開始した。リース期間は5年、リース料は年間¥60,000（毎年3月末払い）、コピー機の見積現金購入価額は¥260,000であり、×19年3月末に1回目のリース料を当座預金口座から支払ったが一連の処理が未処理である。この取引はファイナンス・リース取引であり、利子抜き法で処理を行う。利息の配分は定額法による。

[資料Ⅲ]　決算整理事項

1．売上債権の期末残高に対して2％の貸倒れを見積もる。貸倒引当金は差額補充法によって設定する。

2．商品の期末棚卸高は次のとおりである。棚卸減耗損と商品評価損は売上原価の内訳科目として処理する。

　　　帳簿棚卸高：数量　850個　　帳 簿 価 額　@¥400
　　　実地棚卸高：数量　840個　　正味売却価額　@¥390
　　棚卸減耗損のうち40％分は原価性がないものとして営業外費用の区分に表示する。

3．有形固定資産の減価償却は次の要領で行う。

　　　建物：建物は当期の8月1日に取得したものであり、耐用年数は40年、残存価額はゼロとして、定額法により月割で減価償却を行う。
　　　備品：備品は×16年4月1日に取得したものであり、耐用年数10年、残存価額はゼロとして、200％定率法により減価償却を行っている。なお、保証率は0.06552、改定償却率は0.250である。
　　　リース資産：定額法、残存価額ゼロ、5年で減価償却を行う。

4．満期保有目的債券は、×17年10月1日にA社が発行した社債（額面総額¥700,000、利率年1.5％、償還日は×22年9月30日）を発行と同時に取得したものであり、償却原価法（定額法）で評価している。

5．退職給付引当金の当期繰入額は¥81,000である。

6．すでに費用処理した収入印紙の期末未使用高は¥25,000である。

7．(1)　当期の課税所得にもとづいて法人税、住民税及び事業税を計上する。なお、当期の税引前当期純利益は¥139,080であり、費用計上額のうち¥8,000は、損金算入が認められない。法人税等の法定実効税率は30％である。
　　(2)　上記の損金算入が認められない費用計上額¥8,000（将来減算一時差異）について、税効果会計を適用する。

第4問 (1) 財務諸表作成　　　　　B　15分　➡ 解答228ページ

次の資料にもとづいて、N工業の1月の製造原価報告書および損益計算書を完成しなさい。

〔資料〕
1．棚卸資産有高　　　　　　　　（単位：円）

	月初有高	月末有高
素　　材	142,000	146,000
部　　品	96,000	89,000
補　修　材	15,900	16,950
仕　掛　品	214,300	220,600
製　　品	120,800	126,200

Rule
部品は直接材料の1つ

2．直接工の作業時間および賃率

　　直接工の総就業時間の内訳は、直接作業時間189時間、間接作業時間15時間、手待時間5時間であった。なお、賃金計算では、平均賃率である1時間当たり1,200円を適用している。

Rule
手待時間は間接作業時間と同様に扱う

3．1月中の支払高等　　　　　　（単位：円）

素材仕入高	316,000
部品仕入高	119,000
補修材仕入高	22,600
間接工賃金当月支払高	35,040
間接工賃金前月未払高	8,000
間接工賃金当月未払高	7,000
電力料金（測定額）	15,900
減価償却費（月割額）	113,000

4．製造間接費は直接労務費の90％を予定配賦している。なお、配賦差異は売上原価に賦課する。

Rule
不利差異なら
C/R上でマイナス
P/L上でプラス

問題編

第4問　(2) 部門別計算　　　　　B｜15　→ 解答230ページ

　当工場には、2つの製造部門（第一製造部と第二製造部）と1つの補助部門（修繕部）があり、製造間接費について部門別計算を行っている。補助部門費は製造部門に予定配賦し、製造部門費は製品に予定配賦している。修繕部費の配賦基準は修繕時間、第一製造部費と第二製造部費の配賦基準は機械稼働時間である。次の［資料］にもとづいて、下記の**問**に答えなさい。　　　（第151回改）

[資料]

1．予算

(1) 年間予算部門別配賦表

（単位：円）

費　　　　目	合　　　　計	製　造　部　門		補　助　部　門
		第一製造部	第二製造部	修　繕　部
部　門　費	44,000,000	22,800,000	18,400,000	2,800,000
修　繕　部　費	2,800,000	？	？	
製　造　部　門　費	44,000,000	？	？	

（注）　？は各自計算すること。

> **Rule**
> 製造部門の予定配賦率を計算するために、補助部門費配賦後の製造部門費予算額を計算する

(2) 年間予定修繕時間

　　第一製造部　　　　　　600時間　　　　第二製造部　　　　　　800時間

(3) 年間予定機械稼働時間

　　第一製造部　　　　8,000時間　　　　第二製造部　　　　20,000時間

2．実績

(1) 当月の実際機械稼働時間

　　第一製造部　　　　　　690時間　　　　第二製造部　　　　　1,720時間

> **Rule**
> 製造部門費の予定配賦額
> ＝予定配賦率×実際操業度

(2) 当月の実際修繕時間

　　修繕部費は予定配賦率に実際修繕時間を乗じて、第一製造部と第二製造部に配賦する。

　　第一製造部　　　　　　52時間　　　　第二製造部　　　　　　72時間

> **Rule**
> 修繕部費の予定配賦額
> ＝予定配賦率×実際操業度
>
> 修繕部費の配賦差異
> ＝予定配賦額－実際発生額

(3) 当月の実際部門費（補助部門費配賦前）

　　第一製造部　　　　1,978,500円　　　　第二製造部　　　　1,619,000円

　　修　繕　部　　　　　251,100円

問1　修繕部費の予定配賦率を計算しなさい。

問2　第一製造部費と第二製造部費の予定配賦率を計算しなさい。

問3　当月の第一製造部費と第二製造部費の予定配賦額を計算しなさい。

問4　当月の修繕部費の配賦差異を計算しなさい。借方差異か貸方差異かを明示すること。

問5　当月の第一製造部費の配賦差異を計算しなさい。借方差異か貸方差異かを明示すること。

> **Hint**
> 修繕部の実際発生額251,100円を配賦すると、修繕部の無駄を製造部門が負担することになるため、修繕部の予定配賦率を使って製造部門の実際発生額に配賦する

タテ解き
問　題

第1回

第2回

第3回

189

第5問　直接原価計算　C　15分　→解答232ページ

次の[資料]にもとづいて、答案用紙の仕掛品勘定と損益計算書を完成しなさい。なお、当社では、直接原価計算による損益計算書を作成している。

（第149回改）

Hint
下書用紙に次のように書いてから始めよう

[資料]
1. 棚卸資産有高

	期首有高	期末有高
原　　　　料	96,000円	83,000円
仕　掛　品（※）	117,000円	128,000円
製　　品（※）	142,000円	125,000円

（※）変動製造原価のみで計算されている。

2. 賃金・給料

	期首未払高	当期支払高	期末未払高
直接工賃金（変動費）	44,000円	328,000円	41,000円
工場従業員給料（固定費）	17,000円	144,000円	16,000円

3. 原料当期仕入高　　776,000円

4. 製造経費当期発生高
　　電　力　料　　138,000円　（変動費）
　　減価償却費　　131,800円　（固定費）

5. 販売費・一般管理費
　　変動販売費　　　　　　131,000円
　　固定販売費・一般管理費　176,200円

6. その他
 (1) 直接工は直接作業のみに従事している。
 (2) 変動製造間接費は直接労務費の40％を予定配賦している。配賦差異は変動売上原価に賦課する。

Rule
製造固定費は実際発生額が記入される
原価差異は、変動製造間接費の予定配賦額と実際発生額の差額で計算する

第2部　タテ解き！編

解答・解説

解答は、ネットスクールで作成したものです。

第1回 本試験問題【解答・解説】

解答　第1問 仕訳

→ 問題170ページ

	借方科目	金額	貸方科目	金額
1	エ 満期保有目的債券 カ 有価証券利息	2,985,000 2,100	イ 当座預金	2,987,100
2	エ 不渡手形	802,000	ア 当座預金	802,000
3	ウ 退職給付引当金	18,000,000	ア 当座預金 エ 預り金	14,000,000 4,000,000
4	イ 追徴法人税等	760,000	ウ 未払法人税等	760,000
5	イ 支店	136,000	ウ 損益	136,000

ここに注意
1. 前回の利払日の翌日（7月1日）から購入日（9月8日）までは70日となる。
2. 割り引いた手形の不渡りであるため、受取手形は出てこない。
3. 内部積立方式のため、引当金を計上している。
4. 法人税等の未払いとなるので、未払法人税等で処理する。
5. 本店の仕訳のみ答える。

注）上記解答の科目欄に仕訳をイメージできるように勘定科目を記載していますが、本試験では記号のみ記載し、勘定科目を記載する必要はありません。

予想配点　仕訳1組につき4点。合計20点。

解説

仕訳問題を解くとき、「**問題文のキーワードとなる語句に着目して、勘定科目に変換**」するようにすると、仕訳を考えやすくなります。

1. 満期保有目的債券*

> 満期まで保有する目的❶でA社が発行する社債（額面総額¥30,000,000）を×8年9月8日に額面¥100につき¥99.50にて購入し、前回の利払日の翌日から売買日までの端数利息（1年を365日とする日割計算で算出し、収益の勘定を用いて処理すること）とともに当社の当座預金口座から指定された銀行の普通預金口座へ振り込んだ❷。この社債は×7年7月1日に発行された普通社債であり、満期までの期間は10年、利払日は毎年6月と12月の末日、利率は年0.365%であった。

*補足
直前の利払日の翌日から購入日までの端数利息は、もともとの所有者が受け取るべき利息です。
そのため、購入時に端数利息を支払います。

有価証券利息
| 7/1~9/8 支払い | 7/1~12/末 受取り |
当社利息
9/9~12/末

❶ ¥3,000,000 × @¥99.50/@¥100 = ¥2,985,000
❷ 前回の利払日の翌日（7月1日）から売買日（9月8日）までは70日となる
有価証券利息
¥3,000,000 × 0.365% × 70日/365日 = ¥2,100
当座預金
¥2,985,000 + ¥2,100 = ¥2,987,100

（満期保有目的債券）❶ 2,985,000　（当座預金）❷ 2,987,100
（有価証券利息）❷ 2,100

日数の計算：31日 + 31日 + 8日 = 70日
　　　　　　　7月　　8月　　9月

解答・解説編

2．不渡手形*

　かねて得意先から売掛金の決済のために受け取り、取引銀行で割り引いていた額面¥800,000の約束手形が満期日に支払拒絶され、取引銀行から償還請求を受けたので、手形の額面金額に満期日以後の延滞利息¥1,200および償還請求に伴うその他の費用¥800を含めて小切手を振り出して支払うとともに、手形の振出人である得意先に対して、小切手で支払った延滞利息およびその他の費用を含む金額で手形の償還請求を行った。

＊補足
・当社保有の場合
→受取手形と諸費用を不渡手形に振り替えます。
・割引手形の場合
→手形を買い戻し、諸費用と合わせて不渡手形とします。

❶ ¥800,000 ＋ ¥1,200 ＋ ¥800
　＝ ¥802,000

（不 渡 手 形）❶　　802,000　（当 座 預 金）❷　　802,000

3．退職給付引当金*

　従業員の退職時に支払われる退職一時金の給付は内部積立方式により行ってきたが、従業員3名が退職したため退職一時金総額¥18,000,000を支払うこととなり、源泉所得税分¥4,000,000を控除した残額を当座預金から支払った。

＊補足
　給料支払時に従業員の給料に係る所得税を会社が預かって代わりに納めますが、退職金も同じ手続きを行います。

❸ ¥18,000,000 － ¥4,000,000
　＝ ¥14,000,000

（退職給付引当金）❶18,000,000　（当 座 預 金）❷14,000,000
　　　　　　　　　　　　　　　（預　 り　 金）❷ 4,000,000

4．追徴法人税等*

　過年度に納付した法人税に関して、税務当局から追徴の指摘を受け、追加で¥760,000を支払うようにとの通知が届いたため、負債の計上を行った。

＊補足
　税務署の税務調査などで、過去の法人税等の計上不足が判明した場合、P/L上、法人税等の下に区別して表示します。

❶ 過年度に納付した法人税の追徴なので、追徴法人税等勘定で処理する。

（追徴法人税等）❶　　760,000　（未払法人税等）❷　　760,000

5．本支店会計*

　決算にあたり、本店は支店より「当期純利益¥136,000を計上した」との連絡を受けた。なお、当社は支店独立会計制度を導入しているが、支店側の仕訳は答えなくてよい。

＊補足
　会社全体の利益を計算するために支店の利益も損益勘定に振り替えます。
　なお、支店の純利益は、本店では支店に対する投資の増加と考えます。

❶決算にあたり、本店の帳簿上で会社全体の利益を計算するため、支店の利益分を本店の帳簿に計上する。

支店の仕訳（損　　　　益）　　136,000　（本　　　　店）　　136,000

本店の仕訳（支　　　店）❶　136,000　（損　　　　益）❶　136,000
本　問

タテ解き
解　答
第1回
第2回
第3回

193

解答　第2問　銀行勘定調整表　　→ 問題171ページ

問1

銀行勘定調整表
×7年3月31日　　　　　　　　　　（単位：円）

銀行の残高証明書の残高				(320,000)
加算：	[④]	(50,000)	順不同	
	[②]	(10,000)		(60,000)
減算：	[①]	(30,000)	順不同	
	[③]	(40,000)		(70,000)
当社の当座預金勘定の残高				(310,000)

問2

貸借対照表に計上される現金の金額	¥ 149,000
貸借対照表に計上される当座預金の金額	¥ 340,000

> **ここに注意**
> ・銀行残高基準法による銀行勘定調整表の作成が問われている。
> ・現金として取り扱うもの（通貨代用証券）
>   ①他人振出しの小切手
>   ②配当金領収証
>   ③送金小切手

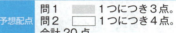
予想配点　問1　□ 1つにつき3点。問2　□ 1つにつき4点。合計 20 点。

解説

「銀行勘定調整表（銀行残高基準法）の作成」および「貸借対照表に計上される現金および当座預金の金額」が問われています。

1．決算における修正仕訳

①未取付小切手については、「仕訳なし」となります。

仕訳なし

②当座預金の増加としての処理を取り消すため、修正仕訳が必要です。

（現　　　　金）	10,000	（当　座　預　金）	10,000

③未記帳なので、修正仕訳が必要です。

（当　座　預　金）	40,000	（電子記録債権）	40,000

④時間外預入れについては、「仕訳なし」となります。

仕訳なし

２．銀行勘定調整表の作成

　答案用紙から、銀行残高基準法による銀行勘定調整表を作成することがわかります。銀行残高基準法とは、「残高証明書の残高」にもとづいて、不一致の原因を加減し、「当座預金勘定の残高」に合わせる方法です。

　銀行残高基準法では、両者区分調整法における「残高証明書の残高」からスタートし、銀行側の調整後、企業側の加算と減算を逆にして調整します。なお、両者区分調整法では、両者の残高が一致し、貸借対照表に計上される当座預金の金額（¥340,000）となります。

銀行勘定調整表（両者区分調整法）　　　　　　　　（単位：円）

当座預金勘定の残高	（ 310,000 ）	残高証明書の残高		（ 320,000 ）
（加算）→減算に　[③]	（ 40,000 ）	（加算）　　[④]		（ 50,000 ）
（減算）→加算に　[②]	（ 10,000 ）	（減算）　　[①]		（ 30,000 ）
	（ 340,000 ）			（ 340,000 ）

３．貸借対照表に計上される現金の金額

　[資料] 1．より、現金の実際有高を求めます。現金として取り扱うものは、次の4つとなります。

通貨（紙幣および硬貨）	¥	123,000
他人振出しの小切手	¥	10,000
配当金領収証	¥	7,000
送金小切手	¥	9,000
合　計	¥	149,000

解答　第3問　精算表作成　　→ 問題172ページ

精 算 表
×8 年 3 月 31 日　　　　　（単位：円）

勘定科目	残高試算表 借方	残高試算表 貸方	修正記入 借方	修正記入 貸方	損益計算書 借方	損益計算書 貸方	貸借対照表 借方	貸借対照表 貸方
現　　　金	65,350		50				65,400	
当 座 預 金	300,000						300,000	
受 取 手 形	280,000						280,000	
売 　 掛 　 金	388,000		2,000	23,000			367,000	
売買目的有価証券	147,550			4,050			143,500	
繰 越 商 品	69,800		88,150	69,800			86,645	
				1,505				
建　　　物	8,850,000						8,850,000	
備　　　品	670,000						670,000	
商 　 標 　 権	196,000			28,000			168,000	
満期保有目的債券	495,200		1,200				496,400	
支 払 手 形		263,000						263,000
買 　 掛 　 金		320,000						320,000
貸 倒 引 当 金		28,000	23,000	7,940				12,940
建物減価償却累計額		1,575,000		228,750				1,803,750
備品減価償却累計額		326,800		68,640				395,440
資 　 本 　 金		7,000,000						7,000,000
利 益 準 備 金		720,000						720,000
繰越利益剰余金		558,600						558,600
売 　 　 　 上		6,768,000				6,768,000		
有価証券利息		7,500		1,200		8,700		
仕 　 　 　 入	5,450,000		69,800	88,150	5,431,650			
給 　 　 料	535,000				535,000			
保 　 険 　 料	120,000			30,000	90,000			
	17,566,900	17,566,900						
雑 　 　 益				50		50		
為 替 差 損 益				2,000		2,000		
貸倒引当金繰入			7,940		7,940			
有価証券評価損			4,050		4,050			
棚 卸 減 耗 損			1,505		1,505			
減 価 償 却 費			297,390		297,390			
商 標 権 償 却			28,000		28,000			
前 払 保 険 料			30,000				30,000	
当 期 純 利 益					383,215			383,215
			553,085	553,085	6,778,750	6,778,750	11,456,945	11,456,945

予想配点　　1つにつき2点。
合計 20 点。

解説

精算表の作成が問われています。決算にさいし、残高試算表をもとに決算整理を行い、損益計算書および貸借対照表に記載する金額を確定させます。精算表は、この一連の流れを表にまとめたものです。

これ以上、金額の増減がないと判断できたら、残高試算表欄の金額に修正記入欄の金額を加減して、損益計算書欄または貸借対照表欄に金額を記入していきましょう。

決算整理事項その他の処理

1．未処理事項等

①現金過不足

実際有高¥65,400＞帳簿残高¥65,350となるので、差額を雑益として処理します。

¥65,400 － ¥65,350 ＝ ¥50（益）

（現　　　金）　　50　（雑　　　益）　　50

②貸倒れ

前期の売上取引から生じたものであり、貸倒引当金を計上しているので取り崩します。

（貸倒引当金）　23,000　（売　掛　金）　23,000

2．貸倒引当金の設定（差額補充法）

(1)外貨建て売掛金の換算

売掛金がある場合、為替レートが¥102から¥110になると、当社の回収額は増加するため、為替差益が生じていることが分かります。

外貨建取引額：¥25,500 ÷ @¥102 ＝ 250ドル
為替差損益：(@¥110 － @¥102) × 250ドル ＝ ¥2,000（益）

（売　掛　金）　2,000　（為替差損益）　2,000

売掛金：¥388,000 － ¥23,000 ＋ ¥2,000 ＝ ¥367,000
　　　　売掛金 前T/B　1.②　　2.(1)

(2)貸倒引当金繰入額の計算

設定額：(¥280,000 ＋ ¥367,000) × 2％ ＝ ¥12,940
　　　　　受取手形　　売掛金2.(1)
繰入額：¥12,940 －（¥28,000 － ¥23,000）＝ ¥7,940
　　　　　　　　　　　　貸倒引当金の残高

（貸倒引当金繰入）　7,940　（貸倒引当金）　7,940

!ここに注意

・売掛金および貸倒引当金の残高が変動していることに注意！

3．売買目的有価証券の評価替え

有価証券評価損益

¥143,500 － ¥147,550 ＝ △¥4,050（損）
時価合計　　帳簿価額合計

（有価証券評価損）　4,050　（売買目的有価証券）　4,050

4．売上原価の計算および商品の評価

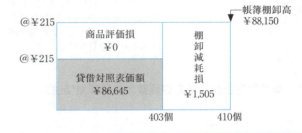

（仕　　　入）　69,800　（繰越商品）　69,800
（繰越商品）　88,150　（仕　　　入）　88,150
（棚卸減耗損）　1,505　（繰越商品）　1,505

!ここに注意

・原価@¥215＜正味売却価額@¥221となるので、商品評価損はありません。

5．減価償却費の計上

建物（定額法）

(¥8,850,000 － ¥1,350,000) × 0.9 ÷ 30年 ＝ ¥225,000

当期3月1日使用分

¥1,350,000 ÷ 30年 × $\frac{1か月}{12か月}$ ＝ ¥3,750

合計：¥225,000 ＋ ¥3,750 ＝ ¥228,750

備品（定率法）

(¥670,000 － ¥326,800) × 20％ ＝ ¥68,640

（減価償却費）　297,390　（建物減価償却累計額）　228,750
　　　　　　　　　　　　（備品減価償却累計額）　 68,640

6．商標権の償却

商標権償却：¥196,000 ÷ 7年 = ¥28,000

（商　標　権　償　却）　28,000　（商　　標　　権）　28,000

> **ここに注意**
> ・前T/Bの¥196,000は、前期末までに3回償却された残りの金額です。ということは、後7回償却することになりますね。

7．満期保有目的債券の評価替え（償却原価法）

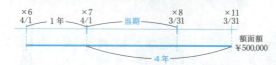

償却額：（¥500,000 − ¥495,200）÷ 4年 = ¥1,200

（満期保有目的債券）　1,200　（有価証券利息）　1,200

> **ここに注意**
> ・タイムテーブルを描いて確実に計算しましょう。

8．保険料の前払い

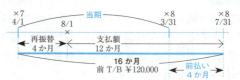

前払額：¥120,000 × $\dfrac{4\text{か月}}{16\text{か月}}$ = ¥30,000

（前 払 保 険 料）　30,000　（保　　険　　料）　30,000

> **ここに注意**
> ・「毎年同額を」がキーワードです。タイムテーブルを描くとケアレスミスを防げます。

決算整理事項その他の処理において、金額の増減がなかった項目については、残高試算表欄の金額を損益計算書欄または貸借対照表欄にそのまま記載します。

当期純利益の算定

損益計算書欄の貸借差額から当期純利益を算定し、貸借対照表欄の貸借差額から算定した当期純利益と一致することを確認しましょう。

損益計算書欄
　¥6,778,750 − ¥6,395,535 = ¥383,215（利益）
　収益合計　　費用合計

貸借対照表欄
　¥11,456,945 − ¥11,073,730 = ¥383,215（利益）
　資産合計　　負債・純資産合計

一致

解答　第4問　(1) 個別原価計算　→ 問題173ページ

		仕　　　訳			
	借方科目	金額	貸方科目	金額
1 (1)	ア 材　料	935,000	ウ 買掛金	850,000
			カ 材料副費	85,000
(2)	エ 仕掛品	748,000	ア 材　料	748,000
2 (1)	エ 仕掛品	560,000	ア 賃金・給料	574,000
	オ 製造間接費	14,000		
(2)	オ 製造間接費	210,000	ア 賃金・給料	210,000
3 (1)	ア 仕掛品	800,000	イ 製造間接費	800,000
(2)	ウ 製品	1,268,000	ア 仕掛品	1,268,000

注）解答の科目欄に仕訳をイメージできるように勘定科目を記載していますが、本試験では記号のみ記載し、勘定科目を記載する必要はありません。

ここに注意
(1) 購入原価＝購入代価＋材料副費
(2) 直接工
　　直接作業時間分→直接労務費
　　間接作業時間、手待時間分
　　　　　　　　→間接労務費

予想配点　仕訳1組につき2点。合計12点。

解説

1(1) 材料（素材・補修用材料）の掛け購入

購入原価は、購入代価に材料副費（付随費用）を加えた金額となります。

（材　料）935,000　　（買　掛　金）850,000 *1
　　　　　　　　　　（材 料 副 費）85,000 *2

*1　800,000円＋50,000円＝850,000円（購入代価）
*2　850,000円×10％＝85,000円（材料副費の予定配賦額）

(2) 材料（素材）の消費

「素材の消費高」は直接材料費となります。材料の払出しについては先入先出法を採用しています。なお、当月購入分の払出し原価は材料副費を加算した金額となることに注意しましょう。

当月購入分の払出し原価：@200円×（1＋10％）＝@220円

♯1：@198円×1,000個＋@220円×1,000個
　　＝418,000円
♯2：@220円×1,500個＝330,000円
合計：748,000円

（仕　掛　品）748,000　　（材　　料）748,000

2(1) 賃金の消費（直接工）

「直接工の直接作業時間に対する賃金消費高」は直接労務費、「直接工の間接作業時間および手待時間に対する賃金消費高」は間接労務費となります。

（仕　掛　品）560,000 *1　　（賃金・給料）574,000
（製造間接費）14,000 *2

*1　@700円×800時間＝560,000円
*2　@700円×（15時間＋5時間）＝14,000円

製造指図書別消費高

　　♯１：@700円×500時間＝350,000円

　　♯２：@700円×300時間＝210,000円

(2) 賃金の消費（間接工）

「間接工の賃金消費高」は間接労務費となります。

賃金・給料（間接工）

当月支払高　　　200,000 円	前月未払高　　　20,000 円
当月未払高　　　30,000 円	消費高　　　**210,000 円**

（製 造 間 接 費）	210,000	（賃 金・給 料）	210,000

＊　200,000円＋30,000円－20,000円＝210,000円

3(1) 製造間接費の配賦

予定配賦率＝製造間接費予算÷予定総直接作業時間

　　　　　＝9,000,000円÷9,000時間＝@1,000円

予定配賦額＝予定配賦率×直接工の直接作業時間

　　　　　＝@1,000円×800時間＝800,000円

（仕　　掛　　品）	800,000	（製 造 間 接 費）	800,000

製造指図書別消費高

　　♯１：@1,000円×500時間＝500,000円

　　♯２：@1,000円×300時間＝300,000円

(2) 製品の完成

　　完成した製品の原価を仕掛品勘定から製品勘定に振り替えます。♯２は未完成のため計算する必要はありませんが、参考までに記載します。

	♯１	♯２	合　計
直接材料費	418,000	330,000	748,000
直接労務費	350,000	210,000	560,000
製造間接費	500,000	300,000	800,000
合　計	1,268,000	840,000	2,108,000

（製　　　　品）	1,268,000	（仕　掛　品）	1,268,000

解答・解説編

解 答　第4問　(2) 単純総合原価計算　→ 問題174ページ

問1

総 合 原 価 計 算 表　　　　(単位：円)

	A 原 料 費	B 原 料 費	加 工 費	合 計
月初仕掛品原価	240,000	0	11,000	35,000
当月製造費用	354,000	33,000	480,000	867,000
合 計	378,000	33,000	491,000	902,000
差引：月末仕掛品原価	(12,000)	(0)	(8,000)	(20,000)
完成品総合原価	(366,000)	(33,000)	(483,000)	(882,000)

問2

完 成 品 総 合 原 価 ＝ 876,000 円

予想配点 ▢ 1つにつき2点。合計16点。

！ここに注意

・原価投入額の配分方法は先入先出法を用いる。
・B原料費はすべて完成品に負担させる。
・正常仕損は工程の終点で発生しているため、正常仕損費はすべて完成品に負担させる。
・問2の仕損品の処分価額は、完成品総合原価から控除する。

解 説

　問題文の条件を丁寧に読み取り、**問1**の総合原価計算表を作成しましょう。
　問2では、仕損品に処分価額がある場合の完成品総合原価を計算する必要があります。正常仕損費はすべて完成品に負担させるため、**問1**で求めた完成品総合原価から仕損品の処分価額を差し引くことになります。

　問題を解くさいに、次の点に注意しましょう。

① 原価投入額を完成品総合原価と月末仕掛品原価に配分する方法 →「**先入先出法**」
② A原料 →「**工程の始点で投入**」
③ B原料 →「**工程の60％の点で投入、すべて完成品に負担**」
④ 正常仕損費の負担関係 →「**完成品のみ負担**」
⑤ 仕損品の処分価額 → 問1は「**なし**」、問2は「**あり**」

タテ解き解 答

第1回

第2回

第3回

201

問1 総合原価計算表の作成

生産データおよび原価データを用いて、総合原価計算表の作成に必要な金額を計算します。

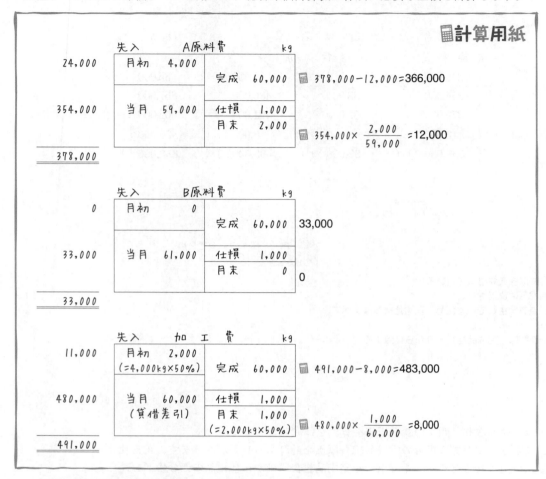

月末仕掛品原価：12,000円 + 8,000円 = **20,000円**
完成品総合原価：366,000円 + 33,000円 + 483,000円 = **882,000円**

問2

問1で求めた完成品総合原価から、仕損品の売却による処分価額を差し引いた金額となります。
処分価額：@6円 × 1,000kg = 6,000円
完成品総合原価：882,000円 − 6,000円 = **876,000円**

参考　B原料費の負担について

B原料費の負担について、問題文に指示がなくても、月末仕掛品の進捗度（50％）がB原料費の投入点（60％）をまだ通過していないことから、完成品負担とすることがわかります。

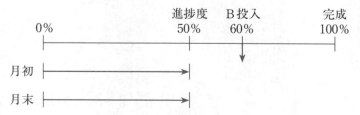

解答・解説編

| 解 答 | 第5問　標準原価計算 | ➡ 問題175ページ |

問1　(単位：円)

	製品X	製品Y	製品Z
原 価 標 準	11,000	13,800	9,500

問2　材料Aに係る差異　(単位：円)

材 料 費 差 異	135,000	(不利差異、(有利差異))
材 料 価 格 差 異	185,000	(不利差異、(有利差異))
材 料 消 費 量 差 異	50,000	((不利差異)、有利差異)

※（　）内の「不利差異」または「有利差異」を○で囲むこと。（以下、同じ）

問3　製品Yに係る差異　(単位：円)

売 上 高 差 異	1,525,000	((不利差異)、有利差異)
販 売 価 格 差 異	200,000	(不利差異、(有利差異))
販 売 数 量 差 異	1,725,000	((不利差異)、有利差異)

ここに注意

・材料Aは製品Xと製品Zで使用しているため、材料Aに係る差異は、標準と実際は、それぞれの製品の消費量を合計して計算する。
・売上高差異は収益に係る差異のため、原価差異とは不利差異と有利差異が逆になることに注意。

予想配点
問1　すべて正解で3点。
問2　各2点。
問3　各1点。
合計 12点。

解 説

　標準原価計算における原価標準の計算および材料費差異、売上高差異についての問題です。
差異分析についてはBOX図を使って解くとスムーズに解答できます。

問1　原価標準の計算

　各費目の標準価格または標準配賦率に標準消費量を掛けて、原価標準を計算します。

製造間接費の固定費率：6,800,000円 ÷ 3,400時間 ＝ 2,000円/時間
　　　　　　　　　　　　固定費予算額　正常作業時間

製造間接費の標準配賦率：2,000円/時間 ＋ 2,000円/時間 ＝ 4,000円/時間
　　　　　　　　　　　　変動費率　　　　固定費率

(1)製品Xの原価標準

直接材料費：　500円/kg ×10kg ＝ 5,000円
直接労務費：2,000円/時間× 1 時間 ＝ 2,000円
製造間接費：4,000円/時間× 1 時間 ＝ 4,000円
　　　　　　　　　　　　　　　　　　11,000円

203

(2)製品Yの原価標準
直接材料費：　600円/kg　×　8 kg＝　4,800円
直接労務費：2,000円/時間×1.5時間＝　3,000円
製造間接費：4,000円/時間×1.5時間＝　6,000円
　　　　　　　　　　　　　　　　　13,800円

(3)製品Zの原価標準
直接材料費：　500円/kg　×　7 kg＝　3,500円
直接労務費：2,000円/時間×1時間＝　2,000円
製造間接費：4,000円/時間×1時間＝　4,000円
　　　　　　　　　　　　　　　　　9,500円

問2　材料費差異の分析

本問では，製品Xと製品Zは材料Aを使用しているので、材料の種類ごとに分析します。

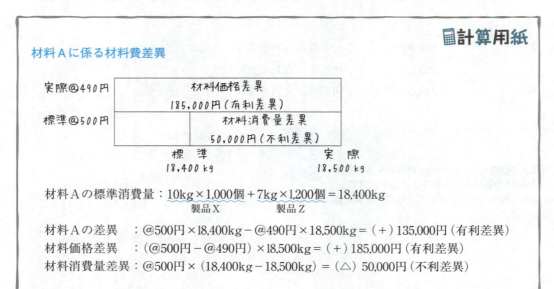

問3 売上高差異の分析

売上高差異は収益に係る差異であるため、原価差異とは不利と有利が逆になることに注意しましょう。具体的には、予算－実際がプラスの場合、予算よりも実際の収益の方が小さかったことになるので不利差異となり、予算－実際がマイナスの場合、予算よりも実際の収益の方が大きかったことになるので有利差異となります。

ボックス図の書き方はいくつかありますが、原価差異と同様に予算を内側に、実際を外側に記入し、予算－実際で計算した後に、電卓上で、プラスマイナスを入れ替えるとよいです。

📱計算用紙

製品Yに係る売上高差異

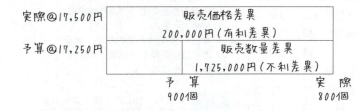

売上高差異　：＠17,250円×900個 － ＠17,500円×800個 ＝（＋）1,525,000円→（不利差異）
　　　　　　　　予算売上高　　　　　実際売上高

販売価格差異：（＠17,250円 － ＠17,500円）× 800個 ＝（△）200,000円→（有利差異）
　　　　　　　　予算販売単価　実際販売単価　実際販売数量

販売数量差異：＠17,250円×（ 900個 － 800個 ）＝（＋）1,725,000円→（不利差異）
　　　　　　　予算販売単価　予算販売数量　実際販売数量

（参考）製品Zに係る売上高差異

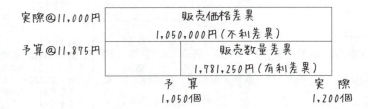

売上高差異　：＠11,875円×1,050個 － ＠11,000円×1,200個 ＝（△）731,250円→（有利差異）
　　　　　　　　予算売上高　　　　　実際売上高

販売価格差異：（＠11,875円 － ＠11,000円）× 1,200個 ＝（＋）1,050,000円→（不利差異）
　　　　　　　予算販売単価　実際販売単価　実際販売数量

販売数量差異：＠11,875円×（ 1,050個 － 1,200個 ）＝（△）1,781,250円→（有利差異）
　　　　　　　予算販売単価　予算販売数量　実際販売数量

第2回 本試験問題【解答・解説】

解答　第1問 仕訳　→ 問題176ページ

		借 方 科 目	金 額		貸 方 科 目	金 額
1	ア	現　　　　金	1,187,544	ウ	売買目的有価証券	1,185,600
				カ	有価証券売却益	1,200
				オ	有価証券利息	744
2	ウ	商品保証引当金	28,000	オ	商品保証引当金戻入	28,000
	エ	商品保証引当金繰入	185,000	ウ	商品保証引当金	185,000
3	ア	繰延税金資産	3,000	エ	法人税等調整額	3,000
4 (1)	ウ	仕 掛 品	300,000	カ	給　　　　料	250,000
				キ	消 耗 品 費	50,000
4 (2)	ア	売 掛 金	500,000	エ	役 務 収 益	500,000
	オ	役 務 原 価	300,000	ウ	仕 掛 品	300,000
5	キ	広 告 宣 伝 費	100,000	ア	本　　　店	100,000

注) 上記解答の科目欄に仕訳をイメージできるように勘定科目を記載していますが、本試験では記号のみ記載し、勘定科目を記載する必要はありません。

ここに注意

1 前回の利払日の翌日（10月1日）から売却日（12月1日）までの端数利息を受取る。
2 差額補充法ではなく、洗替法により処理する。
3 貸倒引当金の仕訳は処理済みのため、不要。
4 サービス業が本業のため、代金の未収は売掛金で処理する。
5 本店の仕訳は不要。

予想配点 4 は(1)、(2)仕訳1組につき2点。それ以外は仕訳1組につき4点。合計20点。

解説

仕訳問題を解くとき、「**問題文のキーワードとなる語句に着目して、勘定科目に変換**」するようにすると、仕訳を考えやすくなります。

1. 有価証券の売却*

×年12月1日、売買目的で保有している額面総額￥1,200,000の社債（利率年0.365％、利払日は3月末と9月末の年2回）を額面￥100につき￥98.90の価額（裸相場）で売却❶し、売却代金は売買日までの端数利息とともに現金で受け取った。なお、この社債は×年9月1日に額面￥100につき￥98.80の価額（裸相場）で買い入れたものであり、端数利息は1年を365日として日割で計算する。

*補足
直前の利払日の翌日から売却日までの端数利息は、当社が受け取るべき利息。
そのため、売却時に端数利息を受取ります。

有価証券利息
4/1～9/1 支払い	4/1～9/末 受取り
当社利息 9/2～12/1	10/1～12/1 受取り

❶ 売却価額：￥1,200,000 × $\frac{@￥98.90}{@￥100}$ ＝￥1,186,800

帳簿価額：￥1,200,000 × $\frac{@￥98.80}{@￥100}$ ＝￥1,185,600

売却損益：￥1,186,800 －￥1,185,600 ＝￥1,200（益）

❷ ￥1,200,000 × 0.365％ × $\frac{62日}{365日}$ ＝￥744

（現　　　金）	1,187,544	（売買目的有価証券）	1,185,600
		（有価証券売却益）❶	1,200
		（有価証券利息）❷	744

日数の計算：31日（10月）＋30日（11月）＋1日（12月）＝62日

206

2. 商品保証引当金*

×年3月31日、決算にあたり、前年度に販売した商品に付した品質保証期限が経過したため、この保証のために設定した引当金の残高¥28,000を取り崩す➊とともに、当期に品質保証付きで販売した商品の保証費用を当期の売上高¥9,250,000の2％と見積もり➋、洗替法➊➋により引当金を設定する。

＊補足
　洗替法のため、前期に費用計上した引当金を取り崩して収益計上します。
　そして、あらためて翌期に発生すると見積もられる費用を引当計上します。

➋ ¥9,250,000×2％＝¥185,000

（商品保証引当金）	28,000	（商品保証引当金戻入）➊	28,000
（商品保証引当金繰入）➋	185,000	（商品保証引当金）	185,000

3. 税効果会計*

×年3月31日、決算にあたり、売上債権の期末残高¥500,000について2％の貸倒れを見積もり、貸倒引当金を設定したが、その全額について税法上の損金算入が認められなかった➊ので、貸倒引当金にかかわる税効果会計の仕訳➊を行う。貸倒引当金に期首残高はなく、また法人税等の法定実効税率は30％である。なお、貸倒引当金を設定するための決算整理仕訳はすでに行っているものとし、税効果会計の適用にかかわる仕訳のみを解答すること。

＊補足
　費用として認められない
　→課税所得の増加
　→法人税等の増加
　B/S上、税金の前払いと考えるとともに、P/L上、法人税等から減額します。

➋ ¥500,000×2％＝¥10,000
　¥10,000×30％＝¥3,000

（繰延税金資産）➊	3,000	（法人税等調整額）➋	3,000

4. 役務収益、役務原価*

(1) 建築物の設計・監理を請け負っている株式会社熊本設計事務所は、給料¥250,000、消耗品費¥50,000➊（費用として記帳済み）が請け負っていたA社の案件のために費やされたものであることが明らかになったので、これらを仕掛品勘定に振り替えた➋。

(2) 後日、建築物が設計通りに建設業者からA社に引き渡されたため、当社はA社に対する設計・監理料として¥500,000を収益計上➌するとともに、それにともなう原価を計上した。なお、代金は翌月末に入金される条件➍である。

＊補足
　サービス提供に係る収益計上の仕訳は、商品販売の売上原価対立法の処理に似ています。

➋ ¥250,000＋¥50,000
　＝¥300,000

（仕　掛　品）➋	300,000	（給　　　料）➊	250,000
		（消 耗 品 費）➊	50,000
（売　掛　金）➍	500,000	（役 務 収 益）➌	500,000
（役 務 原 価）➌	300,000	（仕　掛　品）➌	300,000

5. 支店の費用負担*

決算にあたり、本店より「本店が支払った広告宣伝費¥400,000につき、その4分の1を栃木支店が負担するように」➊との指示があったので、栃木支店は広告宣伝費を計上した。なお、当社は支店独立会計制度を導入している➋が、本店側の仕訳は答えなくてよい。

＊補足
　本店の費用のうち支店の売上獲得に役立った費用は、支店の正しい業績を把握するために支店が負担すべきです。

➊ ¥400,000×$\frac{1}{4}$＝¥100,000

（広 告 宣 伝 費）➊	100,000	（本　　　店）➋	100,000

タテ解き解答

第1回

第2回

第3回

解答　第2問　連結精算表　→問題177ページ

連　結　精　算　表　　　　　　　　　（単位：千円）

科　目	個別財務諸表 P社	個別財務諸表 S社	修正・消去 借方	修正・消去 貸方	連結財務諸表
貸借対照表					**連結貸借対照表**
現　金　預　金	328,000	78,000			406,000
売　掛　金	480,000	220,000		180,000	520,000
貸　倒　引　当　金	△4,800	△2,200	1,800		△5,200
商　品	370,000	165,000		10,000	525,000
貸　付　金	80,000	―		70,000	10,000
S　社　株　式	200,000	―		200,000	0
の　れ　ん			80,000	4,000	72,000
				4,000	
資　産　合　計	1,453,200	460,800	81,800	468,000	1,527,800
買　掛　金	304,200	190,800	180,000		315,000
借　入　金	―	90,000	70,000		20,000
資　本　金	226,000	100,000	100,000		226,000
資　本　剰　余　金	123,000	20,000	20,000		123,000
利　益　剰　余　金	800,000	60,000	933,700	881,500	807,800
非支配株主持分			2,000	38,000	36,000
負債・純資産合計	1,453,200	460,800	1,305,700	919,500	1,527,800
損益計算書					**連結損益計算書**
売　上　高	1,560,000	1,080,000	860,000		1,780,000
売　上　原　価	1,014,000	767,000	10,000	860,000	922,000
				9,000	
販売費及び一般管理費	477,800	269,000	4,000	1,800	749,000
営　業　外　収　益	30,000	―	8,000		21,300
			700		
営　業　外　費　用	10,000	20,000		700	29,300
当　期　純　利　益	88,200	24,000	882,700	871,500	101,000
非支配株主に帰属する当期純利益			4,800		4,800
親会社株主に帰属する当期純利益			887,500	871,500	96,200
株主資本等変動計算書					**連結株主資本等変動計算書**
利益剰余金当期首残高	761,800	46,000	30,000		761,600
			4,000		
			3,200		
			9,000		
配　当　金	△50,000	△10,000		10,000	△50,000
親会社株主に帰属する当期純利益	88,200	24,000	887,500	871,500	96,200
利益剰余金当期末残高	800,000	60,000	933,700	881,500	807,800
非支配株主持分当期首残高				30,000	33,200
				3,200	
非支配株主持分当期変動額			2,000	4,800	2,800
非支配株主持分当期末残高			2,000	38,000	36,000

（注意）　連結精算表で金額の前に△を付けることが考えられるのは、**貸倒引当金**、減価償却累計額、**剰余金の配当**などですが、本試験では、それらの科目が無いにも関わらず、問題文に「減少となる項目については△を付ける」とダミーの指示が入ることがあります。これらの科目が無い場合には、他の科目に無理して「△」を付ける必要はありません。

解説

連結第2年度（×6年4月1日から×7年3月31日まで）の連結精算表の作成が問われています。

連結第1年度（×5年4月1日から×6年3月31日まで）の連結修正仕訳は、帳簿に記録されていないので、連結第2年度において連結開始仕訳を行う必要があります。連結第1年度に行った連結修正仕訳を考え、連結開始仕訳を行った後、当期の連結修正仕訳を行います。

単位が千円単位となっているため、以下の金額は**(単位：千円)** として解説します。

連結開始仕訳
投資と資本の相殺消去
P社持分（持分割合：80％）
　(100,000＋20,000＋30,000)×80％＝120,000
非支配株主持分（持分割合：100％－80％＝20％）
　(100,000＋20,000＋30,000)×20％＝30,000
のれん：200,000－120,000＝80,000
　　　　S社株式　P社持分

(資　本　金)	100,000	(S 社 株 式)	200,000
(資本剰余金)	20,000	(非支配株主持分当期首残高)	30,000
(利益剰余金当期首残高)	30,000		
(の れ ん)	80,000		

資本金：226,000＋100,000－100,000＝**226,000**
資本剰余金：123,000＋20,000－20,000＝**123,000**

のれんの償却
のれんは20年にわたり定額法で償却します。連結第1年度の連結修正仕訳となるので、「のれん償却」ではなく、「利益剰余金」の減少として処理します。

80,000÷20年＝4,000

| (利益剰余金当期首残高) | 4,000 | (の れ ん) | 4,000 |

S社の当期純利益の非支配株主持分への振替え
非支配株主の持分割合に応じて、S社の当期純利益を非支配株主持分へと振り替えます。

連結第1年度の連結修正仕訳となるので、「非支配株主に帰属する当期純利益」ではなく、「利益剰余金」の減少として処理します。

16,000×20％＝3,200

| (利益剰余金当期首残高) | 3,200 | (非支配株主持分当期首残高) | 3,200 |

連結第1年度

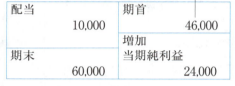

連結第2年度

利益剰余金（個別S社）

| 配当 10,000 | 期首 46,000 |
| 期末 60,000 | 増加 当期純利益 24,000 |

＊1　支配獲得時のS社の利益剰余金30,000が与えられているので、貸借差額で算定する。

当期の連結修正仕訳
のれんの償却

| (のれん償却) | 4,000 | (の れ ん) | 4,000 |
| 販管費 | | | |

のれん：80,000－4,000－4,000＝**72,000**

S社の当期純利益の非支配株主持分への振替え
24,000×20％＝4,800

| (非支配株主に帰属する当期純利益) | 4,800 | (非支配株主持分当期変動額) | 4,800 |

剰余金の配当
受取配当金と非支配株主持分を減らすとともに、利益剰余金の減少を取り消します。

(受取配当金)	8,000	(配　当　金)	10,000
営業外収益			
(非支配株主持分当期変動額)	2,000		

非支配株主持分：30,000＋3,200＋4,800－2,000
　　　　　　　＝**36,000**

売掛金と買掛金の相殺消去

親子会社間の売掛金と買掛金は連結グループ内部の債権債務にすぎないため、相殺消去します。貸付金と借入金などについても同様です。

（買　掛　金）180,000　（売　掛　金）180,000

売掛金：480,000 + 220,000 − 180,000 = **520,000**
買掛金：304,200 + 190,800 − 180,000 = **315,000**

貸倒引当金の修正

消去した売掛金について貸倒引当金を設定している場合には、貸倒引当金も取り消します。

180,000 × 1% = 1,800

（貸倒引当金）　1,800　（貸倒引当金繰入）　1,800
　　　　　　　　　　　　　　　販管費

貸付金と借入金の相殺消去

（借　入　金）70,000　（貸　付　金）70,000

貸付金：80,000 − 70,000 = **10,000**
借入金：90,000 − 70,000 = **20,000**

売上高と仕入高の相殺消去

親子会社間の商品売買は連結ベースでみると、内部取引（単なるグループ内部での商品の移動）になるため、相殺消去を行います。

（売　上　高）860,000　（売 上 原 価）860,000
　　　　　　　　　　　　　　　当期商品仕入高

売上高：1,560,000 + 1,080,000 − 860,000
　　　　= **1,780,000**

受取利息と支払利息の相殺消去

貸付金と借入金の相殺に伴い、そこから発生する利息も相殺消去します。

70,000 × 1% = 700

（受 取 利 息）　700　（支 払 利 息）　700

営業外収益：30,000 − 8,000 − 700 = **21,300**
営業外費用：10,000 + 20,000 − 700 = **29,300**

商品の未実現利益の消去

(1)期末商品

連結グループの外部へ販売していない状況での利益の計上は認められないため、未実現利益（未販売の商品の利益）を消去します。

$$110,000 \times \frac{0.1}{1.1} = 10,000$$

（売 上 原 価）10,000　（商　　　　品）10,000

(2)期首商品

期首商品の未実現利益は、当期にすべて実現したと考えます。

$$\text{未実現利益：} 99,000 \times \frac{0.1}{1.1} = 9,000$$

①前期の引継ぎの仕訳

前期に行った連結修正仕訳を再び行います。当期の連結修正仕訳となるので、前期の「売上原価」は「利益剰余金」として処理します。

~~（利益剰余金当期首残高）　9,000　（商　　　品）　9,000~~
　　　　売上原価

②当期の実現の仕訳

期首商品に含まれる未実現利益は、当期にすべて実現したと考えます。

~~（商　　　品）　9,000~~　（売 上 原 価）　9,000

上記①と②の仕訳を合算・相殺したものが、連結修正仕訳となります。

（利益剰余金当期首残高）　9,000　（売 上 原 価）　9,000

商　　品：370,000 + 165,000 − 10,000 = **525,000**
売上原価：1,014,000 + 767,000 − 860,000
　　　　　+ 10,000 − 9,000 = **922,000**

利益剰余金の修正・消去欄の記入

損益計算書の「親会社株主に帰属する当期純利益」の行で計算した修正・消去欄の合計887,500と871,500を株主資本等変動計算書の「親会社株主に帰属する当期純利益」に移します。

そして、株主資本等変動計算書の「利益剰余金当期末残高」の行で計算した合計933,700と881,500を貸借対照表の「利益剰余金」に移します。

解 答 　　**第3問　貸借対照表作成**　　　　　➡ 問題178ページ

貸　借　対　照　表
×8年3月31日現在　　　　　　　　　　　　（単位：円）

資　産　の　部			負　債　の　部		
Ⅰ 流　動　資　産			Ⅰ 流　動　負　債		
現　金　預　金	（	705,700 ）	支　払　手　形	（	156,000 ）
受　取　手　形	（	140,000 ）	電　子　記　録　債　務	（	1,352,000 ）
売　　掛　　金	（	1,478,000 ）	買　　掛　　金	（	401,600 ）
商　　　　品	（	2,110,000 ）	短　期　借　入　金	（	200,000 ）
前　払　費　用	（	10,400 ）	未　払　法　人　税　等	（	143,000 ）
未　収　入　金	（	99,600 ）	未　払　費　用	（	140,000 ）
貸　倒　引　当　金	（△	16,180 ）	流　動　負　債　合　計	（	2,392,600 ）
流　動　資　産　合　計	（	4,527,520 ）	Ⅱ 固　定　負　債		
Ⅱ 固　定　資　産			（長　期　借　入　金）	（	600,000 ）
有　形　固　定　資　産			固　定　負　債　合　計	（	600,000 ）
建　　　　物	（	810,000 ）	負　債　合　計	（	2,992,600 ）
建物減価償却累計額	（△	432,000 ）			
備　　　　品	（	160,000 ）	純　資　産　の　部		
備品減価償却累計額	（△	45,750 ）			
土　　　　地	（	1,642,000 ）	Ⅰ 資　　本　　金	（	1,485,000 ）
有形固定資産合計	（	2,134,250 ）	Ⅱ 資　本　準　備　金	（	836,000 ）
投資その他の資産			Ⅲ 利　益　剰　余　金		
長　期　前　払　費　用	（	11,500 ）	利　益　準　備　金	（	123,200 ）
投資その他の資産合計	（	11,500 ）	（繰　越　利　益　剰　余　金）	（	1,236,470 ）
固　定　資　産　合　計	（	2,145,750 ）	利　益　剰　余　金　合　計	（	1,359,670 ）
			純　資　産　合　計	（	3,680,670 ）
資　産　合　計	（	6,673,270 ）	負債及び純資産合計	（	6,673,270 ）

予想配点　■ 1つにつき2点。合計 20 点。

タテ解き
解　答

第1回

第2回

第3回

211

解説

決算にあたっての修正事項

1．掛け売上の取消し

売上高の計上基準は得意先の検収基準であり、得意先で未検収のままなので、掛け売上を取り消します。

（売 上）	600,000	（売 掛 金）	600,000

売掛金：¥2,078,000 − ¥600,000 = ¥1,478,000

2．源泉税

源泉税を控除する前の総額を「受取利息」に計上することになります。源泉税は「仮払法人税等」として処理します。

¥16,000は利息総額の80％となるので、割り戻すことにより利息総額を求め、差額を計上します。

利息総額：¥16,000 ÷ 0.8 = ¥20,000

追加計上額：¥20,000 − ¥16,000 = ¥4,000

正しい仕訳

（現 金 預 金）	16,000	（受 取 利 息）	20,000
（仮払法人税等）	4,000		

会社の仕訳

（現 金 預 金）	16,000	（受 取 利 息）	16,000

修正仕訳

（仮払法人税等）	4,000	（受 取 利 息）	4,000

決算整理事項

1．売上原価の算定

期末帳簿棚卸高は出荷基準にもとづいて算定しているため、得意先で未検収の商品（原価¥400,000（［資料Ⅱ］1．））が含まれていません。

同様に、出荷済みのため、実地棚卸高にも含まれていません。

期末帳簿棚卸高：¥1,750,000 + ¥400,000 = ¥2,150,000

実地棚卸高：¥1,710,000 + ¥400,000 = ¥2,110,000

棚卸減耗損：¥2,150,000 − ¥2,110,000 = ¥40,000

（仕 入）	1,601,000	（繰 越 商 品）	1,601,000
（繰 越 商 品）	2,150,000	（仕 入）	2,150,000
（棚 卸 減 耗 損）	40,000	（繰 越 商 品）	40,000
（仕 入）*	40,000	（棚 卸 減 耗 損）	40,000

* 仕入勘定で売上原価を算定すると仮定

商品：¥2,110,000

2．未払費用

再振替仕訳を行い、給料および水道光熱費を未払計上します。

（未 払 費 用）	113,000	（給 料 手 当）	23,000
		（水 道 光 熱 費）	90,000
（給 料 手 当）	35,000	（未 払 費 用）	140,000
（水 道 光 熱 費）	105,000		

未払費用：¥113,000 − ¥113,000 + ¥140,000 = ¥140,000

3．長期前払費用

3月1日に3年分を支払っているので、1か月分を当期の費用とし、12か月分（決算日の翌日から1年以内）は「前払費用」として処理します。

1か月分：¥18,000 ÷ 36か月 = ¥500

（保 険 料）	500	（長期前払費用）	6,500
（前 払 費 用）	6,000		

長期前払費用：¥18,000 − ¥6,500 = ¥11,500

4．減価償却

減価償却費の年間確定額と月次決算（4月から2月まで）で計上した金額との差額を追加計上します。ただし、3月1日から使用開始した備品は別途、月割りで計算する必要があります。

建物

年間確定額：¥810,000 ÷ 30年 = ¥27,000

月次決算計上額：¥2,200 × 11か月 = ¥24,200

追加計上額：¥27,000 − ¥24,200 = ¥2,800

（減 価 償 却 費）	2,800	（建物減価償却累計額）	2,800

備品

①期首以前取得分（¥100,000）

決算整理前残高試算表の備品減価償却累計額は、月次決算で計上した金額¥16,500*が含まれているので注意しましょう。

* ¥1,500 × 11か月 = ¥16,500

期首減価償却累計額：¥41,500 − ¥16,500 = ¥25,000

償却率：$\dfrac{1}{8年} \times 200\% = 0.25$

年間確定額：（¥100,000 − ¥25,000）× 0.25 = ¥18,750

月次決算計上額：¥16,500

追加計上額：¥18,750 − ¥16,500 = ¥2,250

②3月1日取得分（¥60,000）　当期1か月使用

償却率：$\dfrac{1}{5\,\text{年}} \times 200\% = 0.4$

$¥60,000 \times 0.4 \times \dfrac{1\,\text{か月}}{12\,\text{か月}} = ¥2,000$

| （減価償却費） | 4,250 | （備品減価償却累計額） | 4,250 |

建物減価償却累計額：¥429,200 ＋ ¥2,800 ＝ **¥432,000**
備品減価償却累計額：¥41,500 ＋ ¥4,250 ＝ **¥45,750**
減価償却費：¥40,700 ＋ ¥2,800 ＋ ¥4,250 ＝ **¥47,750**

！ここに注意

・月次決算計上額が決算整理前残高試算表の備品減価償却累計額に含まれている

5．借入金

6か月分の利息を「前払費用」に計上しているので、当期2か月分を「支払利息」に振り替えます。また、残高¥600,000の借入金は、返済期日が決算日の翌日から1年を超えるので、「長期借入金」に振り替えます。

①残高¥200,000

$6\,\text{か月分}：¥200,000 \times 1.2\% \times \dfrac{6\,\text{か月}}{12\,\text{か月}} = ¥1,200$

$\text{利息計上額}：¥1,200 \times \dfrac{2\,\text{か月}}{6\,\text{か月}} = ¥400$

②残高¥600,000

$6\,\text{か月分}：¥600,000 \times 1.8\% \times \dfrac{6\,\text{か月}}{12\,\text{か月}} = ¥5,400$

$\text{利息計上額}：¥5,400 \times \dfrac{2\,\text{か月}}{6\,\text{か月}} = ¥1,800$

| （支 払 利 息） | 2,200 | （前 払 費 用） | 2,200 |
| （短 期 借 入 金） | 600,000 | （長 期 借 入 金） | 600,000 |

前払費用：¥6,600 ＋ ¥6,000 － ¥2,200 ＝ **¥10,400**
短期借入金：¥800,000 － ¥600,000 ＝ **¥200,000**
長期借入金：**¥600,000**

！ここに注意

・返済期日が決算日の翌日から1年を超える場合、「長期借入金」として記載する

6．貸倒引当金

受取手形：¥140,000　　売掛金：¥1,478,000
貸倒引当金設定額
　（¥140,000 ＋ ¥1,478,000）× 1 ％ ＝ ¥16,180
貸倒引当金繰入額：¥16,180 － ¥5,000 ＝ ¥11,180

| （貸倒引当金繰入） | 11,180 | （貸倒引当金） | 11,180 |

貸倒引当金：¥5,000 ＋ ¥11,180 ＝ **¥16,180**

7．未払法人税等

仮払法人税等：¥3,000 ＋ ¥4,000 ＝ ¥7,000
未払法人税等：¥150,000 － ¥7,000 ＝ ¥143,000

| （法人税,住民税及び事業税） | 150,000 | （仮払法人税等） | 7,000 |
| | | （未払法人税等） | 143,000 |

繰越利益剰余金：¥886,470 ＋ ¥350,000 ＝ **¥1,236,470**

| | | 解 答 | 第4問 (1) 本社工場会計 | | | ➡ 問題180ページ |

解 答 ▶ **第4問 (1) 本社工場会計** ➡ 問題180ページ

		仕	訳				
		借 方 科 目		金 額	貸 方 科 目		金 額
1	(1)	イ	仕 掛 品	300,000	ア	材 料	300,000
	(2)	イ	仕 掛 品	90,000	カ	本 社	90,000
2	(1)	イ	仕 掛 品	500,000	ア	賃金・給料	660,000
		オ	製造間接費	160,000			
	(2)	オ	製造間接費	200,000	カ	本 社	200,000
3	(1)	ウ	製 品	1,000,000	エ	仕 掛 品	1,000,000
	(2)	カ	本 社	800,000	ウ	製 品	800,000

注)解答の科目欄に仕訳をイメージできるように勘定科目を記載していますが、
　本試験では記号のみ記載し、勘定科目を記載する必要はありません。

> **ここに注意**
> ・工場で使用する勘定科目は、残高試算表にあるものに限定されている。

> **予想配点** 仕訳1組につき2点。合計12点。

解 説

　工場元帳の勘定科目は、**残高試算表にあるものに限定**されています。工場の仕訳のさい、相手勘定科目が残高試算表になければ、本社元帳に設定されている勘定になるので**本社勘定**を用います。

1 (1) 材料の引渡し

　素材を出庫票で出庫しているため、材料勘定から仕掛品勘定に振り替えます。

工場の仕訳

| （仕 掛 品） | 300,000 | （材　　　料） | 300,000 |

本社の仕訳

| 仕 訳 な し | | | |

(2) 外注加工

　外注加工した素材が納品されたため、本来、外注加工賃を計上するとともに買掛金を計上します。

　ただし、工場元帳に外注加工賃が無いため、仕掛品勘定で処理します。また、支払いは本社で行うため、貸方を本社勘定で処理します。

工場の仕訳

| （仕 掛 品） | 90,000 | （本　　　社） | 90,000 |

本社の仕訳

| （工　　　場） | 90,000 | （買 掛 金） | 90,000 |

2 (1) 賃金の消費

　直接工の直接作業時間にかかる賃金消費額は仕掛品勘定で、間接工の賃金消費額は製造間接費勘定で処理します。

工場の仕訳

| （仕 掛 品） | 500,000 | （賃金・給料） | 660,000 |
| （製造間接費） | 160,000 | | |

214

本社の仕訳

仕 訳 な し			

(2) 減価償却の計上

減価償却費などの費用の勘定が工場元帳にないため、諸費用（間接経費）については製造間接費勘定でまとめて処理していると考えます。

工場の仕訳

（製 造 間 接 費）	200,000 *	（本　　　　社）	200,000

＊　2,400,000円÷12か月＝200,000円

本社の仕訳

（工　　　　場）	200,000	（機械減価償却累計額）	200,000

3(1) 製品の完成

完成分について仕掛品勘定から製品勘定に振り替えます。

工場の仕訳

（製　　　　品）	1,000,000	（仕　掛　品）	1,000,000

本社の仕訳

仕 訳 な し			

(2) 製品の販売

売上原価勘定が工場元帳にないため、本社勘定で処理します。

工場の仕訳

（本　　　　社）	800,000	（製　　　　品）	800,000

本社の仕訳

（売 上 原 価）	800,000	（工　　　　場）	800,000

解答　第4問　(2) 等級別総合原価計算　→ 問題181ページ

問1

等 価 比 率 計 算 表

等級製品	重 量	等価係数	完成品量	積　数	等価比率
A	300 g	3	6,000 枚	18,000 枚	90 %
B	100 g	1	2,000 枚	2,000 枚	10 %
					100%

問2　当月の月末仕掛品原価 ＝ 160,000 円

問3　当月の完成品総合原価 ＝ 960,000 円

問4　等級製品Aの完成品単位原価 ＝ 144 円／枚

問5　等級製品Bの完成品単位原価 ＝ 48 円／枚

予想配点　■ 1つにつき3点。　□ 1つにつき4点。
合計 16 点。

ここに注意

・完成品単位原価の計算には、積数ではなく完成品量を用いることに注意する。
・各等級製品の完成品総合原価
　＝当月の完成品総合原価×各等価比率

解説

本問は、等級別総合原価計算について問われています。問題を解くさいに、次の点に注意しましょう。

① 積数＝等価係数×完成品量
② 原価投入額合計を完成品総合原価と月末仕掛品原価に配分する方法 →「先入先出法」
③ 正常仕損費の負担関係 →工程の途中で発生したので「両者負担」「度外視法」
④ 仕損品の処分価額 →「ゼロ」

計算用紙

積数
　等級製品A：3×6,000枚＝18,000枚
　等級製品B：1×2,000枚＝ 2,000枚
　　　　　　合計　20,000枚

等価比率
　等級製品A：$\dfrac{18,000枚}{20,000枚}$×100％＝90％
　等級製品B：$\dfrac{2,000枚}{20,000枚}$×100％＝10％

解答・解説編

計算用紙

当月の月末仕掛品原価と完成品総合原価の計算

先入 直接材料費 枚

	月初	1,000	完成	8,000
35,000				
360,000	当月	9,000	仕損	1,000
	(貸借差引)		月末	2,000
395,000				

$395,000 - 80,000 = 315,000$

$360,000 \times \dfrac{2,000}{9,000} = 80,000$

先入 加工費 枚

	月初	500	完成	8,000
45,000	(=1,000枚×50%)			
680,000	当月	8,500	仕損	?
	(貸借差引)		月末	1,000
			(=2,000枚×50%)	
725,000				

$725,000 - 80,000 = 645,000$

$680,000 \times \dfrac{1,000}{8,500} = 80,000$

当月の月末仕掛品原価：80,000円＋80,000円＝**160,000円**
当月の完成品総合原価：315,000円＋645,000円＝**960,000円**
等級製品Aの完成品総合原価：960,000円×90％＝864,000円
等級製品Aの完成品単位原価：864,000円÷6,000枚＝**144円／枚**
等級製品Bの完成品総合原価：960,000円×10％＝96,000円
等級製品Bの完成品単位原価：96,000円÷2,000枚＝**48円／枚**

解答 第5問 CVP分析 → 問題182ページ

問1 2,940 個

問2 30 ％

問3
利益計画Aの営業利益 1,814,400 円

利益計画Bの営業利益 2,032,800 円

利益計画Cの営業利益 1,693,800 円

！ここに注意

・問題文をよく読み、資料の内容を整理します。読み飛ばさないように、重要な箇所にチェックを入れましょう。
・解答要求をしっかり確認しましょう。考え方が合っていても、解答要求を間違えると点数になりません。
・次期の利益計画の条件によって、数値が増減するものもあれば、増減しないものもあるので、注意しましょう。

予想配点 問1、問2 各3点。
問3 各2点。
合計12点。

タテ解き
解答

第1回

第2回

第3回

解説

問1　損益分岐点における販売数量

1．当期のデータの整理

売　　上　　高	15,120,000	（＝＠3,600円×4,200個）
変動売上原価	8,064,000	（＝＠1,920円×4,200個）
変動製造マージン	7,056,000	
変動販売費	1,008,000	（＝＠ 240円×4,200個）
貢献利益	6,048,000	
固定加工費	2,592,000	
固定販売費及び一般管理費	1,641,600	
営業利益	1,814,400	

2．損益分岐点における販売数量

　　貢献利益率＝貢献利益÷売上高

　売上高の40％が貢献利益となるので、割り戻すことにより売上高を計算します。

　　貢献利益率：6,048,000円÷15,120,000円＝0.4（40％）
　　固　定　費：2,592,000円＋1,641,600円＝4,233,600円
　　損益分岐点における売上高：4,233,600円÷0.4＝10,584,000円
　　10,584,000円÷＠3,600円＝**2,940個**

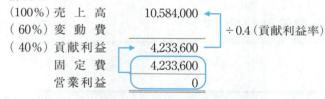

損益分岐点売上高は以下の方法でも計算できます。

　　変動費率：（＠1,920円＋＠240円）÷＠3,600円＝0.6

　売上高をＳ、変動費率を a（アルファ）、固定費をＦＣ（Fixed Cost）と置くと、損益分岐点は次の算式で表せます。

　　$S - aS - FC = 0$
　　$1S - 0.6S - 4,233,600 = 0$
　　$0.4S = 4,233,600$
　　$S = 10,584,000$

問2　安全余裕率

　安全余裕率とは、売上高が損益分岐点をどれだけ上回っているかを占める比率です。裏返すと、売上高が安全余裕率分だけ下がると、損益分岐点売上高となることを示しています。

$$安全余裕率 = \frac{売上高 - 損益分岐点売上高}{売上高}$$

$$= \frac{15,120,000円 - 10,584,000円}{15,120,000円} = \mathbf{0.3}$$

売上高（100％）	
損益分岐点比率（70％）	安全余裕率（30％）

問3 各利益計画にもとづく営業利益

それぞれの次期の利益計画にもとづいて、直接原価計算による損益計算書を作成し、営業利益を計算します。

利益計画Aの場合

販売価格：@3,600円×（1＋0.1）＝@3,960円
販 売 量：　4,200個×（1－0.2）＝　3,360個

売　　　　　上　　　　　高	13,305,600	（＝@3,960円×3,360個）
変 動 売 上 原 価	6,451,200	（＝@1,920円×3,360個）
変 動 製 造 マ ー ジ ン	6,854,400	
変 動 販 売 費	806,400	（＝@　240円×3,360個）
貢 献 利 益	6,048,000	
固 定 加 工 費	2,592,000	
固定販売費及び一般管理費	1,641,600	
営 業 利 益	**1,814,400**	

利益計画Bの場合

原 料 費：@1,000円×（1－0.2）＝@　800円
変動加工費：@　920円×（1－0.1）＝@　828円
合 　計 ：　　　　　　　　　　　　　@1,628円

売　　　　　上　　　　　高	15,120,000	（＝@3,600円×4,200個）
変 動 売 上 原 価	6,837,600	（＝@1,628円×4,200個）
変 動 製 造 マ ー ジ ン	8,282,400	
変 動 販 売 費	1,008,000	（＝@　240円×4,200個）
貢 献 利 益	7,274,400	
固 定 加 工 費	3,600,000	（＝2,592,000円＋1,008,000円）
固定販売費及び一般管理費	1,641,600	
営 業 利 益	**2,032,800**	

利益計画Cの場合

販売価格：@3,600円×（1－0.05）＝@3,420円
販 売 量：　4,200個×（1＋0.15）＝　4,830個

売　　　　　上　　　　　高	16,518,600	（＝@3,420円×4,830個）
変 動 売 上 原 価	9,273,600	（＝@1,920円×4,830個）
変 動 製 造 マ ー ジ ン	7,245,000	
変 動 販 売 費	1,159,200	（＝@　240円×4,830個）
貢 献 利 益	6,085,800	
固 定 加 工 費	2,592,000	
固定販売費及び一般管理費	1,800,000	（＝1,641,600円＋158,400円）
営 業 利 益	**1,693,800**	

タテ解き
解　答

第1回

第2回

第3回

第3回 本試験問題【解答・解説】

解答　第1問　仕訳

→ 問題184ページ

	借方科目	金額	貸方科目	金額
1	ア　その他有価証券	4,000	ウ　繰延税金負債 エ　その他有価証券評価差額金	1,200 2,800
2	イ　当座預金	300,000	カ　未払金	300,000
3	ウ　売掛金 キ　役務原価	400,000 300,000	オ　役務収益 イ　当座預金	400,000 300,000
4	エ　商品保証引当金 キ　商品保証費	80,000 10,000	ア　現金	90,000
5	イ　受取手形 ア　現金	500,000 15,000	イ　受取手形 カ　受取利息	500,000 15,000

ここに注意

1. 売買手数料を有価証券の取得原価に含めます。
2. 備品の購入代金が未払いとなるため、未払金勘定で処理する。
3. サービスの提供と費用の発生がほぼ同時に起こる場合には、費用の勘定と仕掛品勘定を通さずに直接役務原価に計上する。
4. 引当金の残高を超えた分は費用として処理する。
5. 旧手形と新手形は満期日が異なるため、相殺しない。

注）上記解答の科目欄に仕訳をイメージできるように勘定科目を記載していますが、本試験では記号のみ記載し、勘定科目を記載する必要はありません。

予想配点 仕訳1組につき4点。合計20点。

解説

仕訳問題を解くとき、「問題文のキーワードとなる語句に着目して、勘定科目に変換」するようにすると、仕訳を考えやすくなります。

1．その他有価証券の評価*

> 期末に保有しているその他有価証券（A社株式）について、必要な仕訳を行う。当社はその他有価証券について、全部純資産直入法を採用し、税効果会計を適用する。法人税等の実効税率は30％とする。
>
> A社株式は当期に1株当たり¥80で1,000株取得したものであり、取得にあたり証券会社に売買手数料¥2,000を当座預金口座より支払っている。
>
> A社株式の当期末時価は1株当たり¥86であった。

＊補足
　資産を評価替えするときは、付随費用を含めた取得原価をもとに行います。

❶ @¥80×1,000株＋¥2,000
　＝¥82,000
　単価¥82,000÷1,000株
　＝@¥82
❷ (@¥86－@¥82)×1,000株
　＝¥4,000
❸ ¥4,000×30％＝¥1,200
❹ ¥4,000－¥1,200＝¥2,800

取得時（その他有価証券）❶	82,000	（当座預金）	82,000
決算時（その他有価証券）	4,000	（繰延税金負債）❸ （その他有価証券評価差額金）❹	1,200 2,800

2. 未渡小切手の処理*

当社の当座預金勘定の残高と銀行からの残高証明書の残高の照合をしたところ、備品購入に伴い生じた代金の支払いのために振り出した小切手❶¥300,000が金庫に保管されており、未渡しの状況であることが判明した。銀行勘定調整表を作成するとともに、当社側の残高調整のための処理を行った。

＊補足　未渡小切手
　当社が備品を所有していることに変わりがないため、備品を取り消しません。

　　　　　（当 座 預 金）❷　300,000　（未　払　金）❶　300,000

3. 役務収益、役務原価*

顧客に対するサービス提供のために、外注費❷¥300,000が発生し小切手を振り出して支払う❶（未記帳）とともに、ただちに顧客に対するサービス提供（契約金は¥400,000、受取りは翌月末）を行った。

サービス提供に係る契約金について収益計上するとともに、費用について、直接、原価に計上した❷。

＊補足
　収益計上と費用の発生がほぼ同時に起こる場合には、費用について仕掛品勘定を通さずに直接、原価に計上します。

　　　　　（売　　掛　　金）❹　400,000　（役　務　収　益）❸　400,000
　　　　　（役　務　原　価）❷　300,000　（当　座　預　金）❶　300,000

4. 商品保証引当金*

前期に保証書を付して販売した商品について、顧客より無料修理の申し出があった❶ので、修理業者に修理を依頼し、代金¥90,000は現金で支払った。なお、前期の決算で計上した商品保証引当金の残高は¥80,000である❶。

＊補足
　前期販売分は引当金を取り崩し、不足が生じた場合、やむを得ず当期の費用とします。
　当期販売分はまだ引当金を設定していないため、当然、当期の費用とします。

❸🧮 ¥90,000 － ¥80,000 ＝ ¥10,000

　　　　　（商品保証引当金）❶　80,000　（現　　　　金）❷　90,000
　　　　　（商 品 保 証 費）❸　10,000

5. 手形の更改*

満期の到来した約束手形¥500,000について、手形の更改（満期日を3か月延長）の申し出❶があり、新たな手形❷と、延長3か月分の利息¥15,000を現金で受け取った❸。

＊補足
　古い手形が無くなって、新しい手形に変わったという事実を記録するために、借方・貸方ともに受取手形とします。

　　　　　（受 取 手 形）❷　500,000　（受 取 手 形）❶　500,000
　　　　　（現　　　　金）❸　 15,000　（受 取 利 息）❸　 15,000

解答　第2問　商品売買　　　　　　　　　　→ 問題185ページ

問1

売　掛　金

月	日	摘　要	借　方	月	日	摘　要	貸　方
4	1	前 期 繰 越	1,700,000	4	12	当 座 預 金	1,500,000
	8	売　　上	1,500,000		22	電 子 記 録 債 権	1,300,000
	18	売　　上	1,400,000		30	次 月 繰 越	1,800,000
			4,600,000				4,600,000

商　品

月	日	摘　要	借　方	月	日	摘　要	貸　方
4	1	前 期 繰 越	1,500,000	4	5	買 　掛　 金	155,000
	4	諸　　口	620,000		8	売 上 原 価	900,000
					18	売 上 原 価	848,000
					30	棚 卸 減 耗 損	15,500
					30	次 月 繰 越	201,500
			2,120,000				2,120,000

問2

4月の純売上高	¥	2,900,000
4月の売上原価	¥	1,748,000

予想配点　■1つにつき2点。合計20点。

ここに注意

・払出単価の計算は先入先出法を用いている。
・商品売買取引の記帳には「販売のつど売上原価勘定に振り替える方法」を用いている。

解説

本問は、**商品売買に係る一連の処理**が問われています。問題文をよく読んでから、[資料] を整理し、丁寧に処理していきましょう。

商品の動きを把握するために、ボックス図を作成すると整理しやすくなります。日付順に取引の内容を読み取り、ボックス図に記入していきましょう。

[資料]の整理

1日　前期繰越
商品の前期繰越額：@¥3,000×500個＝¥1,500,000

4日　仕入

（商　　　品）	620,000*¹	（前　払　金）	150,000
		（買　掛　金）	470,000*²

→諸口

*1　@¥3,100 × 200個
　　＝¥620,000
*2　¥620,000 − ¥150,000
　　＝¥470,000

5日　仕入返品
4日に仕入れた商品の返品なので、返品に用いる単価は@¥3,100となります。

（買　掛　金）	155,000	（商　　　品）	155,000*

* @¥3,100 × 50個
　＝¥155,000

8日　売上

（売　掛　金）	1,500,000	（売　　　上）	1,500,000*¹

先入先出法を用いているので、先に仕入れた分から先に払い出します。

（売　上　原　価）	900,000	（商　　　品）	900,000*²

*1　@¥5,000 × 300個
　　＝¥1,500,000
*2　@¥3,000 × 300個
　　＝¥900,000

12日　売掛金回収
8日に販売した商品の掛け代金なので、¥1,500,000の回収となります。

（当　座　預　金）	1,500,000	（売　掛　金）	1,500,000

18日　売上

（売　掛　金）	1,400,000	（売　　　上）	1,400,000*¹

先入先出法を用いているので、先に仕入れた分から先に払い出します。ただし、4日に仕入れた商品200個のうち、50個は5日に返品していることに注意しましょう。

（売　上　原　価）	848,000	（商　　　品）	848,000*²
（発　　送　　費）	8,000	（当　座　預　金）	8,000

*1　@¥5,000 × 280個
　　＝¥1,400,000
*2　@¥3,000 × 200個＋
　　　　前期繰越分
　　@¥3,100 × 80個
　　　　4日仕入分
　　＝¥848,000

22日　売掛金回収

（電 子 記 録 債 権）	1,300,000	（売　掛　金）	1,300,000

30日　月次決算

上記の取引にもとづいて、帳簿棚卸高と実地棚卸高を比較します。

帳簿棚卸高　数量　70個　　　原　　　価　@￥3,100
実地棚卸高　数量　65個　　　正味売却価額　@￥4,700

| （棚　卸　減　耗　損） | 15,500 | （商　　　　　品） | 15,500* |

*　@￥3,100×（70個－65個）
　　＝￥15,500

「原価＜正味売却価額」となるため、商品評価損は計上しません。

商品の次月繰越額：@￥3,100×65個＝￥201,500
売掛金の次月繰越額：￥1,800,000（売掛金勘定における貸借差額により算定）
4月の純売上高：￥2,900,000（問2）
4月の売上原価：￥1,748,000（問2）

売	上		
		8 日	1,500,000
		18 日	1,400,000
合計	0	合計	2,900,000
残高	2,900,000		

売上原価			
8 日	900,000		
18 日	848,000		
合計	1,748,000	合計	0
		残高	1,748,000

224

解答・解説編

解答 ▶ 第3問 損益計算書作成 ➡ 問題186ページ

問1

損 益 計 算 書
自×18年4月1日 至×19年3月31日

(単位：円)

I 売 上 高			7,253,180
II 売 上 原 価			
1 商 品 期 首 棚 卸 高	(220,000)		
2 当 期 商 品 仕 入 高	(5,880,000)		
合 計	(6,100,000)		
3 商 品 期 末 棚 卸 高	(340,000)		
差 引	(5,760,000)		
4 (棚 卸 減 耗 損)	(2,400)		
5 商 品 評 価 損	(8,400)	(5,770,800)	
売 上 総 利 益		(1,482,380)	
III 販 売 費 及 び 一 般 管 理 費			
1 給 料	693,000		
2 水 道 光 熱 費	120,200		
3 退 職 給 付 費 用	(81,000)		
4 租 税 公 課	(155,000)		
5 減 価 償 却 費	(217,200)		
6 貸 倒 引 当 金 繰 入	(16,000)		
7 貸 倒 損 失	(6,000)	(1,288,400)	
営 業 利 益		(193,980)	
IV 営 業 外 収 益			
1 有 価 証 券 利 息		(11,900)	
V 営 業 外 費 用			
1 支 払 利 息	(15,200)		
2 (棚 卸 減 耗 損)	(1,600)	(16,800)	
経 常 利 益		(189,080)	
VI 特 別 利 益			
1 (保 険 差 益)		(50,000)	
VII 特 別 損 失			
1 (固 定 資 産 売 却 損)		(100,000)	
税 引 前 当 期 純 利 益		(139,080)	
法人税、住民税及び事業税	(44,124)		
(法 人 税 等 調 整 額)	(△ 2,400)	(41,724)	
当 期 純 利 益		(97,356)	

問2

×23年3月期の備品の減価償却費　　58,982　　円

予想配点　　1つにつき2点。
合計20点。

225

> **解説**

　「**損益計算書の作成**」が問われています。決算整理前残高試算表をもとに、未処理事項・決算整理事項の処理を行い、損益計算書に記載する金額を確定させます。

　これ以上、金額の増減がないと判断できたら、決算整理前残高試算表の金額に、未処理事項・決算整理事項で処理した金額を加減して、答案用紙の損益計算書に金額を記入していきましょう。

問1
未処理事項の処理
1．貸倒れ

　前期の商品販売取引から生じた売掛金の貸倒れは「貸倒引当金」を取り崩し、当期の商品販売取引から生じた売掛金の貸倒れは「貸倒損失」で処理します。

| （貸倒引当金） | 4,000 | （売　　掛　　金） | 10,000 |
| （貸　倒　損　失） | 6,000 | | |

　貸倒損失：¥6,000

2．リース料の支払い

(1)リース契約時

　利子抜き法によるため、見積現金購入価額をリース資産の取得原価として計上します。

| （リース資産） | 260,000 | （リース債務） | 260,000 |

(2)リース料支払時

　リース料総額から見積現金購入価額を引いた利息総額のうち当期分を支払利息に計上し、リース料との差額についてリース債務を減らします。

　利息総額：¥60,000×5年－¥260,000
　　　　　　＝¥40,000
　支払利息：¥40,000÷5年＝¥8,000
　リース債務返済額：¥60,000－¥8,000＝¥52,000

| （リース債務） | 52,000 | （当　座　預　金） | 60,000 |
| （支　払　利　息） | 8,000 | | |

　支払利息：¥7,200＋¥8,000＝¥15,200

決算整理事項の処理
1．貸倒引当金の設定（差額補充法）

　未処理事項の処理により、売掛金および貸倒引当金の金額が変動していることに注意しましょう。

設定額

　受取手形：¥360,000
　売　掛　金：¥550,000－¥10,000＝¥540,000
　（¥360,000＋¥540,000）×2％＝¥18,000

繰入額

　¥18,000－（¥6,000－¥4,000）＝¥16,000
　　　　　　　　貸倒引当金の残高

| （貸倒引当金繰入） | 16,000 | （貸倒引当金） | 16,000 |

　貸倒引当金繰入：¥16,000

2．売上原価の計算（仕入勘定で処理すると仮定）

　損益計算書の「商品期末棚卸高」には、帳簿棚卸高を記入することになるので注意しましょう。

　帳簿棚卸高：@¥400×850個＝¥340,000
　棚卸減耗損

　　@¥400×（850個－840個）＝¥4,000
　　　　　　帳簿価額　帳簿数量　実地数量

　売上原価分

　　¥4,000×（1－40％）＝¥2,400

　営業外費用分

　　¥4,000×40％＝¥1,600

　商品評価損

　　（@¥400－@¥390）×840個＝¥8,400
　　　　帳簿価額　正味売却価額　実地数量

（仕　　　　　入）	220,000	（繰　越　商　品）	220,000
（繰　越　商　品）	340,000	（仕　　　　　入）	340,000
（棚　卸　減　耗　損）	4,000	（繰　越　商　品）	4,000
（商　品　評　価　損）	8,400	（繰　越　商　品）	8,400
（仕　　　　　入）	2,400	（棚　卸　減　耗　損）	2,400
（仕　　　　　入）	8,400	（商　品　評　価　損）	8,400

商品期首棚卸高：	¥　　220,000	
当期商品仕入高：	¥　5,880,000	
合　　　計	¥　6,100,000	
商品期末棚卸高：	¥　　340,000	
差　　　引	¥　5,760,000	
（棚卸減耗損）：	¥　　　2,400	
商品評価損：	¥　　　8,400	¥　5,770,800

３．減価償却費の計上

建物（耐用年数40年、残存価額ゼロ、定額法）

$$¥3,000,000÷40年×\frac{8か月}{12か月}=¥50,000$$

備品（耐用年数10年、残存価額ゼロ、200％定率法）

償却率：$\frac{1}{10年}×200\%=0.2$

保証額：¥900,000×0.06552＝¥58,968…①

（¥900,000－¥324,000）×0.2＝¥115,200…②

①＜②より、¥115,200

リース資産（５年、残存価額ゼロ、定額法）

¥260,000÷５年＝¥52,000

（減価償却費）217,200	（建物減価償却累計額） 50,000
	（備品減価償却累計額）115,200
	（リース資産 減価償却累計額） 52,000

４．満期保有目的債券

６か月分償却済みとなっているので、額面総額¥700,000と帳簿価額¥693,700との差額を残り54か月で償却します。

$$（\underset{額面総額}{¥700,000}－\underset{帳簿価額}{¥693,700}）×\frac{12か月}{60か月－6か月}$$
$$=¥1,400$$

（満期保有目的債券） 1,400	（有価証券利息） 1,400

有価証券利息：¥10,500＋¥1,400＝¥11,900

５．退職給付引当金

当期繰入額を計上することになります。

（退職給付費用） 81,000	（退職給付引当金） 81,000

退職給付費用：¥81,000

６．収入印紙の未使用高

購入時に「租税公課」として費用処理しているので、期末未使用高を「貯蔵品」に振り替えます。

（貯　蔵　品） 25,000	（租　税　公　課） 25,000

租税公課：¥180,000－¥25,000＝¥155,000

７．法人税、住民税及び事業税

税法上の課税所得を計算し、法人税、住民税及び事業税の金額を求めます。

税法上の課税所得

$$\underset{税引前当期純利益}{¥139,080}＋\underset{損金不算入額}{¥8,000}＝¥147,080$$

法人税、住民税及び事業税

¥147,080×30％＝¥44,124

（法人税、住民税及び事業税） 44,124	（仮払法人税等） 18,000
	（未払法人税等） 26,124

８．税効果会計

将来減算一時差異となるため、繰延税金資産を計上します。

¥8,000×30％＝¥2,400

（繰延税金資産） 2,400	（法人税等調整額） 2,400

法人税等調整額：△¥2,400

問２　×23年３月期の備品の減価償却費

期首の帳簿価額に償却率を掛けた金額が、取得原価に保証率を掛けた金額を下回る場合には、それ以降は、はじめて下回った期の期首帳簿価額に、改定償却率を掛けて減価償却費を計算します。

① （取得原価－累計額）×償却率

② 取得原価×保証率

①＞②の場合　①が減価償却費

①＜②の場合

減価償却費＝$\underset{期首簿価}{改定取得価額}$×改定償却率

① （¥900,000－¥664,070）×0.2＝¥47,186

② ¥900,000×0.06552＝¥58,968

①＜②　（¥900,000－¥664,070）×0.25
$$=58,982.5→¥58,982$$

解答 ▶ **第4問 (1) 財務諸表作成** ➡ 問題188ページ

製造原価報告書　(単位：円)

I	直 接 材 料 費		
	月 初 棚 卸 高	(238,000)	
	当 月 仕 入 高	(435,000)	
	合　　　計	(673,000)	
	月 末 棚 卸 高	(235,000)	(438,000)
II	直 接 労 務 費		(226,800)
III	製 造 間 接 費		
	間 接 材 料 費	(21,550)	
	間 接 労 務 費	(58,040)	
	電 力 料 金	(15,900)	
	減 価 償 却 費	(113,000)	
	合　　　計	(208,490)	実際 → 予定
	製造間接費配賦差異	(4,370)	(204,120)
	当 月 製 造 費 用		(868,920)
	月 初 仕 掛 品 原 価		(214,300)
	合　　　計		(1,083,220)
	月 末 仕 掛 品 原 価		(220,600)
	当 月 製 品 製 造 原 価		(862,620)

損 益 計 算 書　(単位：円)

I	売　　上　　高		2,129,000
II	売　上　原　価		
	月 初 製 品 有 高	(120,800)	
	当 月 製 品 製 造 原 価	(862,620)	予定 → 実際
	合　　　計	(983,420)	
	月 末 製 品 有 高	(126,200)	
	原 価 差 異	(4,370)	(861,590)
	売 上 総 利 益		(1,267,410)

(以下略)

！ここに注意

・原価差異は不利差異であるため、製造原価報告書ではマイナス、損益計算書ではプラスする

予想配点　1つにつき2点。合計12点。

解説

本問は与えられた資料から各原価要素の消費額を計算し、製造原価報告書および損益計算書を作成する問題です。計算用紙にボックス図を作り、それぞれの原価消費額を求めましょう。また、製造間接費を予定配賦しているため、それぞれの財務諸表上での配賦差異の取り扱いに注意が必要です。

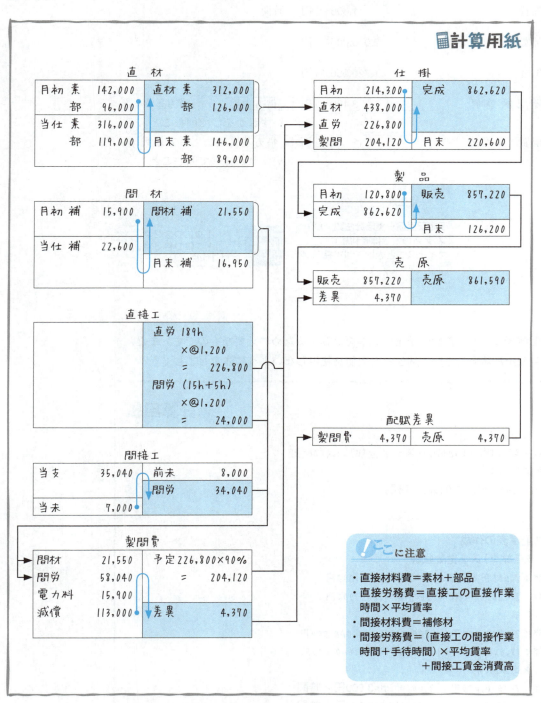

解答　第4問　(2) 部門別計算　→ 問題189ページ

問1　修繕部費　　　　　　2,000　円／時間

問2　第一製造部費　　　　3,000　円／時間
　　　第二製造部費　　　　1,000　円／時間

問3　第一製造部費　　2,070,000　円
　　　第二製造部費　　1,720,000　円

問4　修繕部費配賦差異　　3,100　円（借方差異 ・ 貸方差異）
　　　いずれかを○で囲むこと

問5　第一製造部費配賦差異　12,500　円（借方差異 ・ 貸方差異）
　　　いずれかを○で囲むこと

ここに注意
・「予定配賦額－実際発生額」が
　プラスのときは有利差異
　マイナスのときは不利差異

予想配点：□1つにつき2点。□1つにつき3点。合計16点。

解説

年間予算部門別配賦表は、製造部門の予定配賦率を計算するために必要なものです。また、予定配賦額と実際発生額を計算するさい、間違った数値を使用しないように注意しましょう。

計算用紙

問1
年間予定修繕時間の合計
　600時間（第一製造部）＋800時間（第二製造部）＝1,400時間
修繕部費の予定配賦率
　2,800,000円÷1,400時間＝2,000円／時間

問2
年間予算部門別配賦表の作成
　補助部門費（修繕部費）の予定配賦額
　　第一製造部：2,000円／時間×600時間＝1,200,000円
　　第二製造部：2,000円／時間×800時間＝1,600,000円
　製造部門費の合計
　　第一製造部：22,800,000円＋1,200,000円＝24,000,000円
　　第二製造部：18,400,000円＋1,600,000円＝20,000,000円
　製造部門費の予定配賦率
　　第一製造部：24,000,000円÷8,000時間＝3,000円／時間
　　第二製造部：20,000,000円÷20,000時間＝1,000円／時間

問3

当月の予定配賦額

第一製造部：3,000円／時間×　690時間＝**2,070,000円**

第二製造部：1,000円／時間×1,720時間＝**1,720,000円**

問4

当月の修繕部費の予定配賦額

第一製造部：2,000円／時間×52時間＝104,000円

第二製造部：2,000円／時間×72時間＝<u>144,000円</u>

合計　<u>248,000円</u>

当月の修繕部費の実際発生額：251,100円

当月の修繕部費の配賦差異：248,000円－251,100円＝**△3,100円**（借方差異）

問5

当月の第一製造部の予定配賦額

2,070,000円（問3より）

当月の第一製造部の実際発生額

製造部門費の実際発生額の集計において、補助部門費の実際発生額¥251,100を製造部門に配賦すると、補助部門費の無駄を製造部門が負担することになってしまいます。

そのため、補助部門費の予定配賦額（<u>予定配賦率</u>×<u>実際操業度</u>）を製造部門に配賦して、製
@2,000円　　52時間
造部門費の実際発生額を計算します。

1,978,500円＋104,000円（問4より）＝2,082,500円

当月の第一製造部費の配賦差異：2,070,000円－2,082,500円＝**△12,500円**（借方差異）

（参考）補助部門費の実際発生額を配賦した場合

実際発生額：$1,978,500円 + 251,100円 \times \dfrac{52時間}{52時間 + 72時間} = 2,083,800円$（第一製造部門費）

予定配賦額：2,070,000円

配賦差異：2,070,000円－2,083,800円＝△13,800円（借方差異）

差異の増加額：13,800円－12,500円＝1,300円

修繕部で発生した△3,100円の配賦差異うち1,300円 $\left(3,100円 \times \dfrac{52時間}{52時間 + 72時間}\right)$ を製造部門が負担することになってしまいます。

解答　第5問　直接原価計算

```
              仕　掛　品
期首有高      117,000    当期完成高 ( 1,233,000 )
直接材料費 (  789,000 )   期末有高     128,000
直接労務費 (  325,000 )
変動製造間接費( 130,000 )
          ( 1,361,000 )             ( 1,361,000 )
```

直接原価計算による損益計算書　　　　（単位：円）

```
Ⅰ 売　上　高                              2,014,000
Ⅱ 変動売上原価
  1 期首製品棚卸高      142,000
  2 当期製品変動製造原価 ( 1,233,000 )
     合　　計          ( 1,375,000 )
  3 期末製品棚卸高       125,000
     差　　引          ( 1,250,000 )
  4 原　価　差　異  (     8,000 ) ( 1,258,000 )
     変動製造マージン              (   756,000 )
Ⅲ 変動販売費                        131,000
     貢　献　利　益               (   625,000 )
Ⅳ 固　定　費
  1 製造固定費       (   274,800 )
  2 固定販売費・一般管理費 176,200 (   451,000 )
     営　業　利　益               (   174,000 )
```

ここに注意
・直接原価計算によるため、変動費と固定費の区分が必要。
・原価差異について、不利差異の場合は変動売上原価に加算、有利差異の場合は変動売上原価より減算することになる。

予想配点　■1つにつき2点。合計12点。

解説

1．仕掛品勘定への記入
原料の消費高は、直接材料費（変動費）となります。

原	料
期首有高　96,000円	直接材料費　789,000円 →貸借差額
当期仕入高　776,000円	期末有高　83,000円

解答・解説編

　直接工は直接作業のみに従事しているので、直接工賃金の消費高は、直接労務費（変動費）となります。

直　接　工　賃　金

当期支払高		期首未払高	
	328,000円		44,000円
		直接労務費	
期末未払高			325,000円
	41,000円		→貸借差額

　変動製造間接費は直接労務費の40％を予定配賦しています。
　変動製造間接費の予定配賦額：325,000円×40％＝130,000円

仕　　掛　　品

期首有高		当期完成高	
	117,000円		1,233,000円
直接材料費			→貸借差額
	789,000円		
直接労務費			
	325,000円		
変動製造間接費		期末有高	
	130,000円		128,000円

２．直接原価計算による損益計算書の作成

　電力料の消費高は、間接経費となります。電力料は変動費とあるので、変動製造間接費の実際発生額となります。なお、「予定配賦額＜実際発生額」の場合、不利差異（借方差異）となります。

変　動　製　造　間　接　費

電　力　料		予定配賦額	
	138,000円		130,000円
		原　価　差　異	
			8,000円
			→貸借差額

　工場従業員給料の消費高は、製造固定費となります。また、製造経費のうち電力料のみが変動費なので、工場従業員給料・減価償却費は、製造固定費となります。

工　場　従　業　員　給　料

当期支払高		期首未払高	
	144,000円		17,000円
		間接労務費	
期末未払高			143,000円
	16,000円		→貸借差額

　製造固定費：143,000円＋131,800円＝**274,800円**
　　　　　　工場従業員給料　減価償却費

タテ解き
解　答

第1回

第2回

第3回

233

2022年4月からの新範囲の問題です！！

2022年度からの出題内容の改定により、以下のような問題が出題範囲に加わりました。
過去問にはありませんが、テキストなどで、しっかり勉強しておきましょう！！

下記の各取引について仕訳しなさい。ただし、勘定科目は、次の中から最も適当と思われるものを選ぶこと。

現　　　　　金　　売　掛　金　　契　約　資　産　　仕　掛　品
契　約　負　債　　返　金　負　債　　売　　　　　上　　役　務　収　益
役　務　原　価　　給　　　　　料　　発　　送　　費

履行義務の充足（契約負債）

当社は資格試験の受験指導を行っているが、本日、来月から開講するA講座の受講料の全額￥1,960,000を現金で受け取った。

借方科目	金額	貸方科目	金額
現　　　金	1,960,000	契　約　負　債	1,960,000

Point
役務（本問では受験指導の講座）を提供している企業において、役務提供の前に対価を受け取っている場合、契約負債の増加として処理します（前受金の増加として処理する場合もあります）。

当社は資格試験の受験指導を行っているが、当期末の決算において、A講座について役務収益を計上する。A講座の受講料の全額￥1,960,000は、当期中にあらかじめ受け取っており、決算日現在この講座全体の5分の4の授業が終了している。また、A講座に関わる原価は仕掛品勘定に記帳されており、終了した授業に関わる原価は￥1,015,000であった。

借方科目	金額	貸方科目	金額
契　約　負　債	1,568,000	役　務　収　益	1,568,000
役　務　原　価	1,015,000	仕　　掛　　品	1,015,000

役務収益：￥1,960,000 × $\dfrac{4}{5}$ ＝￥1,568,000

Point
役務（本問では受験指導の講座）を提供している企業では、当期末までに役務提供が完了している分に対応する役務収益を計上し、すでに役務の対価全額を受け取っている場合には、役務提供完了分を契約負債の減少として処理します。

また、役務提供の原価を仕掛品勘定に記録している場合には、役務提供完了分の原価を役務原価勘定に振り替えます。

製造業会計

変動対価・リベート（返金負債）

当社は、一定の期間内に一定金額以上の購入があった顧客に対してリベート（売上割戻）を行っている。甲社に対し、商品 ¥490,000を掛けで売り上げた。この販売金額のうち、返金する可能性が高いリベートを ¥4,900と見積もった。この ¥4,900については、取引価格に含めないものとする。

借方科目	金額	貸方科目	金額
売　掛　金	490,000	売　　　　上	485,100
		返　金　負　債	4,900

売上：¥490,000 － ¥4,900 ＝ ¥485,100

Point

リベートの見積額¥4,900は変動対価に該当し、販売金額のうち、返金する可能性が高いと見積もられる金額については、取引価格（売上）に含めずに返金負債として処理します。

甲社に対して、¥4,900のリベート（売上割戻）を実施する要件を満たしていることが判明したので、甲社に対する売掛金から控除した。

借方科目	金額	貸方科目	金額
返　金　負　債	4,900	売　掛　金	4,900

Point

返金負債とは、顧客に返金する義務を負債として計上したものです。リベートの支払い時、または売掛金と相殺した時などに返金負債を減少させます。

複数の履行義務の充足（契約負債）

当期首に、甲社に対して商品と、商品に係る保守サービスを合わせて ¥16,800で販売し、現金を受け取った。なお、商品 ¥14,000は引き渡し済であり、残額は今後4年間の保守サービスの金額を前受けしたものである。

借方科目	金額	貸方科目	金額
現　　　　金	16,800	売　　　　上	14,000
		契　約　負　債	2,800

契約負債：¥16,800 － ¥14,000 ＝ ¥2,800

Point

履行義務が充足されたときに収益が認識されるため、1つの取引の中に異なる履行義務が含まれている場合は、分けて処理します。
①商品の販売：一時点で充足される履行義務
⇒　収益を認識する
②4年間の保守サービスの販売：一定期間（4年間）にわたって充足される履行義務
⇒　サービス提供前に受け取った対価を契約負債勘定で処理する

当期末の決算となり、当期首に結んだ甲社との契約について、当期分の保守サービスの収益計上（役務収益勘定を用いる）を行う。

借方科目	金額	貸方科目	金額
契　約　負　債	700	役　務　収　益	700

役務収益：¥2,800 ÷ 4 年 ＝ ¥700

Point

4年間の保守サービスの販売のうち、1年間のサービスが提供され、1年分の履行義務が充足されたため、その分の収益を認識し、契約負債を減少させます。

235

複数の履行義務の充足（契約資産）

　当社はオフィス用品の販売を行っているが、本日、事務机20台（@¥35,000）と椅子20脚（@¥21,000）を得意先の乙社へ販売する契約を締結した。先行して事務机20台を先方へ引き渡したが、代金は椅子を含めたすべての商品を引き渡した後に請求することとなっているため、事務机の代金についてはまだ顧客に対する債権とはなっていない。ただし、事務机の引き渡しと、椅子の引き渡しは、それぞれ独立した履行義務として識別する。

借方科目	金額	貸方科目	金額
契 約 資 産	700,000	売　　　　上	700,000

Point

事務机20台の引き渡しと椅子20脚の引き渡しという、複数の履行義務を含む販売契約を結び、履行義務ごとに収益を計上するが、債権（売掛金）はすべての履行義務の充足後に認識するという契約の処理は、債権を認識しない段階における収益の計上を契約資産勘定（資産）で処理します。

　上記の取引の1週間後、販売契約のうち、残りの椅子20脚を乙社に引き渡した。当該契約の代金は、今月末に一括してA社に請求書を送付することになっている。

借方科目	金額	貸方科目	金額
売 　掛 　金	1,120,000	売　　　　上	420,000
		契 約 資 産	700,000

　売掛金：¥420,000＋¥700,000＝¥1,120,000

Point

すべての履行義務を充足して債権が認識されたので、売掛金を計上します。椅子の引き渡しについては、収益を計上し、先行して引き渡していた事務机の代金については、売上時に計上していた契約資産勘定の減少として処理します。

商品販売時に売手が送料を支払った場合の処理

　長野商店に、商品¥70,000の販売と送付を1つの履行義務として、送料¥1,400を含めた¥71,400で掛け売上の処理をした。また、商品の発送時に、配送業者に送料¥1,400を現金で支払い、費用として処理した。

借方科目	金額	貸方科目	金額
売 　掛 　金	71,400	売　　　　上	71,400
発 　送 　費	1,400	現　　　　金	1,400

Point

商品の提供及び配送を1つの履行義務として処理するため、送料分として受け取る¥1,400も売上に含めます。また、送料は、費用として処理します。

　本問のように得意先負担の送料を扱う仕訳が、日本商工会議所の試験出題区分表などの改定のさいに、仕訳例として公表されました。

90%の方から「受講してよかった」*との回答をいただきました。

*「WEB講座を受講してよかったか」という設問に0～10の段階中6以上を付けた人の割合。

ネットスクールの日商簿記 WEB講座

ここが違う!

❶ 教材
分かりやすいと好評の『"とおる"シリーズ』を使っています。

❷ どこでも学べるオンライン講義
インターネット環境とパソコンやスマートフォン、タブレット端末があれば、学校に通わなくても受講できるほか、講義は全て録画されるので、期間内なら何度でも見直せます。

❸ 講師
圧倒的にわかりやすい。圧倒的に面白い。ネットスクールの講師は実力派揃い。その講義は群を抜くわかりやすさです。

受講生のアンケート回答結果

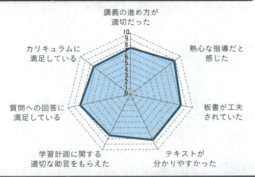

講師陣

桑原知之講師
2級・3級担当

中村雄行講師
2級・1級商会担当

藤本拓也講師
1級工原担当

WEB講座の受講イメージ

スマートフォン・タブレット端末では、オンデマンド講義をダウンロードして持ち運ぶことも可能です。

❶ 講義画面
講義中に講師が映し出されます。臨場感あふれる画面です。

❸ ホワイトボード画面
板書画面です。あらかじめ準備された「まとめ画面」や「テキスト画面」に講師が書き込みながら授業を進めます。画面はキャプチャができ、保存しておくことが可能です。

❷ チャット画面
講義中の講師に対してメッセージを書き込めます。「質問」はもちろんの事、「今のところもう一度説明して」等のご要望もOK!参加型の授業で習熟度がアップします。

❹ 状況報告画面
講義中、まだ理解ができていない場合は「え?」。理解した場合は「うん」を押していただくと、講師に状況を伝えられます。

※ ❷・❹の機能はライブ配信限定の機能となります。

WEB講座の最新情報とお問い合わせ・お申し込みは

ネットスクール簿記 WEB 講座 **0120-979-919**(平日 10:00～18:00)

ネットスクール 検索 今すぐアクセス!
https://www.net-school.co.jp/

| おまけ | 製造業会計 | B | 15分 |

当社は製品の製造・販売を行っている。以下の資料にもとづき、答案用紙の貸借対照表および損益計算書の各金額を答えなさい。当期は、×7年4月1日から×8年3月31日までの1年である。なお、当社は製造間接費について予定配賦を行っており、原価差異は売上原価に賦課する。

[資料Ⅰ] ×8年2月末現在の残高試算表

決算整理前残高試算表（一部）
×8年2月28日 （単位：円）

材　　　　料	500	退職給付引当金	23,000
仕　掛　品	1,200	建物減価償却累計額	34,500
製　　　　品	2,500	売　　　　上	137,500
売　上　原　価	112,200		
給　　　　料	11,000		
退職給付費用	3,300		
減価償却費	6,600		

[資料Ⅱ] 3月中の取引および決算整理事項

1. 材料

   材料の月初有高：500円、当月の材料掛け仕入高：6,600円

   当月の直接材料費：6,000円、間接材料費：500円、材料の月末実地棚卸高：550円

2. 人件費

   工員の賃金の支給高：3,000円（現金払い、月初、月末の未払いはなし）

   上記支給高はすべて直接労務費であった。

   本社事務員の給料の支給高：1,000円（現金払い、月初、月末の未払いはなし）

3. 退職給付引当金については、年度見積額の12分の1を毎月計上しており、決算月も同様の処理を行った。製造活動に携わる従業員に関わるものは、月700円、それ以外の従業員に関わるものは月300円である。年度末に繰入額を確定したところ、年度見積額に比べ、製造活動に携わる従業員に関わるものは60円多かった。それ以外の従業員に関わるものは、年度初めの見積もりどおりであった。

4. 固定資産の減価償却費については、期首に年間発生額を見積もり、以下の月割額を毎月計上し、決算月も同様の処理を行った。

   工場建物　取得原価：216,000円（毎月の減価償却費：900円）

   本社建物　取得原価：144,000円（毎月の減価償却費：600円）

製造業会計

5．月初仕掛品有高：1,200円、当月完成品原価：10,000円
　　製造間接費の当月の予定配賦額は2,000円である。

6．月初製品有高：2,500円、当月掛け売上高：15,000円、当月売上原価：12,000円、
　　期末製品実地棚卸高：400円、製品の棚卸減耗損は売上原価に賦課する。

答案用紙

貸借対照表

材　　料		円
仕 掛 品		円
製　　品		円

損益計算書

| 売 上 高 | | 円 |
| 売 上 原 価 | | 円 |

解　答

貸借対照表

材　　料	550	円
仕 掛 品	2,200	円
製　　品	400	円

損益計算書

| 売 上 高 | 152,500 | 円 |
| 売 上 原 価 | 124,510 | 円 |

おまけ

解説

材　料

月　初	500	直接材料費 6,000
当月仕入 6,600		間接材料費 500
		棚卸減耗損 50
		月　末 550

仕 掛 品

月　初	1,200	完成品 10,000
直材	6,000	
直労	3,000	月　末 2,200
製間	2,000	

製　品

月　初	2,500	売上原価 12,000
完成品	10,000	
		棚卸減耗損 100
		月　末 400

賃　金

支払い 3,000	直接労務費 3,000

製造間接費

間接材料費 500	予定配賦 2,000
退職給付費用 760	
減価償却費 900	原価差異 210
棚卸減耗損 50	

売 上 原 価

前T/B 112,200	
３月売上原価 12,000	
原価差異 210	P/L 124,510
棚卸減耗損	
製　品 100	

退職給付費用

発　生 700	間接労務費 760
60	

減価償却費

発　生 900	間接経費 900

原 価 差 異

配賦差異 210	売上原価 210

棚卸減耗損

発　生 50	間接経費 50

※製造業会計の問題について

　本書の執筆中に、157回本試験の第３問で製造業会計が出題されたため、その類題を入れました。本問を解いておけば対応できます。ただし、本試験では、製造業部分の決算整理は時間がかかるため他の決算整理事項を解いた後に、とりかかるようにしましょう。

経理実務に使える税務の知識を身に付けるなら！

全経税法能力検定試験シリーズ ラインナップ

全国経理教育協会（全経協会）では、経理担当者として身に付けておきたい法人税法・消費税法・相続税法・所得税法の実務能力を測る検定試験が実施されています。
そのうち、法人税法・消費税法・相続税法の3科目は、ネットスクールが公式テキストを刊行しています。
経理担当者としてのスキルアップに、チャレンジしてみてはいかがでしょうか。

◆検定試験に関しての詳細は、全経協会公式ページをご確認下さい。

http://www.zenkei.or.jp/

全経法人税法能力検定試験対策

書名	判型	税込価格	発刊年月
全経 法人税法能力検定試験 公式テキスト3級／2級【第2版】	B5判	2,530円	好評発売中
全経 法人税法能力検定試験 公式テキスト1級【第2版】	B5判	3,960円	好評発売中

全経消費税法能力検定試験対策

書名	判型	税込価格	発刊年月
全経 消費税法能力検定試験 公式テキスト3級／2級【第2版】	B5判	2,530円	好評発売中
全経 消費税法能力検定試験 公式テキスト1級【第2版】	B5判	3,960円	好評発売中

全経相続税法能力検定試験対策

書名	判型	税込価格	発刊年月
全経 相続税法能力検定試験 公式テキスト3級／2級【第2版】	B5判	2,530円	好評発売中
全経 相続税法能力検定試験 公式テキスト1級【第2版】	B5判	3,960円	好評発売中

書籍のお求めは全国の書店・インターネット書店、またはネットスクールWEB-SHOPをご利用ください。

ネットスクール WEB-SHOP

https://www.net-school.jp/

※書名・価格・発行年月や表紙のデザインは変更する場合もございますので、予めご了承ください。（2023年1月現在）

ネットスクールのWEB講座のご案内

日商簿記1級

簿記検定の最高峰、日商簿記1級のWEB講座では、実務的な話も織り交ぜながら、誰もが納得できるよう分かりやすく講義を進めていきます。
また、WEB講座であれば、自宅にいながら受講できる上、受講期間内であれば何度でも繰り返し納得いくまで受講できるため、範囲が広くて1つひとつの内容が高度な日商簿記1級の学習を無理なく進めることが可能です。
ネットスクールと一緒に、日商簿記1級に挑戦してみませんか？

標準コース　学習期間（約1年）

じっくり学習したい方向けのコースです。初学者の方や、実務経験のない方でも、わかり易く取引をイメージして学習していきます。お仕事が忙しくても1級にチャレンジされる方向きです。

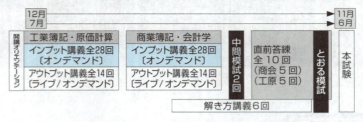

速修コース　学習期間（約6カ月）

短期間で集中して1級合格を目指すコースです。比較的残業が少ない等、一定の時間が取れる方向きです。
また、税理士試験の受験資格が必要な方にもオススメのコースです。

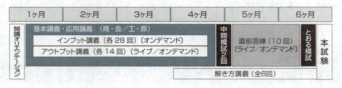

※1級標準・速修コースをお申し込みいただくと、特典として**2級インプット講義**が本試験の前日まで学習いただけます。
2級の内容に少し不安が…という場合でも安心してご受講いただけます。

Point　日商簿記1級WEB講座で採用『反転学習』とは？

【従来】　INPUT（集合授業）　→　OUTPUT（各自の復習）

簿記の授業でも、これまでは上記のように問題演習を授業後の各自の復習に委ねられ、学習到達度の大きな差が生まれる原因を作っていました。そこで、ネットスクールの日商簿記対策WEB講座では、このスタイルを見直し、反転学習スタイルで講義を進めています。

【反転学習】　INPUT（オンデマンド講義）　→　OUTPUT（ライブ講義）

各自、オンデマンド講義でまずは必要な知識のインプットを行っていただき、その後のライブ講義で、インプットの復習とともに具体的な問題演習を行っていきます。ライブ講義とオンデマンド講義、それぞれの良い点を組み合わせた「反転学習」のスタイルを採用することにより、学習時間を有効活用しながら、早い段階で本試験レベルの問題にも対応できる実力が身につきます。

答案用紙

ご利用方法

以下の答案用紙は、この紙を残したままていねいに抜き取りご利用ください。
なお、抜取りのさいの損傷によるお取替えはご遠慮願います。

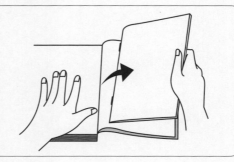

解き直しのさいには…
答案用紙ダウンロードサービス

ネットスクールHP（https://www.net-school.co.jp/）➡ 読者の方へ をクリック

日商簿記2級
だれでも解ける過去問題集

答案用紙

「 答 案 用 紙 は 、 間 違 え る た め の 場 所 」

「考えたけどわからなかった」というときに、答案用紙を白紙のままにしてしまう人がいます。これは、とってももったいないことです。

せっかく考えたことで、答えにまでして文字にさえ残しておけば、それが当たれば嬉しくて記憶に残るし、外れれば間違えたところとして記録に残せる。どちらにしても、勉強が進みます。

ですから「答案用紙は、間違えるための場所」と決め込んで、思いついた答えはジャンジャン書いていくようにしましょう。合格への近道です。

答案用紙

第 1 問　仕訳問題

第 1 回　配点➡20点　　　　　　　　　　●問題➡ P.2　　●解答・解説➡ P.60

	仕		訳	
	借　方　科　目	金　　　額	貸　方　科　目	金　　　額
1				
2				
3				
4				
5 (1)				
5 (2)				

ヨコ解き
答案用紙

第1問

第2問

第3問

第4問
(1)

第4問
(2)

第5問

3

第 2 回 配点➡20点   ●問題➡P.3   ●解答・解説➡P.62

	仕		訳	
	借 方 科 目	金 額	貸 方 科 目	金 額
1				
2				
3				
4				
5				

第 3 回　配点 ➡ 20 点

●問題 ➡ P.4　　●解答・解説 ➡ P.65

	仕　　　　　　　　　　訳			
	借　方　科　目	金　　額	貸　方　科　目	金　　額
1				
2				
3				
4				
5				

第4回　配点➡20点　　　　　　　●問題➡P.5　　●解答・解説➡P.67

	仕		訳	
	借　方　科　目	金　　額	貸　方　科　目	金　　額
1				
2				
3				
4				
5				

答案用紙

第 5 回 配点➡ 20 点　　　　　　　●問題➡ P.6　　●解答・解説➡ P.69

	仕　　　　　　　　訳			
	借　方　科　目	金　　額	貸　方　科　目	金　　額
1				
2				
3				
4				
5				

ヨコ解き
答案用紙

第1問

第2問

第3問

第4問
(1)

第4問
(2)

第5問

7

第6回　配点➡20点

●問題➡P.7　　●解答・解説➡P.71

	仕		訳	
	借　方　科　目	金　　額	貸　方　科　目	金　　額
1				
2				
3				
4				
5				

第 7 回 配点➡20点　　　　　　　　　　　　　　●問題➡P.8　　●解答・解説➡P.74

仕		訳		
借　方　科　目	金　　　額	貸　方　科　目	金　　　額	
1				
2				
3				
4				
5				

第8回　配点➡20点

●問題➡P.9　　●解答・解説➡P.76

	仕　　訳			
	借　方　科　目	金　　額	貸　方　科　目	金　　額
1				
2				
3				
4				
5				

第2問 個別論点

第1回 配点➡20点 　　　　　　　　　　●問題➡ P.10 　●解答・解説➡ P.78

（単位：千円）

科　目	個別財務諸表		修正・消去		連結財務諸表
	P　社	S　社	借　方	貸　方	
貸 借 対 照 表					
現 金 預 金	180,000	65,000			245,000
売 掛 金	480,000	220,000			
商　　品	370,000	165,000			
未 収 入 金	80,000	13,000			93,000
貸 付 金	150,000				
未 収 収 益	12,000				12,000
土　　地	165,000	36,000			
建　物	50,000				50,000
建物減価償却累計額	△ 24,000				△ 24,000
（　　　　　　　）					
S 社 株 式	200,000				
資 産 合 計	1,663,000	499,000			
買 掛 金	181,000	205,000			
借 入 金	125,000	70,000			
未 払 金	120,000	42,000			162,000
未 払 費 用	88,000	2,000			90,000
資 本 金	226,000	100,000			
資 本 剰 余 金	123,000	20,000			
利 益 剰 余 金	800,000	60,000			
非支配株主持分					
負債純資産合計	1,663,000	499,000			
損 益 計 算 書					
売 上 高	1,560,000	1,080,000			
売 上 原 価	1,041,000	767,000			
販売費及び一般管理費	465,000	288,000			753,000
（　　　　）償却					
受 取 利 息	5,200	800			
支 払 利 息	4,000	1,800			
土 地 売 却 益	6,000				
当 期 純 利 益	61,200	24,000			
非支配株主に帰属する当期純利益					
親会社株主に帰属する当期純利益	61,200	24,000			

連結財務諸表の金額がゼロとなる場合には、「0」と記入すること。

第 2 回 配点➡20点 　　　　　　　　　　　　●問題➡ P.11　　●解答・解説➡ P.82

連 結 貸 借 対 照 表
×7年3月31日　　　　　　　　　　　（単位：千円）

資　　産	金　　額	負債・純資産	金　　額
現 金 預 金	433,000	買　　掛　　金	
売　　掛　　金		未　　払　　金	
商　　　　品		資　　本　　金	
未　収　入　金		資 本 剰 余 金	
土　　　　地		利 益 剰 余 金	
の　れ　ん		非 支 配 株 主 持 分	

連 結 損 益 計 算 書
自×6年4月1日　至×7年3月31日　　　　（単位：千円）

費　　用	金　　額	収　　益	金　　額
売 上 原 価		売　　上　　高	
販売費及び一般管理費	766,800	受 取 配 当 金	
の れ ん 償 却		固 定 資 産 売 却 益	
非支配株主に帰属する当期純利益			
親会社株主に帰属する当期純利益			

12

第 3 回 配点➡20点

●問題➡ P.12 　●解答・解説➡ P.86

株 主 資 本 等 変 動 計 算 書
自×8年4月1日　至×9年3月31日　　　　（単位：千円）

	資 本 金	株 主 資 本		
		資 本 剰 余 金		
		資本準備金	その他資本剰余金	資本剰余金合計
当 期 首 残 高	40,000	（　　　）	（　　　）	（　　　）
当 期 変 動 額				
剰 余 金 の 配 当		（　　　）	（　　　）	（　　　）
別途積立金の積立て				
新 株 の 発 行	（　　　）	（　　　）		（　　　）
吸 収 合 併	（　　　）		（　　　）	（　　　）
当 期 純 利 益				
当 期 変 動 額 合 計	（　　　）	（　　　）	（　　　）	（　　　）
当 期 末 残 高	（　　　）	（　　　）	（　　　）	（　　　）

（下段へ続く）

（上段から続く）

	株 主 資 本				
	利 益 剰 余 金			利益剰余金合 計	株主資本合 計
	利益準備金	その他利益剰余金			
		別途積立金	繰越利益剰余金		
当 期 首 残 高	800	（　　　）	（　　　）	（　　　）	（　　　）
当 期 変 動 額					
剰 余 金 の 配 当	（　　　）		（　　　）	（　　　）	（　　　）
別途積立金の積立て		（　　　）	（　　　）	－	－
新 株 の 発 行					（　　　）
吸 収 合 併					（　　　）
当 期 純 利 益			（　　　）	（　　　）	（　　　）
当 期 変 動 額 合 計	（　　　）	（　　　）	（　　　）	（　　　）	（　　　）
当 期 末 残 高	（　　　）	（　　　）	（　　　）	（　　　）	（　　　）

第4回　配点➡20点　　　　　●問題➡P.13　　●解答・解説➡P.88

売買目的有価証券

日	付		摘　要	借　方	日	付		摘　要	貸　方
×1	11	1			×2	3	31		
×2	3	31	有価証券評価益						

満期保有目的債券

日	付		摘　要	借　方	日	付		摘　要	貸　方
×2	2	1			×2	3	31		
×2	3	31							

有価証券利息

日	付		摘　要	借　方	日	付		摘　要	貸　方
×1	11	1			×2	3	31	当　座　預　金	
×2	3	31			〃			未収有価証券利息	
					〃			満期保有目的債券	

第 5 回　配点➡20点　　　●問題➡P.14　　●解答・解説➡P.90

問1

その他有価証券

日　付		摘　　要	借　方	日　付		摘　　要	貸　方
×1 4	1	前 期 繰 越		×1 4	1	その他有価証券評価差額金	
	5	10			12	31	
×2 3	31	その他有価証券評価差額金		×2 3	31	次 期 繰 越	

有 価 証 券 利 息

日　付		摘　　要	借　方	日　付		摘　　要	貸　方
×2 3	31	損　　　益		×1 9	30	普 通 預 金	
					12	31	普 通 預 金	
				×2 3	31	普 通 預 金	

問2

投資有価証券売却　（　　　　　）　¥ _____

第 6 回 配点➡20点

●問題➡ P.15   ●解答・解説➡ P.92

問1

総 勘 定 元 帳
機 械 装 置

年	月	日	摘　　要	借　　方	年	月	日	摘　　要	貸　　方
×9	9	1			×9	9	2		
					×10	3	31		
						3	31		

リ ー ス 資 産

年	月	日	摘　　要	借　　方	年	月	日	摘　　要	貸　　方
×9	4	1			×10	3	31		
						3	31		

問2

借　方　科　目	金　　額	貸　方　科　目	金　　額

第 7 回 配点➡20点　　　　　●問題➡P.16　　●解答・解説➡P.94

1.

建　　　　　物

年	月	日	摘　　要	借　方	年	月	日	摘　　要	貸　方
×8	4	1	前 期 繰 越		×9	3	31	次 期 繰 越	
×8	7	1							

建物減価償却累計額

年	月	日	摘　　要	借　方	年	月	日	摘　　要	貸　方
×9	3	31	次 期 繰 越		×8	4	1	前 期 繰 越	
					×9	3	31		

ソフトウェア

年	月	日	摘　　要	借　方	年	月	日	摘　　要	貸　方
×8	4	1	前 期 繰 越		×8	9	30	諸　　　　口	
×8	10	1			×9	3	31	ソフトウェア償却	
					×9	3	31	次 期 繰 越	

2．当期の固定資産除却損の金額　　￥＿＿＿＿＿＿＿＿＿

ヨコ解き
答案用紙

第1問

第2問

第3問

第4問
(1)

第4問
(2)

第5問

17

第8回　配点➡20点　　　　●問題➡ P.17　　●解答・解説➡ P.97

(1)

総 勘 定 元 帳
買 掛 金

年	月	日	摘 要	借 方	年	月	日	摘 要	貸 方
×1	2	28	普 通 預 金		×1	1	1	前 期 繰 越	
	12	31	次 期 繰 越			11	1		
						12	31		

商 品

年	月	日	摘 要	借 方	年	月	日	摘 要	貸 方
×1	1	1	前 期 繰 越		×1	6	30	売 上 原 価	
	11	1				12	1		
						12	31		
						12	31	次 期 繰 越	

(2) 損益の金額

① 当 期 の 売 上 高　　¥

② 当期の為替差損　　¥

③ 当期の為替差益　　¥

18

第3問 財務諸表の作成

第1回 配点➡20点 　　　　　　　　　　　●問題➡P.18　　●解答・解説➡P.100

貸 借 対 照 表
×9年3月31日　　　　　　　　　（単位：円）

資 産 の 部			負 債 の 部		
I 流 動 資 産			I 流 動 負 債		
現　　　　　金		150,000	支 払 手 形		190,000
当 座 預 金		( )	買 掛 金		380,000
受 取 手 形	( )		（　　　）費用		( )
貸 倒 引 当 金	( )	( )	（　　　　　）		( )
売 掛 金	( )		II 固 定 負 債		
貸 倒 引 当 金	( )	( )	長 期 借 入 金		800,000
商　　　　　品		( )	退職給付引当金		( )
II 固 定 資 産			負 債 合 計		( )
建　　　　　物	( )		純 資 産 の 部		
減価償却累計額	( )	( )	資 本 金		3,800,000
備　　　　　品	( )		利 益 準 備 金		360,450
減価償却累計額	( )	( )	繰越利益剰余金		( )
投 資 有 価 証 券		( )	純 資 産 合 計		( )
関 係 会 社 株 式		( )			
資 産 合 計		( )	負債・純資産合計		( )

第 2 回　配点➡20点　　●問題➡ P.20　　●解答・解説➡ P.102

損 益 計 算 書
（自×8年4月1日　至×9年3月31日）

（単位：円）

Ⅰ 売 上 高		6,580,000	
Ⅱ 売 上 原 価			
1 商 品 期 首 棚 卸 高	（　　　　）		
2 当 期 商 品 仕 入 高	（　　　　）		
合　　　計	（　　　　）		
3 商 品 期 末 棚 卸 高	（　　　　）		
差　　　引	（　　　　）		
4 （　　　　　　　）	（　　　　）		
5 商 品 評 価 損	（　　　　）	（　　　　）	
売 上 総 利 益		（　　　　）	
Ⅲ 販 売 費 及 び 一 般 管 理 費			
1 給 料	280,000		
2 広 告 宣 伝 費	60,000		
3 減 価 償 却 費	（　　　　）		
4 消 耗 品 費	155,000		
5 保 険 料	10,000		
6 貸 倒 引 当 金 繰 入	（　　　　）		
7 貸 倒 損 失	（　　　　）		
8 （　　　　）償 却	（　　　　）	（　　　　）	
営 業 利 益		（　　　　）	
Ⅳ 営 業 外 収 益			
1 有 価 証 券 評 価 益		（　　　　）	
Ⅴ 営 業 外 費 用			
1 支 払 利 息	（　　　　）		
2 （　　　　　　　）	（　　　　）	（　　　　）	
経 常 利 益		（　　　　）	
Ⅵ 特 別 利 益			
1 （　　　　　　　）		（　　　　）	
Ⅶ 特 別 損 失			
1 （　　　　　　　）		（　　　　）	
税 引 前 当 期 純 利 益		（　　　　）	
法人税、住民税及び事業税		（　　　　）	
当 期 純 利 益		（　　　　）	

答案用紙

第 3 回　配点➡20点　　●問題➡P.22　　●解答・解説➡P.104

精　算　表

（単位：円）

勘定科目	試算表 借方	試算表 貸方	修正記入 借方	修正記入 貸方	損益計算書 借方	損益計算書 貸方	貸借対照表 借方	貸借対照表 貸方
現　　　　金	58,000							
当 座 預 金	129,300							
受 取 手 形	106,000							
売 　 掛 　 金	170,000							
繰 越 商 品	308,000							
仮 　 払 　 金	30,000							
建　　　　物	750,000							
備　　　　品	530,000							
建 設 仮 勘 定	240,000							
満期保有目的債券	596,000							
支 払 手 形		27,000						
買 　 掛 　 金		100,000						
退職給付引当金		180,000						
貸 倒 引 当 金		2,500						
建物減価償却累計額		237,500						
備品減価償却累計額		190,800						
資 　 本 　 金		1,392,000						
繰越利益剰余金		437,500						
売 　 　 　 上		2,980,000						
有 価 証 券 利 息		3,000						
仕 　 　 　 入	2,070,000							
給 　 　 　 料	430,000							
水 道 光 熱 費	103,000							
保 　 険 　 料	30,000							
	5,550,300	5,550,300						
売 上 原 価								
商 品 評 価 損								
棚 卸 減 耗 損								
貸倒引当金（　）額								
減 価 償 却 費								
退 職 給 付 費 用								
修 　 繕 　 費								
（　　）保険料								
為 替 差 損 益								
当期純（　　）								

ヨコ解き
答案用紙

第1問

第2問

第3問

第4問
(1)

第4問
(2)

第5問

21

第4回 配点➡20点　　　　　　●問題➡ P.24　　●解答・解説➡ P.107

損 益 計 算 書
(自×7年4月1日　至×8年3月31日)

（単位：円）

Ⅰ 売　上　高		（　　　　　　　）	
Ⅱ 売　上　原　価			
1 期首商品棚卸高	（　　　　　　　）		
2 当期商品仕入高	（　　　　　　　）		
合　計	（　　　　　　　）		
3 期末商品棚卸高	（　　　　　　　）		
差　引	（　　　　　　　）		
4（　　　　　　　）	（　　　　　　　）		
5 商品評価損	（　　　　　　　）	（　　　　　　　）	
売上総利益		（　　　　　　　）	
Ⅲ 販売費及び一般管理費			
1 給　料	9,608,300		
2 水道光熱費	746,500		
3 保険料	（　　　　　　　）		
4 減価償却費	（　　　　　　　）		
5 貸倒損失	（　　　　　　　）		
6 貸倒引当金繰入	（　　　　　　　）	（　　　　　　　）	
営業利益		（　　　　　　　）	
Ⅳ 営業外収益			
1 受取利息	（　　　　　　　）		
2 有価証券（　　　）	（　　　　　　　）	（　　　　　　　）	
Ⅴ 営業外費用			
1 支払利息	288,000		
2 貸倒引当金繰入	（　　　　　　　）		
3 有価証券売却損	964,000	（　　　　　　　）	
経常利益		（　　　　　　　）	
Ⅵ 特別利益			
1（　　　　　　　）		（　　　　　　　）	
税引前当期純利益		（　　　　　　　）	
法人税、住民税及び事業税		（　　　　　　　）	
当期純利益		（　　　　　　　）	

22

第 5 回 配点➡20点 　　　　　　　　　●問題➡P.26　　●解答・解説➡P.110

貸 借 対 照 表

株式会社神戸商会　　　　　　20×9年3月31日　　　　　　　　　（単位：円）

資 産 の 部

Ⅰ 流 動 資 産
- 現 金 及 び 預 金　　　　　　　　　　　　　　　　（　　　　　　　　）
- 売 掛 金　　　　　　（　　　　　　　　）
- 貸 倒 引 当 金　　　　（　　　　　　　　）　（　　　　　　　　）
- 商 品　　　　　　　　　　　　　　　　　　　　（　　　　　　　　）
- 未 収 入 金　　　　　　　　　　　　　　　　　（　　　　　　　　）
- 流 動 資 産 合 計　　　　　　　　　　　　　（　　　　　　　　）

Ⅱ 固 定 資 産
- 建 物　　　　　　　15,000,000
- 減 価 償 却 累 計 額　（　　　　　　　　）　（　　　　　　　　）
- 備 品　　　　　　　　7,200,000
- 減 価 償 却 累 計 額　（　　　　　　　　）　（　　　　　　　　）
- 投 資 有 価 証 券　　　　　　　　　　　　　（　　　　　　　　）
- 固 定 資 産 合 計　　　　　　　　　　　　　（　　　　　　　　）
- 資 産 合 計　　　　　　　　　　　　　　　　（　　　　　　　　）

負 債 の 部

Ⅰ 流 動 負 債
- 買 掛 金　　　　　　　　　　　　　　　　　9,556,000
- 未 払 法 人 税 等　　　　　　　　　　　　　（　　　　　　　　）
- 未 払 消 費 税　　　　　　　　　　　　　　（　　　　　　　　）
- 流 動 負 債 合 計　　　　　　　　　　　　（　　　　　　　　）

Ⅱ 固 定 負 債
- （　　　　　　　　　　　）　　　　　　　　（　　　　　　　　）
- 固 定 負 債 合 計　　　　　　　　　　　　（　　　　　　　　）
- 負 債 合 計　　　　　　　　　　　　　　　（　　　　　　　　）

純 資 産 の 部

Ⅰ 株 主 資 本
- 資 本 金　　　　　　　　　　　　　　　　27,000,000
- 繰 越 利 益 剰 余 金　　　　　　　　　　　（　　　　　　　　）
- 株 主 資 本 合 計　　　　　　　　　　　　（　　　　　　　　）

Ⅱ 評 価・換 算 差 額 等
- その他有価証券評価差額金　　　　　　　　　（　　　　　　　　）
- 評 価・換 算 差 額 等 合 計　　　　　　　（　　　　　　　　）
- 純 資 産 合 計　　　　　　　　　　　　　（　　　　　　　　）
- 負 債 純 資 産 合 計　　　　　　　　　　（　　　　　　　　）

第6回 配点➡20点

●問題➡ P.28　　●解答・解説➡ P.113

損　益　計　算　書
自×6年4月1日　至×7年3月31日

(単位：円)

Ⅰ	売　　上　　高		(	)
Ⅱ	売　上　原　価			
1	期首商品棚卸高	(　　　)		
2	当期商品仕入高	(　　　)		
	合　　　計	(　　　)		
3	期末商品棚卸高	(　　　)		
	差　　引	(　　　)		
4	棚　卸　減　耗　損	(　　　)	(	)
	売　上　総　利　益		(	)
Ⅲ	販売費及び一般管理費			
1	給　　料	(　　　)		
2	旅　費　交　通　費	368,400		
3	水　道　光　熱　費	320,000		
4	通　　信　　費	260,000		
5	保　　険　　料	120,000		
6	減　価　償　却　費	(　　　)		
7	(　　　)	(　　　)		
8	貸　倒　引　当　金　繰　入	(　　　)		
9	貸　倒　損　失	(　　　)	(	)
	営　業　利　益		(	)
Ⅳ	営　業　外　収　益			
1	受　取　利　息	19,900		
2	有　価　証　券　売　却　益	1,500	21,400	
Ⅴ	営　業　外　費　用			
1	支　払　利　息		42,800	
	経　常　利　益		(	)
Ⅵ	特　別　利　益			
1	固　定　資　産　売　却　益		25,000	
Ⅶ	特　別　損　失			
1	(　　　)		(	)
	税　引　前　当　期　純　利　益		(	)
	法人税、住民税及び事業税		(	)
	当　期　純　利　益		(	)

第 7 回 配点➡ 20 点

●問題➡ P.30　　●解答・解説➡ P.116

損　　　　　益

日	付	摘　要	金　額	日	付	摘　要	金　額
3	31	仕　　　　入		3	31	売　　　　上	
3	31	棚 卸 減 耗 損		3	31	受 取 手 数 料	
3	31	商 品 評 価 損		3	31	支　　　　店	
3	31	支 払 家 賃					
3	31	給　　　　料					
3	31	広 告 宣 伝 費					
3	31	減 価 償 却 費					
3	31	貸倒引当金繰入					
3	31	支 払 利 息					
3	31	(　　　　　　)					

ヨコ解き
答案用紙

第1問

第2問

第3問

第4問
(1)

第4問
(2)

第5問

第 8 回　配点➡20点　　　　　　　　　　●問題➡P.32　　●解答・解説➡P.118

損 益 計 算 書
×6年4月1日～×7年3月31日　　　　　　（単位：円）

費　　用	金　　額	収　　益	金　　額
期首商品棚卸高	281,600	売　上　高	（　　　　　）
当期商品仕入高	（　　　　　）	期末商品棚卸高	（　　　　　）
営　業　費	（　　　　　）		
貸倒引当金繰入	（　　　　　）		
減 価 償 却 費	（　　　　　）		
法人税、住民税及び事業税	（　　　　　）		
当　期　純　利　益	（　　　　　）		
	（　　　　　）		（　　　　　）

貸 借 対 照 表
×7年3月31日　　　　　　（単位：円）

資　　産	金　　額	負債・純資産	金　　額
現 金 預 金	536,720	買　掛　金	316,800
売　掛　金	（　　　　　）	未払法人税等	（　　　　　）
貸 倒 引 当 金	（　　　）（　　　　）	未　払　費　用	（　　　　　）
商　　品	（　　　　）	資　本　金	1,187,840
建　　物	640,000	資 本 準 備 金	288,000
減価償却累計額	（　　　）（　　　　）	繰越利益剰余金	（　　　　　）
備　　品	521,600		
減価償却累計額	（　　　）（　　　　）		
	（　　　　）		（　　　　　）

長崎支店における税引前の利益＝ □　　　　　　　　　　円

答案用紙

第4問-(1)　工業簿記の仕訳問題

第1回　配点➡12点　　　●問題➡ P.34　　●解答・解説➡ P.121

		仕　　　　　　　　　　　　　訳			
		借　方　科　目	金　　額	貸　方　科　目	金　　額
(1)	①				
	②				
(2)					
(3)					

第2回　配点➡12点　　　●問題➡ P.35　　●解答・解説➡ P.122

		仕　　　　　　　　　　　　　訳			
		借　方　科　目	金　　額	貸　方　科　目	金　　額
(1)	①				
	②				
(2)					
(3)					

ヨコ解き
答案用紙

第1問

第2問

第3問

第4問
(1)

第4問
(2)

第5問

27

第 3 回 配点➡12点　　　　　　　　　　　●問題➡ P.36　　●解答・解説➡ P.124

問1

	仕		訳	
	借 方 科 目	金 　 額	貸 方 科 目	金 　 額
(1)				
(2)				
(3)				

問2

製 造 間 接 費

実 際 発 生 額	9,800	予 定 配 賦 額 （　　　　　　）
予 算 差 異 （　　　　　　）	操 業 度 差 異 （　　　　　　）
（　　　　　　）	（　　　　　　）

予 算 差 異

| | 製 造 間 接 費 （　　　　　　） |

操 業 度 差 異

| 製 造 間 接 費 （　　　　　　） | |

答案用紙

第4回 配点➡12点 　　　　　　　　　　●問題➡ P.37 　●解答・解説➡ P.129

		仕		訳	
		借 方 科 目	金 額	貸 方 科 目	金 額
(1)	①				
	②				
(2)					
(3)					

ヨコ解き
答案用紙

第1問

第2問

第3問

第4問
(1)

第4問
(2)

第5問

第5回 配点➡12点 　　　　　　　　　　●問題➡ P.38 　●解答・解説➡ P.130

	工 場 の 仕 訳			
	借 方 科 目	金 額	貸 方 科 目	金 額
(1)				
(2)				
(3)				
(4)				

	本 社 の 仕 訳			
	借 方 科 目	金 額	貸 方 科 目	金 額
(1)				
(2)				
(3)				
(4)				

29

第 6 回 配点➡12点　　　　　　　　　　　●問題➡ P.39　　●解答・解説➡ P.132

	仕		訳	
	借　方　科　目	金　　　額	貸　方　科　目	金　　　額
(1)				
(2)				
(3)				
(4)				

第 7 回 配点➡12点　　　　　　　　　　　●問題➡ P.40　　●解答・解説➡ P.133

問1

	仕		訳	
	借　方　科　目	金　　　額	貸　方　科　目	金　　　額
(1)				
(2)				
(3)				

問2

完　成　品　原　価　=　[＿＿＿＿＿＿＿＿] 円

30

第8回 配点➡12点　　　　　　　　　　　●問題➡P.41　　●解答・解説➡P.134

	仕　　掛　　品	（単位：円）
6/1 月初有高 （　　　　　　）	6/30 製　　　品 （　　　　　　）
30 直接材料費 （　　　　　　）	〃 月末有高 （　　　　　　）
〃 直接労務費 （　　　　　　）	
〃 製造間接費 （　　　　　　）	
（　　　　　　）	（　　　　　　）

月次損益計算書　　　　　　　　　（単位：円）

売 上 高		5,000,000
売上原価		
月初製品有高	0	
当月製品製造原価	（　　　　　　）	
合　　計	（　　　　　　）	
月末製品有高	（　　　　　　）	
差　　引	（　　　　　　）	
原価差異	（　　　　　　）	（　　　　　　）
売上総利益		（　　　　　　）
販売費及び一般管理費		1,870,000
営 業 利 益		（　　　　　　）

第 4 問-(2) 総合原価計算，部門別計算

第 1 回 配点➡16点　　　　　　　●問題➡ P.42　　●解答・解説➡ P.136

問1

総 合 原 価 計 算 表　　　　　　（単位：円）

	直 接 材 料 費	加 工 費	合 計
月初仕掛品原価	203,800	170,000	373,800
当月製造費用	1,248,000	1,950,000	3,198,000
合 計	1,451,800	2,120,000	3,571,800
差引：月末仕掛品原価	（　　　　　　）	（　　　　　　）	（　　　　　　）
完成品総合原価	（　　　　　　）	（　　　　　　）	（　　　　　　）

問2

完成品単位原価 ＝ ［　　　　　　　　　］円／個

当月の売上原価 ＝ ［　　　　　　　　　］円

第 2 回 配点➡16点　　　　　　　●問題➡ P.43　　●解答・解説➡ P.138

月 末 仕 掛 品 の A 原 料 費 ＝ ［　　　　　　　　　］円

月 末 仕 掛 品 の B 原 料 費 ＝ ［　　　　　　　　　］円

月 末 仕 掛 品 の 加 工 費 ＝ ［　　　　　　　　　］円

完 成 品 総 合 原 価 ＝ ［　　　　　　　　　］円

答案用紙

第 3 回　配点➡16点　　　●問題➡P.44　　●解答・解説➡P.140

月 末 仕 掛 品 原 価 = _____ 円

等級製品Aの完成品総合原価 = _____ 円

等級製品Bの完成品総合原価 = _____ 円

等級製品Cの完成品総合原価 = _____ 円

第 4 回　配点➡16点　　　●問題➡P.45　　●解答・解説➡P.142

問1

_____ 円／時間

問2

組別総合原価計算表　　　　　　　（単位：円）

	A 製 品		B 製 品	
	原 料 費	加 工 費	原 料 費	加 工 費
月初仕掛品原価	74,800	25,400	199,000	87,000
当 月 製 造 費 用	1,280,000	( )	2,478,000	( )
合　　計	( )	( )	( )	( )
月末仕掛品原価	( )	( )	( )	( )
完成品総合原価	( )	( )	( )	( )

ヨコ解き
答案用紙

第1問

第2問

第3問

第4問
(1)

第4問
(2)

第5問

33

第5回 配点➡16点　　　　　　　●問題➡ P.46　　●解答・解説➡ P.144

第 1 工程完成品総合原価 = _____ 円

第 2 工程月末仕掛品の前工程費 = _____ 円

第 2 工程月末仕掛品の加工費 = _____ 円

第 2 工程完成品総合原価 = _____ 円

第6回 配点➡16点　　　　　　　●問題➡ P.47　　●解答・解説➡ P.146

問1

補助部門費配賦表
（単位：円）

費　目	合　計	製　造　部　門		補　助　部　門		
		切削部	組立部	修繕部	動力部	工場事務部
部　門　費	2,200,000	300,000	120,000	350,000	630,000	800,000
工場事務部費						
動 力 部 費						
修 繕 部 費						
製 造 部 門 費						

問2

製造指図書♯101への配賦額 _____ 円

製造指図書♯102への配賦額 _____ 円

答案用紙

第7回　配点➡16点　　　　●問題➡ P.48　　●解答・解説➡ P.148

問1

月 次 予 算 部 門 別 配 賦 表

（単位：円）

費　目	合　計	製　造　部　門		補　助　部　門		
		組立部門	切削部門	修繕部門	工場事務部門	材料倉庫部門
部　門　費	2,160,000	655,000	610,000	225,000	220,000	450,000
修繕部門費						
工場事務部門費						
材料倉庫部門費						
製造部門費						

問2

借　方　科　目	金　額	貸　方　科　目	金　額

第8回　配点➡16点　　　　●問題➡ P.49　　●解答・解説➡ P.150

問1

（単位：円）

借　方　科　目	金　額	貸　方　科　目	金　額

問2

甲製造部門費　[＿＿＿＿＿＿＿＿＿＿]　円

乙製造部門費　[＿＿＿＿＿＿＿＿＿＿]　円

問3

製造部門費配賦差異

（　　　　　　　）（　　　　　　　）｜（　　　　　　　）（　　　　　　　）

ヨコ解き
答案用紙

第1問

第2問

第3問

第4問
(1)

第4問
(2)

第5問

35

第5問 標準原価計算、CVP分析等

第1回 配点➡12点　　　●問題➡ P.50　　●解答・解説➡ P.152

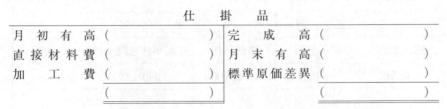

月次損益計算書（一部）	（単位：円）
Ⅰ 売　　上　　高	（　　　　　　　）
Ⅱ 売　上　原　価	
月初製品棚卸高	（　　　　　）
当月製品製造原価	（　　　　　）
合　　　計	（　　　　　）
月末製品棚卸高	（　　　　　）
差　　　引	（　　　　　）
標準原価差異	（　　　　　）（　　　　　　　）
売 上 総 利 益	（　　　　　　　）
Ⅲ 販売費及び一般管理費	1,879,500
営　業　利　益	（　　　　　　　）

第2回 配点➡12点　　　●問題➡ P.51　　●解答・解説➡ P.154

材　　　料	
買 掛 金（　　　）	仕 掛 品（　　　）
	価格差異（　　　）
	数量差異（　　　）
	月末有高（　　　）
（　　　）	（　　　）

仕　　掛　　品	
月初有高　40,000	製　　品（　　　）
材　　料（　　　）	月末有高（　　　）
加 工 費（　　　）	
（　　　）	（　　　）

買　　掛　　金
｜材　　料（　　　）

価　格　差　異
材　　料（　　　）｜

数　量　差　異
材　　料（　　　）｜

答案用紙

第 3 回 配点➡12点　　　　　　　●問題➡ P.52　　●解答・解説➡ P.156

問1 ［　　　　　　　　　］ 円

問2 ［　　　　　　　　　］ 円 （　借方差異　・　貸方差異　）
　　　　　　　　　　　　　　　いずれかを○で囲むこと

問3 ［　　　　　　　　　］ 円 （　借方差異　・　貸方差異　）
　　　　　　　　　　　　　　　いずれかを○で囲むこと

問4 ［　　　　　　　　　］ 円 （　借方差異　・　貸方差異　）
　　　　　　　　　　　　　　　いずれかを○で囲むこと

第 4 回 配点➡12点　　　　　　　●問題➡ P.53　　●解答・解説➡ P.158

(1) 価　格　差　異 ［　　　　　　　　　　　］ 円（　有利　・　不利　）
　　　　　　　　※（　　　）内の「有利」または「不利」を○で囲むこと。以下同じ。

　　数　量　差　異 ［　　　　　　　　　　　］ 円（　有利　・　不利　）

(2) 予　算　差　異 ［　　　　　　　　　　　］ 円（　有利　・　不利　）

　　能　率　差　異 ［　　　　　　　　　　　］ 円（　有利　・　不利　）

　　操　業　度　差　異 ［　　　　　　　　　　　］ 円（　有利　・　不利　）

(3) 予　算　差　異 ［　　　　　　　　　　　］ 円（　有利　・　不利　）

　　能　率　差　異 ［　　　　　　　　　　　］ 円（　有利　・　不利　）

　　操　業　度　差　異 ［　　　　　　　　　　　］ 円（　有利　・　不利　）

ヨコ解き
答案用紙

第１問

第２問

第３問

第４問
（1）

第４問
（2）

第５問

37

第 5 回 配点➡12 点　　　　　　　　　　　●問題➡ P.54　　●解答・解説➡ P.160

問1 ［　　　　　　　　　］ ％

問2 ［　　　　　　　　　］ 円

問3 ［　　　　　　　　　］ 円

問4 貢献利益 ［　　　　　　　　　］ 円　　　営業利益 ［　　　　　　　　　　　］ 円

問5 ［　　　　　　　　　］ ％

第 6 回 配点➡12 点　　　　　　　　　　　●問題➡ P.55　　●解答・解説➡ P.162

問1 ［　　　　　　　万円］

問2 ［　　　　　　　万円］

問3 ［　　　　　　　　％］

問4 ［　　　　　　　万円］

第7回　配点➡12点　　　　　　　●問題➡P.56　　　●解答・解説➡P.164

ア	売　上　総	・	貢　献	・	経　常
①					
②					

イ	比例して	・	反比例して	・	関係なく
③					
④					
⑤					
⑥					

第8回　配点➡12点　　　　　　　●問題➡P.58　　　●解答・解説➡P.167

全部原価計算による損益計算書　　　（単位：円）

売　　上　　高	（　　　　　　）
売　上　原　価	（　　　　　　）
配　賦　差　異	（　　　　　　）
売　上　総　利　益	（　　　　　　）
販　　売　　費	（　　　　　　）
一　般　管　理　費	（　　　　　　）
営　業　利　益	197,200

直接原価計算による損益計算書　　　（単位：円）

売　　　上　　　高	（　　　　　　）
変　動　売　上　原　価	（　　　　　　）
変動製造マージン	（　　　　　　）
変　動　販　売　費	（　　　　　　）
貢　献　利　益	（　　　　　　）
固　　定　　費	（　　　　　　）
営　業　利　益	（　　　　　　）

ヨコ解き 答案用紙

第1問

第2問

第3問

第4問 (1)

第4問 (2)

第5問

第 1 回 本試験問題

●問題➡ P.170 ●解答・解説➡ P.192

第 1 問 配点➡ 20 点

	仕 訳			
	借 方 科 目	金 額	貸 方 科 目	金 額
1				
2				
3				
4				
5				

40

第 2 問 配点➡20点

問1

銀 行 勘 定 調 整 表
×7年 3 月31日　　　　　　　　　　　　（単位：円）

銀行の残高証明書の残高			（　　　　　　　　）		
加算：　[　　　　　　]	（　　　　　　　　）				
[　　　　　　]	（　　　　　　　　）	（　　　　　　　　　）			
減算：　[　　　　　　]	（　　　　　　　　）				
[　　　　　　]	（　　　　　　　　）	（　　　　　　　　　）			
当社の当座預金勘定の残高			（　　　　　　　　）		

問2

貸借対照表に計上される現金の金額	￥
貸借対照表に計上される当座預金の金額	￥

タテ解き
答案用紙

第 1 回

第 2 回

第 3 回

第3問 配点➡20点

精算表
×8年3月31日
(単位：円)

勘定科目	残高試算表 借方	残高試算表 貸方	修正記入 借方	修正記入 貸方	損益計算書 借方	損益計算書 貸方	貸借対照表 借方	貸借対照表 貸方
現　　　　金	65,350							
当 座 預 金	300,000							
受 取 手 形	280,000							
売　掛　金	388,000							
売買目的有価証券	147,550							
繰 越 商 品	69,800							
建　　　　物	8,850,000							
備　　　　品	670,000							
商　標　権	196,000							
満期保有目的債券	495,200							
支 払 手 形		263,000						
買　掛　金		320,000						
貸 倒 引 当 金		28,000						
建物減価償却累計額		1,575,000						
備品減価償却累計額		326,800						
資　本　金		7,000,000						
利 益 準 備 金		720,000						
繰越利益剰余金		558,600						
売　　　　上		6,768,000						
有 価 証 券 利 息		7,500						
仕　　　　入	5,450,000							
給　　　　料	535,000							
保　険　料	120,000							
	17,566,900	17,566,900						
雑　　　　益								
為 替 差 損 益								
貸倒引当金繰入								
有価証券評価損								
棚 卸 減 耗 損								
減 価 償 却 費								
商 標 権 償 却								
前 払 保 険 料								
当 期 純 利 益								

42

第 4 問 配点➡28点

(1)

		仕 訳			
		借 方 科 目	金 額	貸 方 科 目	金 額
1	(1)				
	(2)				
2	(1)				
	(2)				
3	(1)				
	(2)				

(2)

問1

総 合 原 価 計 算 表　　　　　（単位：円）

	A 原 料 費	B 原 料 費	加 工 費	合 計
月初仕掛品原価	24,000	0	11,000	35,000
当月製造費用	354,000	33,000	480,000	867,000
合 計	378,000	33,000	491,000	902,000
差引：月末仕掛品原価	( )	( )	( )	( )
完成品総合原価	( )	( )	( )	( )

問2

完 成 品 総 合 原 価 ＝ [　　　　　　　　] 円

第 **5** 問 配点➡12点

問1 (単位：円)

	製品 X	製品 Y	製品 Z
原 価 標 準			

問2 　材料Aに係る差異 (単位：円)

材 料 費 差 異		（ 不利差異、 有利差異 ）
材 料 価 格 差 異		（ 不利差異、 有利差異 ）
材 料 消 費 量 差 異		（ 不利差異、 有利差異 ）

※（　　）内の「不利差異」または「有利差異」を○で囲むこと。（以下、同じ）

問3 　製品Yに係る差異 (単位：円)

売 上 高 差 異		（ 不利差異、 有利差異 ）
販 売 価 格 差 異		（ 不利差異、 有利差異 ）
販 売 数 量 差 異		（ 不利差異、 有利差異 ）

答案用紙

第 2 回　本試験問題

●問題➡ P.176　　●解答・解説➡ P.206

第 1 問　配点➡20点

	仕　　　　　訳			
	借　方　科　目	金　　額	貸　方　科　目	金　　額
1				
2				
3				
4 (1)				
4 (2)				
5				

タテ解き
答案用紙

第1回

第2回

第3回

45

第 2 問　配点➡20点

連　結　精　算　表
(単位：千円)

科　　目	個別財務諸表		修正・消去		連結財務諸表
	P 社	S 社	借　方	貸　方	
貸 借 対 照 表					連結貸借対照表
現 金 預 金	328,000	78,000			406,000
売 掛 金	480,000	220,000			
貸 倒 引 当 金	△4,800	△2,200			
商 品	370,000	165,000			
貸 付 金	80,000	—			
S 社 株 式	200,000	—			
の れ ん					
資 産 合 計	1,453,200	460,800			
買 掛 金	304,200	190,800			
借 入 金	—	90,000			
資 本 金	226,000	100,000			
資 本 剰 余 金	123,000	20,000			
利 益 剰 余 金	800,000	60,000			
非 支 配 株 主 持 分					
負債・純資産合計	1,453,200	460,800			
損 益 計 算 書					連結損益計算書
売 上 高	1,560,000	1,080,000			
売 上 原 価	1,014,000	767,000			
販売費及び一般管理費	477,800	269,000			
営 業 外 収 益	30,000	—			
営 業 外 費 用	10,000	20,000			
当 期 純 利 益	88,200	24,000			
非支配株主に帰属する当期純利益					
親会社株主に帰属する当期純利益					
株主資本等変動計算書					連結株主資本等変動計算書
利益剰余金当期首残高	761,800	46,000			
配 当 金	△50,000	△10,000			
親会社株主に帰属する当期純利益	88,200	24,000			
利益剰余金当期末残高	800,000	60,000			
非支配株主持分当期首残高					
非支配株主持分当期変動額					
非支配株主持分当期末残高					

46

第3問　配点➡20点

貸借対照表
×8年3月31日現在 （単位：円）

資産の部		負債の部	
I 流　動　資　産		I 流　動　負　債	
現　金　預　金　（　　　　）		支　払　手　形　（　　　　）	
受　取　手　形　（　　　　）		電子記録債務　（　　　　）	
売　　掛　　金　（　　　　）		買　　掛　　金　（　　　　）	
商　　　　品　（　　　　）		短期借入金　（　　　　）	
前　払　費　用　（　　　　）		未払法人税等　（　　　　）	
未　収　入　金　（　　　　）		未　払　費　用　（　　　　）	
貸倒引当金　（△　　　）		流動負債合計　（　　　　）	
流動資産合計　（　　　　）			
II 固　定　資　産		II 固　定　負　債	
有形固定資産		（　　　　　　）（　　　　）	
建　　　　物　（　　　　）		固定負債合計　（　　　　）	
建物減価償却累計額（△　　　）		負　債　合　計　（　　　　）	
備　　　　品　（　　　　）			
備品減価償却累計額（△　　　）		純資産の部	
土　　　　地　（　　　　）		I 資　　本　　金　（　　　　）	
有形固定資産合計　（　　　　）		II 資　本　準　備　金　（　　　　）	
投資その他の資産		III 利　益　剰　余　金	
長期前払費用　（　　　　）		利　益　準　備　金　（　　　　）	
投資その他の資産合計　（　　　　）		（　　　　　　）（　　　　）	
固定資産合計　（　　　　）		利益剰余金合計　（　　　　）	
		純資産合計　（　　　　）	
資　産　合　計　（　　　　）		負債及び純資産合計　（　　　　）	

第 4 問 配点➡28点

(1)

		仕 訳			
		借 方 科 目	金 額	貸 方 科 目	金 額
1	(1)				
	(2)				
2	(1)				
	(2)				
3	(1)				
	(2)				

(2)

問1

等 価 比 率 計 算 表

等級製品	重 量	等価係数	完成品量	積 数	等価比率
A	300 g	3	6,000 枚	枚	%
B	100 g	1	2,000 枚	枚	%
					100 %

問2　当 月 の 月 末 仕 掛 品 原 価 =　　　　　　　　円

問3　当 月 の 完 成 品 総 合 原 価 =　　　　　　　　円

問4　等 級 製 品 A の 完 成 品 単 位 原 価 =　　　　　　　　円／枚

問5　等 級 製 品 B の 完 成 品 単 位 原 価 =　　　　　　　　円／枚

第 **5** 問　配点➡12点

問1 | | 個

問2 | | %

問3　利益計画Aの営業利益 | | 円

　　　利益計画Bの営業利益 | | 円

　　　利益計画Cの営業利益 | | 円

第 3 回 本試験問題　　　●問題➡ P.184　　●解答・解説➡ P.220

第 1 問　配点➡ 20 点

	仕		訳	
	借 方 科 目	金 額	貸 方 科 目	金 額
1				
2				
3				
4				
5				

答案用紙

第 2 問　配点➡20点

問1

売　掛　金

月	日	摘　　要	借　方	月	日	摘　　要	貸　方
4	1	前 期 繰 越	1,700,000	4	12		
	8				22		
	18				30	次 月 繰 越	

商　　品

月	日	摘　　要	借　方	月	日	摘　　要	貸　方
4	1	前 期 繰 越		4	5		
	4				8		
					18		
					30		
					30	次 月 繰 越	

問2

4 月 の 純 売 上 高	¥
4 月 の 売 上 原 価	¥

タテ解き
答案用紙

第1回

第2回

第3回

51

第 3 問 配点➡ 20 点

問1

損 益 計 算 書
自×18年4月1日 至×19年3月31日

(単位:円)

Ⅰ 売 上 高		7,253,180
Ⅱ 売 上 原 価		
1 商 品 期 首 棚 卸 高	( )	
2 当 期 商 品 仕 入 高	( )	
合 計	( )	
3 商 品 期 末 棚 卸 高	( )	
差 引	( )	
4 ( )	( )	
5 商 品 評 価 損	( )	( )
売 上 総 利 益		( )
Ⅲ 販 売 費 及 び 一 般 管 理 費		
1 給 料	693,000	
2 水 道 光 熱 費	120,200	
3 退 職 給 付 費 用	( )	
4 租 税 公 課	( )	
5 減 価 償 却 費	( )	
6 貸 倒 引 当 金 繰 入	( )	
7 貸 倒 損 失	( )	( )
営 業 利 益		( )
Ⅳ 営 業 外 収 益		
1 有 価 証 券 利 息		( )
Ⅴ 営 業 外 費 用		
1 支 払 利 息	( )	
2 ( )	( )	( )
経 常 利 益		( )
Ⅵ 特 別 利 益		
1 ( )		( )
Ⅶ 特 別 損 失		
1 ( )		( )
税 引 前 当 期 純 利 益		( )
法 人 税 、 住 民 税 及 び 事 業 税	( )	
( )	(△)	( )
当 期 純 利 益		( )

問2

×23年3月期の備品の減価償却費 [　　　　　　　　] 円

第 4 問　配点➡ 28 点

(1)

製 造 原 価 報 告 書　　　　　　（単位：円）

I　直 接 材 料 費
　　　月 初 棚 卸 高　（　　　　　　　　　）
　　　当 月 仕 入 高　（　　　　　　　　　）
　　　合　　　計　　（　　　　　　　　　）
　　　月 末 棚 卸 高　（　　　　　　　　　）　（　　　　　　　　　）
II　直 接 労 務 費　　　　　　　　　　　　　（　　　　　　　　　）
III　製 造 間 接 費
　　　間 接 材 料 費　（　　　　　　　　　）
　　　間 接 労 務 費　（　　　　　　　　　）
　　　電 力 料 金　　（　　　　　　　　　）
　　　減 価 償 却 費　（　　　　　　　　　）
　　　合　　　計　　（　　　　　　　　　）
　　製造間接費配賦差異（　　　　　　　　　）　（　　　　　　　　　）
　　当 月 製 造 費 用　　　　　　　　　　　（　　　　　　　　　）
　　月 初 仕 掛 品 原 価　　　　　　　　　　（　　　　　　　　　）
　　　合　　　計　　　　　　　　　　　　　（　　　　　　　　　）
　　月 末 仕 掛 品 原 価　　　　　　　　　　（　　　　　　　　　）
　　当 月 製 品 製 造 原 価　　　　　　　　（　　　　　　　　　）

損 益 計 算 書　　　　　　　　　（単位：円）

I　売　　上　　高　　　　　　　　　　　　2,129,000
II　売　上　原　価
　　　月 初 製 品 有 高　（　　　　　　　　　）
　　　当月製品製造原価　（　　　　　　　　　）
　　　合　　　計　　（　　　　　　　　　）
　　　月 末 製 品 有 高　（　　　　　　　　　）
　　　原 価 差 異　　（　　　　　　　　　）　（　　　　　　　　　）
　　売 上 総 利 益　　　　　　　　　　　　（　　　　　　　　　）

（以下略）

(2)

問1　修 繕 部 費　　　[　　　　　]　円／時間

問2　第一製造部費　　[　　　　　]　円／時間

　　　第二製造部費　　[　　　　　]　円／時間

問3　第一製造部費　　[　　　　　]　円

　　　第二製造部費　　[　　　　　]　円

問4　修 繕 部 費 配 賦 差 異　[　　　　　]　円（　借方差異　・　貸方差異　）
　　　　　　　　　　　　　　　　　　　　いずれかを○で囲むこと

問5　第一製造部費配賦差異　[　　　　　]　円（　借方差異　・　貸方差異　）
　　　　　　　　　　　　　　　　　　　　いずれかを○で囲むこと

第5問　配点➡12点

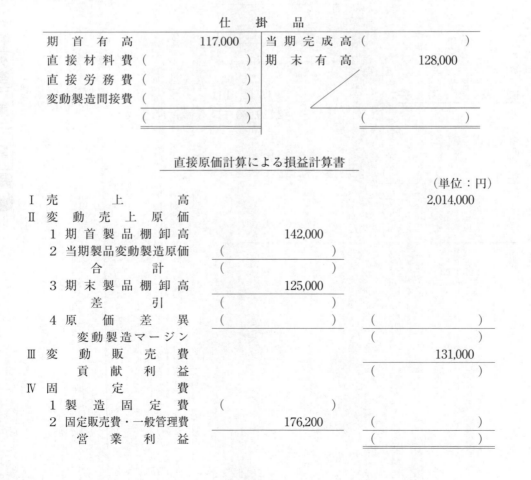

············ *Memorandum Sheet* ············

タテ解き
答案用紙

第1回

第2回

第3回

ⓢ ネットスクール出版

ネットスクール出版